Vaticangate

Vaticangate

El complot ultra contra el papa Francisco
y la manipulación del próximo cónclave

Vicens Lozano

Traducción de
Ana Herrera

Rocaeditorial

© 2023, Vicenç Lozano

Primera edición: marzo de 2023

© de la traducción del catalán: 2023, Ana Herrera
© de esta edición: 2023, Roca Editorial de Libros, S. L.
Av. Marquès de l'Argentera 17, pral.
08003 Barcelona
actualidad@rocaeditorial.com
www.rocalibros.com

Impreso por LIBERDÚPLEX, S. L. U.
Printed in Spain – Impreso en España

ISBN: 978-84-19449-31-3
Depósito legal: B. 2033-2023

RE49313

El mundo antiguo se muere. El nuevo tarda en aparecer. Y en ese claroscuro surgen los monstruos.

Antonio Gramsci

Guardaos de los falsos profetas que vienen a vosotros vestidos de ovejas, pero por dentro son lobos rapaces.

Mateo, 7, 15

Índice

1

Introducción

«*E*ste papa no es el Vaticano», me dijo a finales de 2022 un amigo periodista que conoce a fondo los entresijos de la Santa Sede, la correlación de fuerzas de la Iglesia y las dificultades de todo tipo a las que se enfrenta el papa Francisco para reformar una institución que, en general, vive con aversión cualquier cambio, por pequeño que sea. Si a todo esto le sumamos la situación convulsa que vive nuestro mundo, donde los sectores más inmovilistas y reaccionarios han tomado las riendas del poder político y económico en muchas sociedades occidentales, entenderemos lo crucial que es hacer un diagnóstico de lo que nos espera en un futuro inmediato.

Que el pontífice argentino no es el Vaticano, o que, mejor dicho, él no participa del ambiente y la tradición seculares que conforman la vida cortesana en los palacios de la Santa Sede, resulta bastante evidente desde que fue elegido el 13 de marzo de 2013. El papa argentino no se resigna a doblegarse a esa manera de actuar. Lucha cada día, y en los últimos tiempos con más vigor aún, para transformar, con aciertos, pero también con errores, la institución de la Iglesia. Su objetivo es convertirla en una nave sólida y estable que pueda navegar por las aguas cambiantes del siglo XXI. Eso lo ha convertido a ojos de muchos en un rebelde…, en un enemigo.

El libro que ahora he querido escribir, como continuación del primero, *Intrigas y poder en el Vaticano*, debe responder a diversos interrogantes sobre aspectos poco conocidos de la Iglesia actual, aportando datos de vivencias personales y hechos que han trascendido muy poco o que continúan ocultos. He intentado profundizar en algunos enigmas que ya apuntaba en el primer volumen, y al mismo tiempo actualizar, ordenar y sintetizar lo que se sabe, de manera que el lector pueda seguir el hilo de los acontecimientos. Eso nos permitirá conocer dónde nos encontramos y hacia dónde vamos. Me he querido centrar, por encima de todo, en intentar averiguar cómo se han forjado las alianzas cívico-religiosas de tipo involucionista comprometidas en la construcción de un «nuevo orden mundial», basado en la supresión gradual de nuestras libertades. Un mundo menos libre, injusto, insolidario y, a fin de cuentas, menos democrático.

A pesar del privilegio de estar presente y vivir muchas veces los hechos en el mismo escenario donde se producían, no ha sido tarea fácil. Conocer a personajes de todas las tendencias, enfrentados en una guerra que tiene el Vaticano y la Iglesia católica como campo de batalla, ha supuesto un gran reto. Poder explicar quiénes son y cómo actúan diversos grupos y protagonistas de la involución, y también del cambio, representa un estímulo. Huir de la rumorología y de las teorías de la conspiración manipuladas e interesadas, que hoy en día se ventilan sobre todo a través de las redes sociales, es un desafío que forma parte de lo que creo que ha de ser el periodismo.

Haber trabajado más de treinta y cinco años en el Vaticano tendría que poder aportar el bagaje necesario para no dejarse engañar con facilidad. Hay que procurar ser tenaz para mantener los ojos bien abiertos, ser prudente, humilde y noble. De todos modos, no descarto nada, pero he procurado aplicar los filtros necesarios para desarrollar la tarea propuesta con todo el rigor y la honradez de los que he sido capaz. La experiencia permite al periodista conocer a personajes que quieren ayudarte y a otros que intentan manipularte o silenciarte. Resulta fundamental distinguir quién es quién. Hay que saber actuar con prudencia, con criterio, sin prisas absurdas, con paciencia infinita y con una estrategia muy calculada. No es fácil constatar si a aquel a quien estás ofreciendo una confianza total es fiable, y si, a fin de cuentas, resulta una buena fuente informativa. Hay que distinguir a quien habla libremente del que lo hace bajo amenazas, coacciones o intereses particulares. Solo los que actúan con libertad y honradez ofrecen las máximas garantías de no inducirte a caer en el error. En cualquier caso, es obligación del periodista contrastar los datos y las aportaciones informativas para intentar acercarse a la objetividad requerida, verificar y volver a verificar todas las veces que haga falta. Un ejercicio difícil y necesario, tan meticuloso y farragoso como imprescindible.

A lo largo de dos años de investigaciones periodísticas para poder configurar este *Vaticangate*, que quiero presentar como una crónica periodística ágil y nada académica, he visto todo tipo de cosas. Ha habido recelos, distanciamientos y amenazas más o menos explícitas. También algunos movimientos para intentar silenciar lo que digo en determinados medios. Se me han cerrado puertas por haber explicado en el primer volumen, publicado en 2021, muchas cosas que para algunos sectores «era necesario» que siguiesen siendo desconocidas. Hay muchos datos, testimonios y vivencias que forman parte de los misterios, intrigas y ejercicios abusivos del poder, sobre los cuales he intentado arrojar, en el primer volumen y también en este, un poco de luz. He sufrido mucho con algunos contactos de toda la vida, a los que consideraba buenos amigos y que ahora responden con el silencio o con evasivas a mis llamadas o a mis mensajes de correo. He tenido que dejar atrás a mucha gente miedosa o contaminada. Ha sido necesario abrir nuevos frentes, y debo agradecer haber podido contar en este pedregoso camino con gente muy acreditada, entregada, valiosa e imprescindible. Buenos amigos en el Vaticano, en Roma, en Barcelona, Lleida, Madrid, Washington, Nueva York, Buenos Aires, Santiago de Chile, Lima, Berlín o París. Afortunadamente, trabajando mucho para no caer en el desánimo, han ido surgiendo nuevos confidentes y testimonios de gran valor, hasta hace poco impensables. Todos ellos y ellas me han ayudado a configurar este relato. Muchas de esas personas, de todas las tendencias, que han creído en mí, como ha pasado siempre, desean ser anónimas y continuar ocultas. Unas cuantas, ahora y antes, han puesto en riesgo sus carreras. Las fuentes personales son imprescindibles en el Vaticano como en ninguna otra

15

institución. El *off the record*, para captar matices y opiniones diversas de muchos personajes que exigen que su nombre no figure por ninguna parte, resulta esencial para el vaticanista. El problema llega cuando son descubiertos, aunque el periodista extreme todas las precauciones para ocultarlos. Quiero insistir, porque me ha dolido profundamente, en que algunos contactos que me ofrecieron su testimonio o su opinión, incluso en el anonimato, en el primer libro han pagado muy caro el precio de hablar con libertad. En determinados casos han visto truncadas sus carreras. Me horroriza pensarlo. Accedieron a ayudarme y por ese motivo han salido perjudicados, hasta el punto de vetarlos para acceder a determinados puestos de responsabilidad. ¿Quién ha investigado e identificado a estos personajes? ¿Cómo lo han hecho? ¿Quién ha ordenado que fueran proscritos? Tengo sospechas y algunas pruebas, pero ninguna certeza que pueda contestar a tales interrogantes.

16   «No se accede a la verdad sino a través del amor», decía san Agustín, y el amor se refiere, en este caso, a fuentes informativas, a una confianza y a una entrega que intento que sean recíprocas. La libertad de expresión y opinión en algunas instituciones como la Santa Sede sigue siendo una asignatura pendiente. Simone de Beauvoir afirmaba, con buen criterio, que «no es suficiente con conocer la verdad: también es necesario hacerla oír». Y eso precisamente es lo que he querido poner en valor en este *Vaticangate*, dedicando todos mis esfuerzos a hacer público lo que hay de cierto en muchas conversaciones privadas en voz baja, intramuros vaticanos. Las dificultades que en ocasiones parecían insalvables se han ido desvaneciendo. Para documentarme, he tenido que recurrir a mucha gente que maneja hilos importantes desde las bambalinas del poder, y también a foros, blogs y *posts* de Internet. He debido deambular también con prudencia por la llamada *dark web*, la red oscura, el paraíso de los estafadores, mafiosos, terroristas y criminales de todo tipo. En ese espacio se ocultan los intereses y las actividades más oscuras de la sociedad. Es el reino virtual donde la ilegalidad y el negocio sin escrúpulos sobreviven y

se multiplican. Allí hay direcciones donde se puede contratar a un asesino con total impunidad, supermercados donde se venden pasaportes y todo tipo de documentos falsos… En esos grandes almacenes de los despropósitos y la vileza se pueden adquirir pasaportes y tarjetas de crédito falsificadas, armas de cualquier calibre; es posible encontrar las sustancias estupefacientes más extrañas e incluso sexo con menores. Camuflados en medio de todo ese horror, una especie de infierno de Dante del siglo XXI, se ocultan muchos personajes y organizaciones que preparan los actuales complots contra el papa Francisco. En ese ámbito secreto he encontrado los foros y laboratorios donde se diseñan y gestionan algunas de las estrategias para aupar al poder a la extrema derecha y también para volver la dirección de la Iglesia católica a tiempos pasados, en los cuales imperaba el espíritu del inmovilismo más reaccionario. Personajes y organizaciones de ultraderecha se mueven por la *dark web* con comodidad, sin limitaciones, con una impunidad que, por muy monitorizada que esté por la policía y los servicios secretos internacionales, resulta evidente desde el momento en que echas la primera ojeada.

Huyo como de la peste de las teorías de la conspiración que alimentan las mentes más fantasiosas, pero sí que he llegado a la conclusión de que no es trivial calificar de guerra civil subterránea la hostilidad que se respira hoy en día en la Santa Sede y la Iglesia católica universal. Sin ningún género de duda, hay datos y pruebas que definen como complot la animosidad que existe dentro y fuera de los muros vaticanos contra el papa Francisco, así como las maniobras para impedir que su legado goce de continuidad.

Este libro habla a fondo de la Iglesia y del Vaticano, con todas las peculiaridades que tiene una organización con más de dos mil años de historia, que ofrece una perspectiva muy amplia, pero no quiere quedarse solo en este escenario. La amenaza involucionista es universal y afecta a todas las instituciones, países y ámbitos de nuestro día a día. Los periodistas debemos vigilar atentamente esta realidad, reflexionar, estudiar, investigar las causas y relatar los efectos. Intentar hacer periodismo a estas alturas del siglo XXI sigue siendo un privilegio y una tarea

17

fascinante, en el marco de un mundo donde imperan las *fake news*, la propaganda, el espectáculo y la banalidad. Es un reto y también una obligación intentar poner al alcance de la gente, de la manera más comprensible que se pueda, temas tan complejos y delicados. Como dice un politólogo italiano buen amigo mío, en este universo vaticano, para un profesional de los medios de comunicación, no hay nada que sea *peccata minuta*.

2

Cónclave a la vista

«*S*e ha abierto la veda y el pim, pam, pum de todos contra todos. Ahora vale todo. Hasta se han perdido las formas. Ahora todo el mundo tiene la vista puesta en el futuro. Como si el santo padre ya no estuviese aquí, hubiese renunciado o estuviera muerto. Para unos, el pontificado de Francisco ha sido una anomalía que hay que corregir. Otros sueñan con la continuidad para limpiar la Iglesia de todos los escándalos y poder adaptarla al siglo XXI.» Quien habla con semejante contundencia es un monseñor que nunca me ha dejado en la estacada y que trabaja silenciosamente y de forma discreta en la Secretaría de Estado. Lo afirma con cara de perplejidad. Con un tono también de tristeza, por la falta de respeto que conlleva tal situación para el papa argentino.

En el verano y otoño de 2022, el ambiente que se respiraba en el Vaticano era de «final de pontificado». Los amigos más próximos al pontífice lo negaban con convicción (ya los conoceremos más tarde), pero se llegó a definir el momento como «el ocaso del papa Bergoglio». Todo el mundo, fuera cual fuese su posición (al menos, intramuros vaticanos), lo tenía muy claro. El clima me recordaba muchísimo la tensión que se vivía en la Santa Sede aquellos primeros meses de 2005. Eran los días de la agonía final de Juan Pablo II, cuando el portavoz vaticano, Joaquín Navarro Valls, me dijo: «Lozano, esto se acaba. Reza por el papa». Las diferencias, sin embargo, a poco que reflexionase, eran evidentes. El papa Wojtyla expiraba dejando un sucesor natural al frente de la Iglesia, en la figura del cardenal Joseph Ratzinger. Entonces tampoco había ningún indicio ni cuórum remarcable en el Colegio Cardenalicio para poner en marcha un cambio alternativo a la línea ultraconservadora que llevaba vigente los últimos veintiséis años. Ahora, en 2022-2023, las cosas eran muy distintas. El papa generaba dudas sobre su futuro y se apresuraba a terminar unas reformas encalladas durante años. No obstante, o precisamente por ese motivo, se abría el camino para un nuevo cónclave con numerosas incertidumbres. La batalla entre conservadores y reformistas se auguraba en muchos aspectos cruel y llena de trampas para el trabajo de un periodista. Poco a poco ganaba terreno la opinión de que la «primavera» de cambios y reformas iniciada por el papa Francisco se podía convertir pronto en una apuesta efímera, en un espejismo.

El estrepitoso silencio de la Sala Stampa, responsable de la comunicación, en torno a las circunstancias que rodearon la operación de colon a la que fue sometido Bergoglio el 4 de julio de 2021 sirvió para que se generasen y propagasen rumores y especulaciones de todo tipo. Sonaba ya el pistoletazo de salida para posicionarse de cara al futuro cónclave. En aquellos momentos, un cardenal italiano me comentó que «el santo padre padece un cáncer terminal sobre el cual no se quiere informar para no generar alarma». Otro purpurado, en este caso latinoamericano, me quiso transmitir, con el lenguaje críptico que siempre utilizan, que «la Santa Sede vive un momento crítico que exige plegarias». Cuando intenté que me aclarase qué era lo que quería decir, optó por sonreír y callar.

La cena de los cuervos

Los medios de comunicación (sobre todo los italianos) siempre calificaron de «lobos» a los conspiradores que rodeaban a Benedicto XVI. El término «cuervos» se había utilizado menos, pero proliferaba también, sobre todo para señalar a los que se habían conjurado para poner fin al pontificado del argentino. El papa Francisco diría, en septiembre de 2021, a la revista jesuita *La Civiltà Cattolica*, aquella frase inesperada que certificaba las traiciones que se diseñaban en los círculos más próximos a él. Unas palabras que darían la vuelta al mundo y que daban testimonio de que en el Vaticano se había generado el ambiente de final de pontificado del que hablo: «Estoy vivo todavía. Aunque algunos me querrían muerto. Sé que incluso hubo reuniones entre prelados que pensaban que el papa estaba más grave de lo que está. Preparaban el cónclave».

Efectivamente, la noche del mismo día del ingreso del papa en la Policlínica Gemelli de Roma para ser intervenido, en una dependencia vaticana se celebró una cena. No fue convocada precisamente para rezar por la salud del papa. Más bien lo contrario. Aquella noche calurosa del domingo 4 de julio de 2021, obispos y cardenales de distintas nacionalidades, pero todos pertenecientes al sector curial más beligerante contra el pontífice argentino, se reunieron sin esconderse demasiado, un encuentro que habían improvisado pocas horas antes. Intramuros, algunos calificaron esa reunión para conspirar mientras el papa era intervenido como «la cena de los cuervos». Revoloteaban como aves de rapiña, esperando un desenlace fatal.

Los servicios secretos vaticanos y la Gendarmería conocen la lista de los asistentes, y el pontífice argentino sabe el nombre del alto prelado de la Santa Sede que actuó como organizador del ágape. He podido conocer por distintas fuentes bien contrastadas que se trata de un personaje muy bien considerado en los ambientes tradicionalistas. Es relativamente discreto porque, de manera muy inteligente, evita que los focos mediáticos lo señalen, y vive en el Vaticano desde hace más de una década. En los últimos años coopera con entusiasmo con los cardenales y obispos norteamericanos que están diseñando un futuro para la Iglesia en las antípodas de lo que querría el papa Francisco. Entre los asistentes a la cena había, según fuentes muy bien informadas, cinco cardenales y también obispos, la mayoría no italianos, reconocidos desde hace tiempo como claros enemigos del pontífice argentino.

Hay una expresión italiana que habla de la «*stanza dei bottoni*» («la sala de los botones»), un término que define de manera metafórica el lugar donde el Gobierno, el poder, decide sobre los temas y las operaciones más ocultas y delicadas. La sala, como el centro de mando del Pentágono, está llena de

21

monitores y botones para controlar y activar misiles, ataques terrestres o aéreos y establecer comunicaciones. En el Vaticano no hay ninguna sala de mando similar, pero el poder en la sombra había activado su plan de ataque. «Circula una lista de asistentes a la cena de la conspiración, que teóricamente se ha filtrado —me decía al cabo de unos tres meses un cardenal latinoamericano—, pero no es del todo fiable. Quien la difundió es un monseñor con demasiado interés en quitarse de encima a algunos rivales. Posteriormente se han añadido y quitado nombres de la primera lista, y circulan otros menos fiables aún, por el provecho que obviamente pueden sacar los que los han puesto en circulación. Se sabe, eso sí, que durante la cena se habló con una seguridad absoluta de que el santo padre estaba muy enfermo, que había que forzar su renuncia como fuera y que había que tenerlo todo a punto para cuando se convocaran a los cardenales a la capilla Sixtina. Se pusieron sobre la mesa los nombres de futuros papables tradicionalistas, y se activaron grupos que trabajan de cara a un futuro cónclave desde Estados Unidos, Italia y también España. Hay personas en la curia que participaron en la cena como invitados, y que revelaron a familiares y amigos íntimos algunos detalles. En concreto, sobre una especie de laboratorio de ideas que trabaja desde hace años para preparar la sucesión del santo padre Francisco. Un centro de operaciones que tiene estrechas vinculaciones con organizaciones y grupos neocón de Estados Unidos.» Todo esto lo iremos descubriendo. La verdad es que no esperaba tanta sinceridad al preguntar por aquella siniestra cena, y menos por parte de un purpurado que dice siempre muy poco. Un personaje, eso sí, que se ha manifestado públicamente muchas veces a favor de Francisco, para disipar las acusaciones difamatorias que debe de recibir constantemente cual sangrantes proyectiles.

En cualquier caso, la noticia de la cena de los conspiradores, que fue muy poco divulgada en los medios, que no supieron interpretar su alcance, reactivó a los enemigos de Bergoglio. En un contexto en el que el papa recabó inmediatamente información a sus servicios de seguridad, es difícil entender que no llegase ninguna noticia de esa convocatoria a oídos del primer colaborador de Francisco. El secretario de Estado del Vaticano, Pietro Parolin, minimizó también la importancia de la reunión: «Probablemente —dijo—, el santo padre tiene información de la que yo carezco, creo que es una cuestión de unos cuantos, de algunos a los que quizá se les han metido esas cosas en la cabeza. No he recibido información sobre este tema».

He conseguido averiguar que después de aquella cena, que, por cierto, dicen que fue fría y en forma de bufé, para evitar camareros indiscretos, ha habido como mínimo hasta diciembre de 2022 al menos seis reuniones conspiratorias más, intramuros del Vaticano. Después de la muerte de Benedicto XVI hay otras previstas durante 2023. Sin duda, la muerte del papa emérito ha supuesto la pérdida de un referente muy valioso, aunque sea a nivel simbólico. Muchos de estos «cuervos» ni siquiera guardan ya las formas ni tienen ningún problema en que se los sitúe claramente en el bando de oposición a Bergoglio. Ya ni siquiera temen las represalias. Están tan convencidos de ganar la partida que tampoco dudan de que inmediatamente después serán recompensados con generosidad por el nuevo pontífice.

23

Lo que es evidente es que el propio Francisco es consciente de que, una vez más, los responsables de la comunicación de la Santa Sede han vuelto a fallar. Sabe que muchos personajes importantes, de dentro y fuera del Vaticano, y los poderosos medios de comunicación de la derecha internacional se están frotando las manos ante la eventualidad de su muerte, o de una renuncia al estilo de la de Ratzinger en febrero de 2013. Ellos son los responsables de la difusión de los rumores más delirantes, reproducidos incluso por los medios más prestigiosos, que optan por titulares escandalosos por encima del rigor informativo y la investigación periodística. La «cena de los cuervos» certifica que dentro de la muralla Leonina se conspira a fondo y se envenena el ambiente como nunca.

Un anuncio sin precedentes

Es la primera vez en la historia que un pontífice divulga en público que existe un complot contra él. No hay precedentes, al menos que yo sepa. Las palabras de Francisco («algunos me querrían muerto») nunca las había pronunciado en público ningún predecesor de Bergoglio, aunque algunos papas, a lo largo de la historia, pagaron con su vida las actuaciones que llevaron a cabo durante su pontificado. No insistiré demasiado en las importantes declaraciones que recojo en mi primer libro, *Intrigas y poder en el Vaticano*, sobre la muerte súbita de Juan Pablo I, unas revelaciones que inducen a pensar claramente en un asesinato, pero de todos modos sí quiero recoger, porque me parece significativo, que el llamado «papa de la sonrisa» ya intuía y había dicho en privado que su pontificado sería breve.

Vincenza Taffarel, la religiosa y a la vez enfermera que le acompañaba desde los tiempos en que era obispo de Vittorio Veneto, hizo público años después de la muerte del papa Luciani, el 28 de septiembre de 1978, que un día el pontífice, en su despacho oficial del Palacio Apostólico, le dijo: «En este trono estaré poco tiempo, porque pronto aquí se sentará un extranjero». La historia confirmaría que el extranjero era Karol Wojtyla. Las crónicas certifican que el mes de marzo del mismo año, cuando todavía era patriarca de Venecia, Albino Luciani viajó a Fátima. Allí, sor Lucía, la única superviviente de los tres pastores que, según la tradición cristiana, recibieron de la madre de Dios el misterioso mensaje de los «secretos de Fátima», se reunió con él durante dos horas. Luciani salió de la entrevista desencajado y muy preocupado. Nunca aclaró en público el contenido de aquel encuentro. Solo algún familiar sabía que la revelación de sor Lucía (que en ningún momento explicó) le había preocupado hasta el punto de convertirlo en un hombre más taciturno y solitario. Luciani no escondía nunca su sonrisa, pero vivía atormentado interiormente. Hay quien especula que sor Lucía le adelantó que sería elegido en el próximo cónclave y que su pontificado sería muy breve. De hecho, duró solo treinta y tres días. Urbano VII, el pontífice más fugaz según la historia oficial, murió de malaria al cabo de trece días de asumir el cargo, el 27 de septiembre de 1590. Pero el papa con un pontificado más breve habría sido Esteban II, que sucumbió a un ataque de apoplejía a los tres días de su elección, en marzo de 752. De todos modos, este último papa, elegido por los cardenales, acabó borrado de la lista oficial de los pontífices de la Iglesia católica, porque nunca llegó a ser consagrado.

La salud del papa alimenta a los detractores

Pronto se supo que la intervención quirúrgica del 4 de julio de 2021, para extirpar a Bergoglio unos divertículos del colon, no había sido rutinaria ni fácil para un paciente de ochenta y cuatro años. Su complejidad exigió tres horas de quirófano y un postoperatorio de siete días. Nada anormal en principio, pero, acompañado del mutismo incomprensible de la Sala Stampa, contribuyó a difundir todo tipo de alarmas y rumores. La ocasión era más propicia que nunca para que sus detractores pusieran en marcha el ventilador de las *fake news*. La aparición del papa argentino en silla de ruedas en mayo de 2022 en una audiencia general, y sobre todo en el funeral del cardenal Angelo Sodano, volvió a disparar todas las alarmas. Padecía fuertes dolores por la inflamación de un ligamento en la rodilla derecha. No quería someterse a una operación que le podía solucionar el problema. Lo pasó muy mal por los efectos de la anestesia que se le aplicó para la operación de colon, y rechazaba una nueva intervención. «Con la anestesia no se juega», decía, muy serio. Le practicaron infiltraciones y le recetaron cortisona y antinflamatorios. Nada anormal en principio en una persona de su edad. Un buen amigo de la Sala Stampa del Vaticano me señaló muy afectado: «Otra vez lo mismo. Un papa enfermo y en silla de ruedas. Volvemos a proyectar la imagen de una Iglesia debilitada, como en los últimos años de Juan Pablo II».

Pero Francisco es tozudo, y sabe que la imagen hoy en día lo es todo. Hacía bromas sobre su rodilla, y a finales de junio dejaba la silla de ruedas y la sustituía por un bastón, previniendo con su humor habitual contra los que propagan rumores: «Es un gusano, un gusano corruptor que mata la vida de una comunidad o una orden religiosa. Nada de chismorreo. Sé que no es fácil superar los chismes. Pero hay una medicina muy buena, muy buena: morderse la lengua», dijo. Hay que resaltar que estos cotilleos y rumores en verano de 2022 iban

25

in crescendo, dentro y fuera del Vaticano. Ya eran muchos, y de todos los sectores, los que apuntaban en voz alta o muy baja que la dolencia del papa no estaba únicamente en la rodilla. El papa, aseguraban, padecía un cáncer grave. Incluso llegué a oír que también tenía síntomas de alzhéimer, que ya le afectaban gravemente la memoria, y por tanto que estaba en una fase «muy próxima a la incapacidad física y también mental». El problema es que esos rumores, sin ningún fundamento, siempre los difunden sobre todo sus rivales, y los reproducen luego los más incautos. Por el contrario, los que van a su favor no contrarrestan nunca estos mensajes alarmistas, porque no saben o porque no se atreven a hacerlo para no posicionarse. No creo, como dicen algunos, que estén en posesión de datos sobre la «enfermedad» del pontífice que ignoramos los periodistas.

No obstante todo esto, o precisamente por los motivos esgrimidos, todos los intentos para obtener datos claros de mis contactos sobre la salud de Bergoglio chocaban con un silencio estremecedor. Algunos, pocos y casi siempre calificables como oponentes, rompían aquel mutismo y hablaban de «brotes coléricos» del papa argentino al enterarse de determinados hechos. Lo que no decían es que, cuando tal cosa ha sucedido, Francisco siempre ha pedido disculpas. También añadían que en los contactos con periodistas y ciertos encuentros improvisados y distendidos, sobre todo con compañeros jesuitas de todo el mundo, a veces Bergoglio decía tonterías «impropias de un pontífice». Lo que queda muy claro es que muchas de las cosas que manifiesta Francisco les escuecen, y evidentemente no les gustan. Y hacen campaña para que esos rumores se propaguen.

La suspensión del viaje previsto a Sudán del Sur y al Congo, en julio de 2022, causó estupor, así como la cancelación aquellos días de algunas reuniones y audiencias planificadas. Un hecho preocupante que desapareció a finales del mismo mes cuando el papa viajó a Canadá, donde las largas caminatas previstas y una agenda llena a reventar aconsejaron volver a utilizar la silla de ruedas. Después vendrían otros viajes, a Kazajistán del 13 al 15 de septiembre para asistir al Congreso de Líderes de las Religiones del Mundo, y el de Baréin del 3 al 6 de noviembre. Hasta finales de 2022, el argentino había visitado cincuenta y siete países en un total de treinta y nueve viajes apostólicos.

A pesar de la normalidad en la reanudación de los viajes y de la actividad cotidiana intramuros, la prudencia y el hermetismo se han apoderado del Vaticano. En este contexto de incertidumbre, rumores, tomas de posición y conversaciones a media voz, cada vez hay más miedo, tal como hemos apuntado, en todos los estamentos de la Iglesia, pero sobre todo en la Santa Sede, a hablar con un periodista. Hacerlo abiertamente provoca toda clase de recelos. Y aún más si se descubre que el personaje, sea cual sea su responsabilidad en el Vaticano, se ha visto a escondidas con un profesional de la información. Esta actitud de rigidez que viola los principios de la libertad de expresión sorprende mucho, sobre todo porque en los últimos tiempos ya parecía un hábito del pasado. Nadie esperaba que se volvieran a revivir en la actualidad aquellas antiguas dinámicas de opacidad que tanto daño hicieron históricamente a la propia Iglesia. Desde la primavera al invierno de 2022, y también en los inicios de 2023, se respiraba una fuerte tensión. Todo el mundo, al menos dentro del Vaticano, fuese cual fuese su tendencia, tenía ya muy claro que se había abierto el periodo denominado como «fin de pontificado». Por lo tanto, era evidente que esta manera de proceder de los responsables de comunicación de la Santa Sede formaba parte del código de conducta habitual en un ambiente precónclave.

A todo ello hay que añadir que hablar con un periodista que además ha escrito un libro sobre el Vaticano, sacando a la luz aspectos oscuros de su actividad, complica todavía más las cosas. El secretario de un conocido purpurado latinoamericano, confidente fiable de muchos episodios, me diría, el verano de 2022, que había presiones para que se evitasen contactos no autorizados con periodistas, y que me abstuviera de intentar hablar con el cardenal hasta que las cosas se calmasen. «No es el momento. Ahora todo es muy complicado y delicado. Tendrías que entenderlo.» Muchos otros confidentes estaban desaparecidos del mapa o ponían excusas absurdas para no hablar. Me llegaron a anular en el último minuto entrevistas que tenía concertadas desde hacía muchos días. Ya he comentado en la introducción que se han producido ciertas represalias, y el miedo a las consecuencias aconseja silencio. Muchos me han dicho (y hablaremos de algún caso concreto más adelante) que se saben vigilados en unos intramuros donde la sospecha y la desconfianza van *in crescendo*. Circula el rumor de que el papa Francisco quiere saber nombres de conspiradores para actuar, como ya ha hecho con algunos, con firmeza y determinación. Según se dice, habría pedido nombres en diversas ocasiones a la Gendarmería y a los servicios secretos vaticanos. Información, al fin y al cabo, es poder, siempre. Gente de lo más locuaz unos meses atrás, que no tenían problema alguno en hablar de todo y de todo el mundo, se retiraba a hibernar y adoptaba una postura de discreción tanto pública como privada. Los que se muestran demasiado ante los focos mediáticos tienen que mojarse y posicionarse. Ahora «no conviene», pero la mayoría de los que lo hacen pertenecen al sector más reaccionario. Lo que me ha sorprendido es que gente próxima al papa también tiene miedo de hablar. Ser calificado como opositor puede suponer represalias a corto plazo, pero ser tildado de pro-Bergoglio no se ve como una actitud que augure un buen futuro.

Los compañeros vaticanistas tropiezan con los mismos obstáculos y se quejan diariamente de que la opacidad no solo afecta a las fuentes informativas que cada uno ha cultivado durante años, sino que compromete también al Departamento de Comunicación. La Sala Stampa recupera su prudencia tradicional, convertida en silencio, y se ha transformado nuevamente en un muro muchas veces insalvable, después de un periodo de cambios que auguraban la tan deseada transparencia. Muchas veces en estos últimos años, la maquinaria burocrática encargada de los medios de comunicación se ha mostrado, además de lenta y paquidérmica ante los escándalos que ponían al descubierto los medios, recelosa, desconfiada. Al mismo tiempo, incapaz de distinguir a los profesionales que intentamos trabajar con honradez de los que actúan con intenciones poco confesables. Nunca como ahora me ha parecido tan acertada aquella frase popular que afirma que «algunos son más papistas que el papa».

En este contexto tuvo que ser el mismo Francisco el que, sin ningún tipo de recelo con los profesionales de los medios, y rompiendo aquella nefasta dinámica, en diversas entrevistas y encuentros con periodistas, haciendo oír su voz de una manera clara, desmintió la posibilidad de una renuncia inmediata. Al mismo tiempo rebatió con una inconfundible actitud irónica a los que propagan que tiene un grave tumor cancerígeno. «Son chismes de la corte. Del cáncer nadie me ha dicho nada.» «No se me ha ocurrido nunca renunciar. Al menos, por ahora no», diría Francisco a la agencia de noticias Reuters, en julio de 2022. El papa añadió: «No sé cuándo, Dios dirá… Este es el gran ejemplo del papa Benedicto. Fue una cosa muy buena para la Iglesia, dijo a los papas que tienen que parar a tiempo. Es un gigante, Benedicto». «La puerta está abierta. Es una opción muy normal», declaró, cuando volvió a preguntársele por una posible renuncia al regresar del viaje a Canadá, a finales del mismo mes de julio. Abandonar, declararía el pontífice, «sinceramente, no es ninguna catástrofe».

En contraste con toda esta campaña y estas actuaciones, hay que creer en la sinceridad de los que frecuentan con asiduidad a Bergoglio. Lo conocen bien y mantienen una relación íntima de amistad con él. El propio papa les ha hablado mucho de su estado de salud. Ellos sí que quisieron hablar conmigo, y lo hicieron extensamente.

Los amigos de Bergoglio lo desmienten

«El papa tiene mucha confianza y no lo parará nadie. Cuando he hablado con él últimamente —me dice la monja de origen argentino sor Lucía Caram en noviembre de 2022—, ha tenido muy claro que de renunciar nada de nada. Yo le dije que por qué no se opera de la rodilla, y me contestó que ya estaba bien. La Iglesia, me diría Bergoglio, se lleva con el cerebro, y el día que yo vea que esto no funciona, renunciaré. Por favor, decídmelo, cuando el cerebro ya no me funcione.» Sor Lucía, que en el Vaticano es conocida como «la monja quilombera» (la que arma jaleo, de acuerdo con esa expresión argentina), lucha desde hace años por una Iglesia abierta y solidaria con la gente que lo necesita. Lo hace desde su convento en la localidad catalana de Manresa, donde ha creado una importante red de acogida de personas marginadas, tanto del país como inmigrantes y refugiados. Utiliza su carisma en entrevistas en programas de todo tipo en televisión; la popularidad le ha permitido llegar a empresarios y fundaciones que colaboran aportando medios económicos y materiales a sus proyectos. Iremos conociendo a lo largo del libro su opinión en algunos apartados.

Si bien sor Lucía visita esporádicamente a Bergoglio en el Vaticano, quien se puede considerar un gran amigo del papa Francisco es Juan Carlos Cruz. Se trata de un chileno que sufrió graves abusos por parte del sacerdote Karadima en su país y que se ha convertido en el activista más conocido y perseverante en todo el mundo de las víctimas de los pedófilos en la Iglesia. Comparte horas y horas con el papa, que le profesa un gran cariño. Francisco se ganó su confianza después de muchos recelos iniciales. Ahora actúa como asesor personal del pontífice. Un título oficioso, pero que demuestra la enorme confianza mutua que se profesan. Más adelante tendremos oportunidad de conocer mejor a Juanca, como lo llaman sus amigos y también Bergoglio. A través de él descubriremos la vertiente más íntima y personal del pontífice argentino. Recogemos aquí lo que nos revelaría que le dijo el pontífice, en agosto de 2021, sobre su salud. Hacía poco más de un mes que le habían operado del colon. «Cuando nos reunimos como siempre en Santa Marta, pero no en el salón donde recibe a la mayoría de la gente, sino como siempre hacemos, en el pequeño despacho que hay al lado de su alcoba, me dijo: "Mira, Juanca, contigo no tengo protocolo, y ya me perdonarás si me tengo que levantar a menudo para ir al baño". Me explicó toda la operación que le habían hecho. Le gustan esas cosas. Me contó que le habían abierto por aquí, que le quitaron esto o lo otro. Se sabía todos los detalles. No tiene ningún tumor cancerígeno. Ni uno. En relación con la rodilla, cuando he hablado más recientemente con él dice que la tiene bien. Le he recomendado que se opere, que le pueden poner epidural, en lugar de anestesia general, que no quiere. Me dijo que prefería las infiltraciones y la cortisona. Ahora anda con un bastón y las actividades más cansadas las hace con silla de ruedas. Otra cosa que le pedí es: "Santo padre, diga que no renunciará". Y me contestó si estaba loco. "No renunciaré", me repitió, y me dijo que no me preocupase en absoluto. En el mes de agosto (de 2022), cuando estuve con él otra vez, me reiteró, como me ha dicho muchas veces, que me quiere como a un hijo, y yo siempre quiero expresarle que le quiero como a un padre.»

Más adelante, cuando hablemos de cómo las fuerzas de la ultraderecha, dentro y fuera de la Iglesia, organizan estrategias de *fake news* y complots para «eliminar al papa anticatólico y destructor de nuestra civilización», veremos más detalles sobre la renuncia que esperan obtener. En Roma, Roberto de Mattei, una figura destacada de los círculos católicos conservadores de Italia, proclamó en 2022: «El pontificado de Francisco se ha terminado. No desde el punto de vista cronológico (no sé si será mañana o tardaremos aún), sino desde el punto de vista lógico... Este año podría ser decisivo».

31

3

Las fuerzas oscuras se preparan

«*E*ste papa no es ni será nunca nuestro papa. No lo queremos. Nos da asco. Es un comunista, un hereje, y quiere destruir a la Santa Madre Iglesia. O lo echamos ya o acabará con el mundo cristiano que nos han inculcado nuestros antepasados. Ni Dios ni los fieles lo queremos. ¡Fuera, fuera!» Esta frase contundente y llena de odio tiene casi diez años, y me la gritó hasta desgañitarse en la mismísima plaza de San Pedro del Vaticano, en 2013, Pawel, un joven sacerdote polaco. Vestía con la larga sotana preconciliar y me costó un enorme trabajo que no me arrancase el micrófono de televisión que le puse delante. Es absurdo, pero lo quería tener bien cerca de la boca para que se oyese aún más fuerte la proclama que hacía. Era difícil que pasara inadvertido con tantos gritos. Añoraba los tiempos de su conciudadano Karol Wojtyla. Exudaba fanatismo e irritación. Juan Pablo II era un mito para él, y mostraba orgulloso su retrato, de una medida considerable, enmarcado con una orla de flores de plástico. Era un domingo poco antes de las doce del mediodía, cuando miles de peregrinos llenaban la plaza esperando bajo la ventana del Palacio Apostólico la plegaria del ángelus y la bendición de Francisco. Al final, los gendarmes, antes de que empezase a hablar el pontífice, se lo llevaron. Había empezado a proferir a gritos una serie de insultos en italiano que horrorizaban a aquellos que le rodeaban.

Diversos testimonios que recogí en el primer libro se mostraban tan radicales como Pawel a la hora de definir el pontificado de Francisco. Desde el primer momento, cuando Jorge

Mario Bergoglio fue elegido como nuevo jefe de la Iglesia católica, las fuerzas más oscuras de la institución empezaron a conspirar, a boicotear, a difamar y a hacerle la vida imposible al nuevo pontífice. La maquinaria para desgastar la imagen y el pontificado del papa argentino se puso en marcha con una avidez estremecedora, tanto dentro como fuera del Vaticano. Esta fuerza telúrica no se ha detenido ni lo hará.

«No es el santo padre que necesita la Iglesia. Será muy popular, pero no es el hombre indicado para enfrentarse a los retos que tenemos los católicos de cara a un siglo XXI que se presenta como un triunfo del maligno para destruir la obra de Dios. No podemos ocultar que la Iglesia necesita enfrentarse a un mundo que se ha convertido en mundano, donde el vicio y la depravación se presentan como algo natural. Donde el maligno está ganando la batalla cada día que pasa. Donde la doctrina, la fe y la tradición son puestas en duda incluso por muchos elementos de la misma Iglesia, que, cautivados por el relativismo, las aberraciones liberales, el feminismo, la ideología de género o las falsas religiones, traicionan los principios de la obra de Dios. Donde la herejía se transforma en doctrina, y nuestra sagrada institución en una ONG. Sí, Francisco no es el santo padre que necesitamos. Es un impostor que hay que combatir, un hombre sin los principios que reclaman los creyentes.»

Estas palabras las apunté en una antigua libreta en junio de 2014, un año y tres meses después de la elección del papa argentino. Salieron de la boca no de un simple clérigo fanatizado, sino de un prestigioso catedrático emérito de Derecho Canónico de la Pontificia Università della Santa Croce de Roma, un sacerdote simpático y tan culto como ultraconservador. Me adelantaba así una parte importante de los argumentos que utilizarían las fuerzas más reaccionarias, tanto civiles como religiosas, a lo largo de todo el pontificado de Bergoglio, para desacreditarlo y presentarlo casi como un hereje ante el mundo. Cuando intenté profundizar en lo que harían los que pensaban como él, la respuesta fue inesperadamente contundente: «Hay que eliminar el mal en cuanto se detecta. Después nos lamentaremos de que es demasiado tarde».

33

Me gusta mucho ir a Santa Croce a hacer entrevistas. Habitualmente lo hago con el tiempo suficiente para pasar un rato antes por el café Sant'Eustachio en la plaza del mismo nombre, situada solo a unos seis minutos a pie de la universidad. Un café sublime, corto y fuerte como me gusta, para despertarse y renovar energías. De hecho, aquel pequeño local compite con La Tazza d'Oro, al lado del Panteón, por el honor de ser considerados los bares que sirven el mejor café de Roma. El *ristretto* del Sant'Eustachio para mí es inigualable y lo perfuma todo a su alrededor. Hay una circunstancia añadida que alimenta el mito para mí. El establecimiento se encuentra a los pies del campanario de la capilla barroca de Sant'Ivo alla Sapienza, una obra maestra del arquitecto Francesco Borromini. Una curiosidad: ningún romano se quiere casar en ese templo porque encima de la cruz de la entrada hay una cornamenta de ciervo muy explícita.

Un amigo de toda la vida que disfruta y conoce al detalle cada rincón de Roma me desveló una tarde, en la barra de mármol de ese templo, el secreto que presuntamente esconde cada taza coronada por una fina capa de espuma, suave pero rotunda. La clave no es el café (de gran calidad, por supuesto), sino la mezcla de este con un ligero toque de canela. El caso es que soy un cliente fiel desde que puse un pie en la capital italiana.

Una vez degustados como un elixir los dos *ristretti* que siempre pido, la conversación en aquel momento en el imponente Palazzo de Sant'Apollinare, en la plaza romana del mismo nombre, a pocos pasos de la Piazza Navona, tuvo como resultado poder abrir los ojos a una realidad preocupante que ha ido arraigando y extendiéndose: la necesidad de las fuerzas más ultraconservadoras de la Iglesia, en colaboración con las externas del mismo talante, de anular o incluso eliminar al papa Francisco. No mucho después empezaría a constatar que la suma de muchas opiniones similares y personajes diversos en todo el mundo constituían un terreno propicio para construir, reagrupando fuerzas diversas, un auténtico complot contra el argentino. De la discrepancia que ya existía muy discretamente en algunos sectores que actuaban como adversarios (lefebvristas, sacerdotes y pensadores de la teología de

34

la liberación, etc.) durante los pontificados de Juan Pablo II y Benedicto XVI, se había pasado a la beligerancia y también al insulto y a la difamación sin complejos de los que ya podemos calificar como enemigos de Bergoglio. Solo se podía hacer una cosa, que ya se ha hecho con éxito: reagrupar a todos esos personajes y colectivos y elaborar una estrategia para que todos remasen en una sola dirección, cuando les conviniera hacerlo por sus espurios intereses. El objetivo: hacer renunciar lo antes posible al papa Francisco. Y si eso no es posible, trabajar a buen ritmo para preparar con mucho cuidado la maquinaria del futuro cónclave. Fabricar si hace falta las pruebas necesarias para ejercer chantaje sobre los cardenales, con el fin de manipular el resultado de las votaciones a favor de un candidato ultraconservador, que revierta todos los cambios y reformas hechos por el papa argentino. Pero no adelantemos acontecimientos que ya tocará explicar más adelante.

Enemigos por categorías

«Ningún papa se había creado tantos enemigos como Bergoglio», me comentaba una tarde en el bar de la Stampa Estera de Roma un compañero corresponsal de un prestigioso periódico británico. «Tan querido como es por mucha gente que esperaba un pontífice como él desde hace muchos años, y tan odiado al mismo tiempo por los que viven con la obsesión de que quiere destruir la Iglesia. Una señal que certifica que quizá no lo esté haciendo tan mal como dicen. Está removiendo cosas que deben ser distintas.» Con un generoso vaso de whisky de malta delante, Stephan reflexiona así entre el guirigay de este club de la prensa internacional situado a dos minutos a pie de la Fontana di Trevi. Un lugar cálido y agradable, y en cualquier caso siempre interesante, donde trabajan muchos corresponsales sobre todo de prensa. He intentado frecuentarlo con asiduidad. Allí, comiendo o tomando una copa, he pasado ratos magníficos con veteranos colegas periodistas de todo el mundo, de los que siempre se aprenden cosas.

Cuando hablamos de «enemigos del papa Francisco» hay que ir con mucho cuidado, pues existe todo un sector muy amplio de gentes que no se pueden calificar como tales por una razón fundamental: no maniobran contra el pontífice. Son sencillamente católicos laicos o religiosos que tienen pánico a los cambios. Se trata de personas indecisas, temerosas, que o bien no entienden el espíritu de las reformas que chocan con su forma tradicional de contemplar y vivir el catolicismo, o bien navegan en un mar de dudas. Cuesta poco que los más radicales y chillones los convenzan para que formen parte de sus filas. De todos modos, estos supuestos neutrales y equidistantes sí que conforman una mayoría silenciosa en todo el mundo. El peligro que esconden es que son carne de cañón, extremadamente manipulables. Quizá no darán nunca un solo paso para hacer caer al argentino, pero verían con buenos ojos el fin del pontificado de Bergoglio.

En una entrevista que le hice, el cardenal Juan José Omella, arzobispo de Barcelona y presidente de la Conferencia Episcopal Española, a mediados de octubre de 2022, hablando de las críticas al papa actual, quiso relativizar el asedio que vive Francisco: «Yo ya tengo una edad y he vivido siete papas. Todos han sufrido ataques. Yo no tengo el termómetro para saber si el papa actual ha sufrido más o no. Juan Pablo II también fue muy atacado, que si era conservador… A él lo salvaba la doctrina social de la Iglesia, pero también mucha gente le atacaba, y otros no. Con eso quiero decir que nos dedicamos a atacar a todo el mundo, a los políticos, a las instituciones, a los jueces… ¿No sabemos respetar un poco a las personas? Hablando del papa Francisco, es verdad que hay mucha gente a quien no le gusta». Cuando le pregunté qué comentaba el pontífice al respecto cuando se veían, fue mucho más claro: «El papa siempre dice algo que a mí me gusta mucho. Dice que esos ataques son normales, y que no hace caso de las críticas si son despiadadas y no tienen razón. Cuando la crítica es razonada y justa, él se corrige, y en cualquier caso, afirma que siempre reza por esa gente».

El hecho es que en la definición propiamente dicha de «enemigos del papa», en el ámbito religioso encontramos cinco categorías de personajes. En primer lugar, los llamados «rigoristas». Estos religiosos clericales y también laicos se consideran los elementos que en primera línea se sienten llamados a defender la pureza doctrinal, de acuerdo con la lectura que hacen del presente de la Iglesia, con los ojos siempre puestos en una institución pre-Concilio Vaticano II, un acontecimiento histórico, ese concilio convocado por Juan XXIII del que abominan y que quieren fingir que ni siquiera existió. Se trata de un sector poco numeroso pero especialmente activo que actúa de manera muy ruidosa en Internet y en los medios que los acogen con entusiasmo. Es gente que siempre da la cara en defensa de la tradición, y que no busca el beneplácito de nadie. Son utilizados y manipulados constantemente por los auténticos ideólogos que se ocultan y traman estrategias. «En la guerra que se ha desencadenado en el Vaticano —me dice Stephan en un italiano lleno de expresiones británicas— hay mucha oscuridad. Los que conocemos los periodistas son solo aquellos que no se ocultan. En realidad, los que viven emboscados serían los más peligrosos.»

El segundo grupo estaría formado por laicos integrados o simpatizantes de grupos organizados y personajes de la ultraderecha internacional. Individuos y formaciones fundamentalistas cristianas (no solo católicas) que cuentan cada vez más con un amplio apoyo popular. Individuos y formaciones que son supremacistas de la raza blanca, negacionistas del cambio climático y del covid, xenófobos, racistas, machistas y homófobos... Gente que ve en el papa Francisco un enemigo potencial que hay que abatir, y que si bien se proclaman tradicionalistas, abominan sobre todo de Bergoglio por las proclamas que hace sobre la inmigración, el islam, los colectivos LGTB, los derechos de las mujeres, contra la pena de muerte, los abusos del capitalismo y las advertencias sobre el cambio climático. No entienden demasiado de religión, y, en ese sentido, sus argumentos no son nunca teológicos.

Un tercer sector serían precisamente los altavoces que recogen todas las bombas que les aportan los rigoristas, los grupos y líderes neofascistas, pero también los teólogos y los estrategas más ocultos y de alto nivel, que pocas veces dan la cara y se muestran en público. Algunos medios, de manera intencionada unos, y otros por desconocimiento (aquí podríamos incluir a muchos de prestigio y con gran renombre), no solo detonan las cargas explosivas que reciben, sino que amplifican su alcance y su potencia. Importantes grupos mediáticos se han convertido en los últimos años en una oficina de propaganda destinada a acoger campañas y filtrar todo tipo de noticias y *fake news* con el objetivo de manipular a su favor la opinión pública. Así, veremos más adelante cómo trabajan la cadena Fox y los grupos «trumpistas» y fundamentalistas cristianos en Estados Unidos. «Los medios de comunicación han representado un papel fundamental en la promoción de determinados personajes, que, por el simple hecho de utilizar el insulto contra Francisco, resultan más escandalosos y dan más titulares que los pocos que actualmente defienden a Bergoglio», reflexiona Stephan.

El cuarto grupo de enemigos del papa serían los académicos y teólogos más conservadores, capaces de argumentar con cierta solidez y a partir del conocimiento de las Sagradas Escrituras aspectos que en el pontificado de Francisco muestran ciertas ambigüedades, o no se ajustan del todo a aquello que consideran un principio doctrinal inamovible y que no admite interpretaciones diferentes a las que consagra la tradición. Ellos aportan la munición de calidad necesaria para hacer creíbles todas las campañas contra el pontificado. El principal teólogo que representa este sector sería Gerhard Ludwig Müller, exprefecto de la Congregación de la Fe, defenestrado por Francisco de su importante cargo en julio de 2017. Lo conoceremos a través de una entrevista que le hice muy recientemente. Ha llegado a decir que el mensaje de Bergoglio está lleno de herejías. «La intelectualidad de izquierdas coincide muchas veces paradójicamente con la de derechas en los ataques al papa —me diría Stephan mientras pedía un segundo whisky de malta—. Los unos porque dicen que no hace las reformas previstas, y los otros porque consideran los cambios como una amenaza sobre todo para el occidente cristiano.»

Y aún hay un quinto y último grupo. Estaría formado por un grupo escogido de pensadores, laicos y religiosos que, conocedores de la psicología social de masas y de las técnicas más avanzadas, utilizan mecanismos muy poderosos para hacer que la opinión pública actúe de una determinada manera, siempre a favor de sus intereses políticos y económicos. Un gurú internacional todopoderoso como Steve Bannon, enemigo declarado del papa Francisco, cuenta con dos laboratorios donde decenas de expertos en redes sociales y medios proporcionan estrategias e ingentes medios financieros a la ultraderecha internacional y mecanismos que son clave para articular un complot contra Francisco, y para manipular el futuro cónclave que tendrá que elegir a su sucesor. Más adelante nos extenderemos y explicaremos todo ese complot orquestado de una manera muy eficaz para que nada desafine. «Mira, chico, yo cada vez estoy más convencido —acaba Stephan— de que hay un contubernio de grandes dimensiones para que la Iglesia no dé pasos adelante.» Sin embargo, poco a poco, a lo largo del libro, iremos viendo cómo actúa cada grupo de enemigos declarados de Francisco, quiénes son los personajes más destacables, las instituciones a las que representan, el pensamiento que defienden y sus métodos de actuación. Hay un dicho italiano que, en vista de lo que ahora hablamos, y como se ha visto a lo largo de la historia, nunca se ha cumplido: «*Il papa non si discute. Si ama, punto*». («El papa no se discute. Se quiere y punto.»)

4

El complot de Estados Unidos

*E*s evidente que la radical y violenta oposición al papa Bergoglio no empezó en Estados Unidos. Se trata de un fenómeno que espontáneamente y de manera simultánea se produjo en todo el mundo conservador, a medida que se conocían detalles del pensamiento de Francisco y de los cambios que proponía. De todos modos, tal y como iremos viendo, importantes personajes norteamericanos han tenido y tienen un papel clave en el complot que hay en marcha. La mayoría de los recursos económicos que necesita la operación provienen de los multimillonarios de Estados Unidos. Sin el imperio del dólar que hay detrás, todo sería mucho más difícil.

«Para mí es un honor que los norteamericanos me ataquen», declaró el papa Francisco en el avión que lo llevaba a Mozambique, el 4 de septiembre de 2019. Acababa de recibir de manos del periodista francés Nicolas Senèze un ejemplar del libro *Comment l'Amérique veut changer de pape*, que analiza las violentas críticas de los medios católicos ultraconservadores de Estados Unidos contra su pontificado. En Estados Unidos hay registrados cincuenta y un millones de católicos, una cuarta parte del electorado.

Una conversación con un profesor del Massachusetts Institute of Technology (MIT) nos permite centrar las raíces de la conspiración neofascista norteamericana y las vinculaciones que tiene con el estamento de la Iglesia católica de aquel país. Me exigió que la conversación fuese *off the record*, y por ese mismo motivo no puedo mencionar su nombre. «Ha costado mucho que muchos norteamericanos se den cuenta de que el principal enemigo no viene de fuera. No son los grupos islamistas, como han querido hacer creer las administraciones republicanas. Son los supremacistas blancos, los extremistas antigubernamentales, los neonazis que la sociedad ha considerado y todavía considera patriotas, los norteamericanos que ven conspiraciones por todas partes y enloquecen imbuidos de nacionalismo contra todo aquel que es diferente. Los negros, los asiáticos…, los homosexuales, las abortistas… son su objetivo. El atentado con coche bomba del 19 de abril de 1995 contra el edificio federal de Oklahoma es un punto de inflexión importante para darnos cuenta de cómo dos norteamericanos que odiaban la Administración, porque la consideraban poco patriótica, pudieron matan a ciento sesenta y ocho personas y provocar casi setecientos heridos. Después seguirían otros atentados, disturbios raciales provocados por actuaciones policiales contra negros indefensos, matanzas en escuelas e institutos…, el Tea Party, los neocón, la radicalización ultraconservadora de una parte importante de la Iglesia católica norteamericana y de muchas iglesias cristianas y predicadores… Donald Trump, Bannon… La primera consecuencia de la actividad de todos estos movimientos la vemos en un partido republicano que ha sido secuestrado por los trumpistas. La sociedad ha quedado profundamente dividida y hay dos amplios sectores sociales enfrentados. Todo acaba convergiendo finalmente en el asalto al Capitolio, una violación del símbolo de la democracia, el Congreso, que fue un intento de golpe de Estado en toda regla, calificado de insurrección, sedición y hasta incluso de terrorismo interno. Espoleados por el propio Trump, participaron muchos lobos solitarios enloquecidos, pero también milicias y grupos ultras perfectamente organizados.»

En este largo y creciente camino de violencia no se puede ignorar el papel que tuvo la Administración del presidente Donald Trump para destruir el legado de su predecesor, Barack Obama, y activar a los grupos de patriotas y ultranacionalistas convertidos en fanáticos seguidores del inquilino que ocupaba el despacho oval de la Casa Blanca. Él avaló, ayudó, protegió y proyectó todos los movimientos de la extrema derecha inter-

41

nacional. Desde el Brasil del expresidente Jair Bolsonaro a la Francia de Marine Le Pen, pasando por la Hungría de Viktor Orbán, la Italia de Matteo Salvini y Georgia Meloni o la España de Vox.

Tampoco podemos olvidar la amistad y los favores recíprocos entre la Casa Blanca y el Kremlin de Vladímir Putin, en una trama que empieza con las sospechas sobre la campaña electoral que llevó a Trump a la presidencia, y continúa con los lazos del imperio Trump con oligarcas rusos vinculados con la mafia de Moscú. Los poderes políticos, financieros y mediáticos más ocultos de la Administración (Pentágono y servicios secretos) y también la sociedad norteamericana se radicalizaban bajo la protección presidencial. La Iglesia católica norteamericana se dividía asimismo, y un amplio sector de obispos daba y sigue ofreciendo apoyo sin paliativos a las tesis de Trump hasta el punto de callar o avalar el trágico asalto al Congreso del 6 de enero de 2021, un ataque donde, al lado de muchas banderas norteamericanas, se exhibían algunos símbolos neonazis, supremacistas de la raza blanca y cristianos. Los medios republicanos y conservadores se encargarían de tergiversar aquel obvio intento de golpe de Estado ante la opinión pública. Comenzaban así a triunfar las teorías de la conspiración más delirantes que intentaban demostrar que el nuevo presidente Joe Biden era un usurpador maquiavélico, un comunista que había ganado fraudulentamente las elecciones y tenía un plan para destruir la esencia de lo que ellos afirmaban defender: Estados Unidos y la democracia.

No es ninguna casualidad que, en este contexto, el cardenal arzobispo de Nueva York, Timothy Dolan, uno de los que no esconden en absoluto la contrariedad que le provoca el pontificado de Francisco, se postulase descaradamente ante el Colegio Cardenalicio como gran elector de un futuro cónclave. En julio de 2020 envió por mensajería a todos los cardenales del mundo, pagando él mismo los gastos, un libro en el cual se traza el retrato robot de las cualidades que tendría que reunir el sucesor de Bergoglio. Un desafío insólito, nunca visto en un purpurado. Se trata del libro *El próximo papa*, de George Weigel, un activista norteamericano fuertemente crítico con el pontífice. El autor, con críticas encubiertas al papa argentino, propone un cambio de rumbo, según escribe, imprescindible «después de los grandes fracasos institucionales y la confusión litúrgica-doctrinal de las últimas décadas». El cardenal Dolan es una de las voces más importantes de la Conferencia Episcopal Norteamericana que participó en la campaña de descrédito del presidente Joe Biden, a pesar de la oposición del sector más moderado, que no contó con ningún apoyo mediático. El tema escogido fue el aborto, que genera un fuerte debate en Estados Unidos. Si ese sector era capaz de activarlo con inteligencia, no solo causaría graves problemas al presidente, sino que de carambola socavaría el pontificado del papa Francisco.

El aborto como arma contra Biden

«Van contra Biden porque son trumpistas y no pararán hasta destruirlo con la excusa que sea. Van contra él y quieren erosionar también al santo padre», me comentó entonces un obispo de una de las zonas más deprimidas del país, en la cuenca del Misisipi. En la Conferencia de Obispos Católicos de Estados Unidos del 18 de junio de 2021, ciento sesenta y ocho obispos votaron a favor, cincuenta y cinco, en contra, y seis se abstuvieron en la aprobación de un documento que daba luz verde a que se negase la eucaristía a los cargos públicos que favoreciesen el aborto, pero también la eutanasia y la unión de parejas homosexuales. El documento no citaba expresamente a Joe Biden, curiosamente, el segundo presidente católico de la historia (el primero fue J. F. Kennedy), pero implícitamente era un ataque directo contra su figura. Biden, ferviente católico practicante, había manifestado en diversas ocasiones y claramente estar en contra del aborto, pero no se le ocurrió eliminar el derecho de las mujeres norteamericanas a poder llevarlo a cabo.

El papa Francisco tuvo que intervenir directamente para evitar que se produjese un conflicto político y diplomático. Echó la bronca en privado a los obispos norteamericanos que habían insinuado incluso que excomulgarían al presidente católico. En septiembre de ese mismo año, dijo públicamente

43

que era un problema político y no pastoral, y que, aunque «el aborto es un asesinato…, la comunión no es un premio para los perfectos, la comunión es un don, es un regalo». Durante el debate del polémico texto aprobado, el cardenal Joseph Tobin de Newark (Nueva Jersey) había advertido que un documento como aquel llevaría a la Conferencia Episcopal Norteamericana «al corazón de la tóxica lucha partidista que ha distorsionado nuestra propia cultura política». Pocos le hicieron caso. Ya habían tomado partido.

A pesar de los llamamientos del papa, el mismo Biden o la líder demócrata y presidenta de la Cámara de Representantes, Nancy Pelosi, fueron humillados en algunas parroquias de Estados Unidos por sacerdotes que les negaron la comunión. La respuesta del pontífice, que había dicho que él jamás había negado la comunión a nadie, llegó en junio de 2022. Fue cuando Pelosi lo visitó en el Vaticano. En una misa presidida por el propio pontífice recibiría el sacramento de la eucaristía sin ningún problema.

44   Aquel documento incendiario de los prelados supuso una especie de exhortación para que se incrementasen los ataques contra las clínicas que practicaban la interrupción del embarazo, los médicos y el personal sanitario. También atizó la radicalidad de las asociaciones provida, que practicaban el acoso fanático y muchas veces violento contra las mujeres que entraban libremente en esos centros sanitarios. Finalmente, las insoportables presiones de algunos de los sectores más conservadores, con algunos obispos y cardenales neocón que intervinieron personalmente apelando a la conciencia cristiana de algunos magistrados, harían posible una decisión histórica. El 24 de junio de 2022, el Tribunal Supremo de los Estados Unidos anulaba la protección del derecho al aborto, vigente desde 1973. Quedaba en manos de cada estado decidir si se mantenía o se prohibía. La mayoría de los jueces conservadores del alto tribunal, muchos de ellos nombrados por el expresidente Trump, señalaban en el documento que la Constitución no otorga ese derecho.

Estados Unidos retrocedía así cincuenta años en un derecho reconocido en la mayoría de los países occidentales. Un peligroso antecedente que ha dado alas a la extrema derecha europea para iniciar una batalla para que en los países occidentales se niegue también ese derecho, que desde hace años gran parte de las sociedades modernas consideran ya intocable. Los derechos y la misma democracia (tendríamos que reflexionar con mucha seriedad) cuestan mucho de conseguir, y muy poco de perder. Cuando se disfrutan, parecen inalterables y permanentes, pero nada asegura que sean así. Hay que luchar día a día para mantener estos derechos, y también la democracia. Cuando nos demos cuenta de que ya no los tenemos, será demasiado tarde para recuperarlos. Las fuerzas reaccionarias no se detienen ni ahorran esfuerzos para socavar gradualmente las libertades, y no hacemos nada para detenerlos.

Cuando hablo de las convicciones del papa Francisco en charlas y debates, siempre muestro dos fotografías para compararlas. La visita del presidente Obama y familia al Vaticano, con un papa Francisco sonriente y distendido, en contraste con la frialdad y la cara de pocos amigos del argentino durante la recepción en la Santa Sede de Donald Trump y su familia. Una imagen que, como suele ocurrir a veces, vale más que mil palabras. Con Obama, Bergoglio sintonizaba en muchas cosas. Con Trump hubo motivos de discordia desde el primer momento. Las políticas migratorias del presidente norteamericano, su obsesión con el muro fronterizo con México, el unilateralismo que imponía… provocaron sonoros enfrentamientos, acompañados de descalificaciones del presidente. «El papa Francisco y Trump son dos figuras del todo antagónicas. Su visión del mundo es radicalmente diferente. Trump es el ultraliberal que cree que la humanidad debe regirse por las leyes del mercado, y que todo es válido para que sea así. Bergoglio tiene una visión de un planeta que se tendría que proteger de la autodestrucción por los hombres, que tendrían que aprender a vivir en libertad y justicia social», me recalcaba en 2020 un viejo profesor de Ciencias Políticas de Harvard que comenzaba entonces a teorizar sobre la división en la que se encontraba la sociedad norteamericana.

El 20 de enero de 2017, el mismo día que Trump juró su cargo como presidente de Estados Unidos, el papa Francisco

45

hizo una dura advertencia sobre el aumento del populismo en el mundo, y el peligro de los supuestos «salvadores» que abren paso a dictadores como Hitler. Nos quedamos con una frase de Trump de febrero de 2016, durante la campaña que lo llevaría a ser nombrado candidato republicano a la Casa Blanca: «Cuando el Vaticano sea atacado por el Estado Islámico, os aseguro que el papa habría deseado y rezado para que Donald Trump fuese presidente, porque entonces no habría pasado».

Carlo Maria Viganò, el influencer mediático

Don Alberto me suplicó que le atribuyese este nombre en la entrevista que le hice en 2021. Nos citamos en una sencilla pizzería del barrio del Trastevere en Roma, junto a la plaza donde, en un antiguo convento secularizado, tiene su sede la activa Comunidad de San Egidio. Un barrio de Roma que, a pesar de la avalancha turística, siempre respira color, belleza, armonía y una atmósfera relajante. Se trataba de un sacerdote de unos setenta años que durante casi una década trabajó en la Secretaría de Estado del Vaticano. El motivo del encuentro era conocer algunos detalles poco claros de las relaciones diplomáticas de la Santa Sede con China. En un momento dado, nos desviamos para hablar de las dificultades a las que se enfrenta el papa Francisco, y entonces me dijo que había coincidido en su trabajo con el arzobispo Carlo Maria Viganò. Me habló un buen rato de él, y hay que advertir aquí que no tenía una opinión demasiado buena del personaje.

Para situarnos, hablamos de un arzobispo italiano, pero no se trata de un prelado cualquiera al frente de una diócesis en el país transalpino. No nos equivoquemos: su terreno propicio es Estados Unidos, donde cuenta con numerosos e influyentes altavoces mediáticos. Su historia es intrigante, llena de frustraciones y, a la vez, de desafíos y venganzas. Su pensamiento bebe de las fuentes de la rigidez y el tradicionalismo. La amistad que le une a gente de renombre en Washington le ha permitido cultivar un círculo de relaciones sociales que le otorgan un poder impresionante. Quizá sea el arzobispo ultraconservador más conocido y a la vez más influyente en el campo reaccionario de Estados Unidos, aunque no tenga jurisdicción territorial en suelo norteamericano.

Carlo Maria Viganò nació en la localidad de Varese, en la Lombardía, en 1941. En 1992, Juan Pablo II le nombró arzobispo titular de Ulpiana (una diócesis inexistente) y pruncio apostólico en Nigeria. En 1998 sería asignado a la Secretaría de Estado y empezaría a trabajar en el Palacio Apostólico, donde don Alberto lo frecuentó. «Era un hombre muy reservado y poco sociable. Nervioso e impaciente. Muy ambicioso. Iba a lo suyo», me diría. Acabó siendo jefe de personal de la curia romana, y finalmente secretario general de la Gobernación del Estado de la Ciudad del Vaticano en 2009. Las críticas públicas que le hizo a Tarcisio Bertone, entonces secretario de Estado, lo alejaron de la Santa Sede. Para mantenerlo apartado, en 2011 fue nombrado nuncio apostólico en Estados Unidos. Allí, en su papel de embajador del Vaticano, empezaría a tejer relaciones con los grupos y fundaciones tradicionalistas católicos y cristianos, el Partido Republicano y los sectores más conservadores de la Administración. Esperaba con ilusión que Francisco lo nombrase cardenal, pero, al cumplir los setenta y cinco años, en 2016, tuvo que presentar la dimisión, y el pontífice argentino se la concedió de manera inmediata. Bergoglio, conocedor del talante ultra del arzobispo y de su amistad con Donald Trump, nunca se lo planteó.

«En ese momento se desencadenó toda la furia de Viganò para desacreditar al santo padre Francisco. Me lo imagino maquinando la venganza por lo que él consideraba una humillación», me dice don Alberto. Empezó a criticarlo de una manera desaforada, y en agosto de 2018 publicó una carta sangrante, llena de falsedades contra el papa argentino. Le había ayudado a redactarla el periodista conservador italiano Marco Tosatti, que suavizó algunas de las duras afirmaciones que contenía el borrador escrito por el arzobispo contra el papa. A pesar de las correcciones, le acusaba de conocer desde 2013 los graves abusos sexuales del cardenal arzobispo de Washington, Theodore McCarrick, y haberlos encubierto. Él mismo, en un encuentro con el pontífice, según decía, le había transmitido la información. Aseguraba también que McCarrick, como buen

47

amigo de Bergoglio, había contribuido a su elección al frente de la Iglesia. Finalmente, le echaba en cara que diese apoyo a una corriente homosexual en el Vaticano. «No me extrañó en absoluto que fuese capaz de hacer aquello. Yo ya lo tenía desde hacía tiempo por un conspirador peligroso», añadiría don Alberto. La carta era una bomba y llevaba una fuerte carga de metralla. Incluso, en el escrito, Viganò exigía la renuncia del pontífice con estas palabras: «... el papa Francisco tiene que ser el primero en dar ejemplo a los cardenales y obispos que han encubierto los abusos de McCarrick, y tiene que dimitir con todos ellos». Bergoglio, cuando se le preguntó, a la vuelta del viaje a Irlanda, por las graves acusaciones de Viganò, se negó a responder. Aseguró que no diría «ni una palabra sobre esto», y que «el comunicado (la carta) habla por sí mismo». Evidentemente, no quería dar más publicidad a un texto que en privado había asegurado que estaba lleno de injurias y de detalles que se acabaría descubriendo que eran falsos.

Bergoglio no contestó, pero actuó con decisión. Eso sí, esperó cinco años hasta tener todas las pruebas concluyentes, las mismas que tanto Juan Pablo II como Benedicto XVI habían preferido ignorar. El cardenal Theodore Edgar McCarrick fue condenado por abusos a unas víctimas que él llamaba «mis nietos». En 2018, Francisco le retiró la condición de cardenal; un año más tarde, le expulsó del sacerdocio. El Vaticano acabaría por reconocer su responsabilidad en el encubrimiento protagonizado por muchos personajes de la curia que cobraban cuantiosas sumas del cardenal para evitar condenas. Por otra parte, gracias a un informe publicado por la Santa Sede, se descubrió que el todopoderoso cardenal polaco Stanislaw Dziwisz (mano derecha del papa Wojtyla, entre otros) también «encubría a los pederastas a cambio de dinero». Entre otros muchos casos, había ocultado tanto las graves acusaciones que las víctimas de abusos habían vertido sobre Marcial Maciel (el fundador de los Legionarios de Cristo) como las que señalaban a McCarrick.

Probablemente, el papa Francisco coincide con la opinión que defienden don Alberto y muchos reformistas sobre las acusaciones de Viganò respecto al supuesto encubrimiento de Bergoglio de los abusos del cardenal norteamericano: «Se trata de difamaciones tan desmesuradas e insidiosas como todas las que posteriormente ha ido haciendo este hombre». Efectivamente, desde entonces, Viganò no ha parado de publicar cartas abiertas y de conceder entrevistas a todos los medios conservadores de Estados Unidos y Europa con un contenido casi siempre apocalíptico. Se manifestó en contra de la «conspiración de la pandemia del covid», como buen negacionista que es, e hizo un llamamiento a formar una alianza internacional antimundialista. Promovía que los gobernantes y los dirigentes religiosos cristianos del planeta debían crear un programa común basado en «los principios morales cristianos, los valores tradicionales, la defensa de la vida y la familia natural...». No se ha cansado de definir el actual panorama político, del cual sería cómplice el Vaticano de Francisco, como «una tiranía del plan de un nuevo orden mundial» que «esclaviza a todo el mundo y construye una religión de la humanidad que reemplaza la fe en Cristo».

Viganò, que considera que el combate actual en el mundo lo protagonizan «los hijos de la luz y los hijos de las tinieblas», no dudó en pedir el voto para Donald Trump en la campaña que le llevó en 2017 a la presidencia. En 2020 le escribía una carta abierta al presidente: «Por primera vez, Estados Unidos tiene en usted a un presidente que defiende con valentía el derecho a la vida, que no se avergüenza de denunciar la persecución de los cristianos en todo el mundo, que habla de Jesucristo y del derecho de los ciudadanos a la libertad de culto... Los dos peleamos en el mismo bando, en esta batalla, aunque con armas distintas». El presidente le agradeció estas alabanzas con un tuit donde manifestaba sentirse «honrado» y exhortaba a todo el mundo a leer la carta. El mismo año, durante la pugna electoral contra Joe Biden, volvería a dar apoyo al magnate neoyorquino, «para que luche contra las fuerzas demoníacas», dijo. El arzobispo continuaría su cruzada en los años sucesivos: «Es evidente que Bergoglio considera a Trump su principal adversario, el obstáculo que debe ser eliminado, para que se pueda poner en marcha el gran reajuste». Bergoglio, junto con Biden, según Viganò, están «subordinados a la ideología globalista y a su agenda perversa, inhumana, anticristiana e infernal».

49

Como decía el periódico católico conservador norteamericano *National Catholic Reporter,* es cierto que en todo el país los sacerdotes han utilizado en sus homilías, boletines y redes sociales parroquiales el contenido de las proclamas de Viganò para promocionarlo. Desde que este publicó el manifiesto contra Francisco, en agosto de 2018, el arzobispo ha sido proclamado por muchos católicos de derechas líder de la resistencia al pontificado de Bergoglio. Desde entonces también le invitan a fiestas, congresos, tribunas y actos de todo tipo que organizan muchos de los multimillonarios que, desde el ámbito católico o pertenecientes a otras confesiones cristianas, promueven iniciativas diversas en Estados Unidos. El objetivo es siempre defender los principios políticos, económicos y morales que, afirman con rotundidad, están basados en el cristianismo tradicional.

El arzobispo italiano también fue de los primeros en criticar las nuevas limitaciones impuestas por Bergoglio a la celebración de la misa en latín; la liturgia preconciliar. En un comunicado al estilo de los que acostumbra a difundir, y que son esperados y loados por sus acólitos, Viganò calificaba de «rey absolutista» al papa Francisco. Y no se quedaba ahí. Añadía una dura reflexión, después de calificar a Bergoglio como «el caudillo de la facción más extremista del progresismo». «Su doble papel de papa y de liquidador de la Iglesia católica le permite por un lado derruirla a golpe de decretos y actos de gobierno, y por otro servirse del prestigio que le confiere el cargo para instaurar y difundir la nueva religión sobre las ruinas de la vieja… Hasta las personas sencillas y poco avezadas en cuestiones doctrinales han entendido que tenemos un papa que no es católico, al menos en el sentido estricto de la palabra», escribía Viganò. Otros exabruptos contra el pontífice son afirmar que es «sectario», un «extremista ideológico» y un «mentiroso».

En su implacable cruzada contra Francisco y por alimentar su ambición, Viganò encontró en el cardenal norteamericano Raymond Leo Burke un aliado incondicional. De la misma manera, el arzobispo descubriría en Estados Unidos al hombre clave que necesitaba en su propósito: Steve Bannon, al que le dedicaremos un capítulo del libro por su destacado papel de gurú y estratega de la extrema derecha internacional. Viganò y Bannon coinciden en tantas cosas que el exasesor de Donald Trump decidió entrevistar al arzobispo en su blog digital «WarRoom.org». Fue en junio de 2022. En muchos momentos, parecía que Bannon se entrevistara a sí mismo.

En la conversación, Viganò hablaba del «golpe de Estado silencioso» propiciado por las Naciones Unidas y la Unión Europea, a los que definía como «criminales». Denunciaba un «golpe de Estado» y señalaba como colaborador al Vaticano del papa Francisco. Argumentaba también que «una autoridad que impone el mal a sus súbditos es por eso mismo ilegítima, y sus órdenes son nulas. No olvidemos que el verdadero Señor del que procede toda autoridad es Dios, y que la autoridad terrenal, tanto civil como espiritual, es siempre vicaria, es decir, está sometida a la autoridad de Jesucristo, rey y gran sacerdote». La inmigración («invasora»), el presidente Biden («ilegítimo y fraudulento»), el papa Bergoglio («destruye la fe y la moral»), los homosexuales («sodomitas»), los abortistas y proeutanasia («criminales»), las vacunas («perversas»)... son temas recurrentes y casi obsesivos, que comparten tanto Bannon como Viganò. Dos hombres ambiciosos y también oportunistas, el estratega y el arzobispo, que teorizan sobre el nuevo mundo que quieren construir. Son dos ultraconservadores que aportan constantemente nuevos argumentos a la derecha radical que quiere asaltar el poder en el mundo. Juntos, desde los frentes político y religioso, han establecido una alianza y una agenda que los convierte, como diría el sacerdote don Alberto, «en una bomba de relojería que ya ha activado la cuenta atrás».

Laicos organizados y siempre movilizados

En Estados Unidos siempre he descubierto, tanto en los viajes como periodista como en aquellos que he hecho como turista, a personajes estrambóticos de todo tipo. Gente sencilla con ideas delirantes, así como también magnates que con sus fortunas son capaces de invertir en cualquier cosa o intentar comprarlo todo. Si pensamos que con el patrimonio que tiene el fundador de Microsoft, Bill Gates, podría comprar Bolivia, El Salvador y Hon-

51

duras juntos, lo entenderemos todo. Siempre me ha fascinado la historia del millonario Robert P. McCulloch, que en 1968 adquirió el puente de Londres por dos millones y medio de libras esterlinas. El puente fue desmantelado y los bloques numerados, y luego lo embarcaron para América. Habría pagado por ver la cara que se le quedó al potentado cuando, una vez montado en el desierto de Mojave, en Arizona, sobre un lago artificial que hizo construir, se dio cuenta de que no era el puente que él pensaba haber comprado. Acusó incluso al Ayuntamiento de Londres de estafa. El muy incauto había adquirido el anodino y feote London Bridge, y no, como él creía, el Tower Bridge, que Londres jamás venderá, porque es un símbolo de la ciudad.

El excéntrico multimillonario del que quiero hablar aquí es Tom Monaghan, propietario de la empresa Domino's Pizza, conocida mundialmente. Monaghan tuvo una idea estrambótica que resultó muy polémica en Estados Unidos: declaró que todo había empezado con «una revelación de la Divina Providencia». Tenía que crear una ciudad basada en los diez mandamientos, una utopía católica donde, según anunció, no tendrían cabida la planificación familiar, los anticonceptivos ni la pornografía. Su sueño se acabó haciendo realidad en 2007. Al cabo de tres años de experiencia mística, se inauguraba la ciudad llamada Ave María, en medio de un pantano de Florida aislado de todo, junto a los Everglades. Una comunidad ultracatólica donde todo el mundo tenía que vivir bajo los principios más estrictos de la ley de Dios. Todo es posible en Estados Unidos, con millones de dólares en la cuenta corriente.

Un reportero de la BBC británica visitó aquella población en 2016 para ver cómo funcionaba la fantasía del empresario «pizzero». Se encontró con la sorpresa de que muchos de los primeros habitantes de Ave María, que nueve años antes se habían trasladado ilusionados a aquel «paraíso del catolicismo», habían abandonado la ciudad. Curiosamente, se fueron porque la ciudad no era lo bastante estricta en el cumplimiento de las reglas que emanan de los Evangelios. En el reportaje se muestran imágenes de la iglesia original, de forma ojival y estructura de acero, que domina la población, y entrevistan a algunos de sus habitantes. Los vecinos de aquella insólita comunidad hablaban de seis misas diarias en el oratorio, de que las calles tienen todas nombres de santos, pero también de que las conductas anticatólicas no están prohibidas del todo. De hecho, cuando Monaghan anunció la obligatoriedad de las normas religiosas, estalló la polémica. La idea era anticonstitucional, de modo que se tuvo que retractar. Hoy en día, el magnate no es más que un pequeño accionista de su proyecto original, que adquirió una inmobiliaria. En 2022, Ave María es sobre todo una curiosidad, una localidad en expansión y de unos seis mil habitantes, principalmente gracias a su universidad y al entorno de jardines, parques naturales y servicios de ocio deportivo que ofrece. Farras estudiantiles no hay, y sigue imperando el catolicismo, pero la utopía del magnate no ha acabado de cuajar. Por cierto: en Ave María no busquéis ni un solo establecimiento de Domino's Pizza.

Las donaciones a la Iglesia católica procedentes de ricos empresarios norteamericanos en 2012, antes de la llegada del papa Francisco, representaban un treinta por ciento del total. Ahora, en 2023, han bajado de manera sustancial, y la tendencia del principal financiador de las arcas vaticanas ha ido a la baja. El pontífice argentino no ha gustado nunca a los potentados católicos, ni tampoco a una gran mayoría de norteamericanos. No ven con buenos ojos los ataques de Bergoglio al sistema capitalista especulador. Sencillamente, no lo entienden. Lo interpretan como una amenaza a su modelo de vida. Una bomba, procedente del Vaticano, contra la «democracia liberal» que han jurado defender. La mayoría de estos multimillonarios de pensamiento, que se sentían cómodos con los papas Wojtyla y Ratzinger, se han acabado perfilando como enemigos acérrimos de Bergoglio. Ellos han colaborado generosamente con sus fortunas a afrontar el pago de las cuantiosas indemnizaciones que tuvieron que abonar las diócesis norteamericanas a las víctimas de abusos sexuales. Este sería el inconfesable motivo de que la mayoría del episcopado de Estados Unidos acepte de buen grado defender las medidas que les imponen estos peces gordos, en sintonía con su pensamiento radicalmente conservador.

A lo largo de los años, los potentados católicos han ido creando por todo el país una red grandiosa de instituciones dedicadas a la enseñanza, a unir fe, patria y libre mercado y practicar, a base de *lobbies*, una influencia notable en la Administración y en la sociedad. Aunque todavía parece que la mayoría de los católicos norteamericanos, sobre todo los que pertenecen a una clase media acomodada y mínimamente ilustrada, siguen dando apoyo al papa Francisco, es evidente que cada vez hay más millones de laicos católicos movilizados en todo el país por la causa patriótica, el liberalismo económico y el catolicismo más integrista. Todo mezclado constituye un cóctel muy explosivo.

Para poner un ejemplo, en 2015 el Instituto de Sondeos de Estados Unidos, Pew Research Center, publicaba unos datos que reflejan la división partidista de los católicos ante la pregunta que se les hacía sobre el calentamiento global del planeta. El papa Francisco ha dejado claro en la encíclica *Laudato si'* que esta lucha tiene que ser una prioridad, pues se pone en peligro «la casa común de la humanidad». Para Bergoglio, el consumismo y el capitalismo salvaje son los responsables de la degradación de nuestro hábitat natural. Pues bien: solo un cincuenta por ciento de los católicos republicanos considera que hay pruebas científicas de que la temperatura de la Tierra está aumentando. El porcentaje entre los católicos demócratas era del ochenta por ciento. También solo una cuarta parte de los católicos republicanos creen que el hombre tiene algo que ver en el cambio climático, mientras que un sesenta por ciento de los católicos demócratas tienen muy claro que es así. El presidente Trump, que durante su mandato no paró de hacer declaraciones negacionistas, destruyó toda la política medioambiental proyectada por su predecesor, Barack Obama. También se retiró de todos los acuerdos internacionales que limitaban la emisión de gases de efecto invernadero y reabrió las minas de carbón que Obama había hecho cerrar. La Administración del presidente Biden ha vuelto a los foros internacionales y ha proclamado que estamos ante «una crisis que exige esfuerzos compartidos». Como vemos, no todo el mundo lo considera así. Trump sigue recogiendo elogios cuando insiste en minimizar el riesgo de cambio climático de nuestro planeta, y tiene una legión de seguidores que aplauden todo lo que dice sin cuestionarse absolutamente nada más. El cincuenta por ciento de los católicos norteamericanos votaron al magnate populista en las elecciones presidenciales de noviembre de 2020. Como ya hemos apuntado, un hecho que a primera vista podía parecer trascendente, que Biden sea un católico practicante, no tuvo demasiada relevancia entre los cincuenta y un millones de católicos norteamericanos.

Un ejemplo de cómo funciona la extraordinaria variedad de la nebulosa de grupos fundamentalistas católicos norteamericanos lo encontramos al observar diversos casos en el país. Pueden provocar estupefacción y algunos incluso hilaridad en la sociedad europea, pero hay que recordar que forman parte del ADN de la tradición cultural y social de una sociedad, la de Estados Unidos, que tiende al individualismo, sin olvidar los fuertes vínculos de comunidad. Así, la mayoría de los norteamericanos sienten la necesidad de formar parte de clubes, asociaciones y fundaciones que imponen reglas y un modelo de vida por seguir, en medio de la confusión de un mundo desorientado y sin valores tangibles a los que agarrarse. Lo necesitan para sentirse seguros, por la necesidad humana de pertenencia a un grupo que inculca valores y que ofrece pautas de comportamiento en las cuales refugiarse.

Instituciones católicas de carácter neocón

Un buen vino ayuda a digerir muchas cosas. En Estados Unidos, la cultura del vino pertenece sobre todo a las élites. ¡Ah, y el champán francés! Lo que suele pasar es que el supuesto champán que sirven en los restaurantes se llama Codorníu o Freixenet, cavas hechos en Cataluña. Lo pude comprobar hace unos años en California, donde una familia me obsequió con una buena cena en un lujoso restaurante de un club náutico de San Francisco. Eran potentados con yate propio, y pidieron el «champán» que anunciaba la carta. Nos sirvieron un Cordón Negro Freixenet. Pero la cosa no acabó ahí. Mis anfitriones pidieron acto seguido un azucarero que prácticamente vaciarían en las copas. A la mayoría de los norteamericanos todo les gusta edulcorado, como la Coca-Cola. Pero no nos perdamos y hablemos de una convención ultraconservadora regada con buen vino.

El 30 de julio de 2021, en el hotel Meritage Resort y Spa de Napa, California, se reunieron unas ochocientas personas durante tres días, convocadas por el Napa Institute, en el marco de su conferencia anual de verano. Esta organización, fundada en 2010 por el abogado católico conservador y empresario californiano Tim Busch, acoge a un selecto número de reputados ciudadanos, muchos de ellos empresarios de prestigio o líderes sociales de sus comunidades. Todos ellos frecuentan las actividades destinadas a defender el ultraliberalismo económico en el marco del catolicismo más tradicional. Situados en la zona vitivinícola por excelencia de Estados Unidos, el valle de Napa, en todos los actos se sirven copas de vino de las diversas bodegas que colaboran estrechamente con la organización. El año 2022 tampoco faltó el buen vino para abordar el tema central del encuentro: el aborto y la prohibición dictada por el Tribunal Supremo de Estados Unidos, solo unas semanas antes, el 24 de junio. Todo el mundo coincidió en considerar la decisión judicial como histórica, y celebrarla de manera entusiasta.

En un programa donde la misa diaria y la plegaria ocupaban, como es habitual, un lugar fundamental, se organizaron conferencias y debates con la intervención de ponentes, todos ellos implicados personalmente en «la salvaguarda de la civilización cristiana». A última hora de la tarde de la jornada inaugural, un grupo de manifestantes progresistas interrumpió el discurso que pronunciaba en la convención el abogado William Barr. La protesta quedó ahogada por los participantes con sus rezos y el canto de la Salve Regina. Cuando el que fue fiscal general de Estados Unidos durante las Administraciones de George Bush padre y Donald Trump pudo continuar su intervención, dio las gracias a los presentes. Dijo que se sentía como en casa, donde los rezos ahogan los gritos de los infieles. Barr es católico practicante y está vinculado a grupos antiaborto. Puso todas las trabas posibles a la investigación sobre la injerencia rusa en la campaña electoral de Trump, que llevó a la presidencia al republicano después de practicar la «guerra sucia» contra su rival demócrata, Hillary Clinton. También trabajó para restringir el derecho de asilo. En un giro inesperado, reconoció que se había alejado de Trump a raíz de la insistencia obsesiva del presidente en calificar de fraude la derrota electoral de 2020 que llevaría a Joe Biden a la presidencia.

Barr argumentaría en su discurso del foro del Napa Institute que el derecho a la intimidad de la mujer «no se puede extender al aborto». Otros ponentes eran activistas, académicos y también religiosos, que atacaron la «ideología de género», la teoría crítica de la raza, la inmigración y «la deriva de la Iglesia hacia posiciones contrarias a nuestra fe», entre otros temas muy presentes en los medios conservadores.

«Es curioso —me dice Juan Carlos Cruz, un buen amigo y asesor del papa Francisco que vive en Washington— observar como todas estas organizaciones de descerebrados católicos en Estados Unidos buscan un mundo que solo privilegia a algunos. Es horroroso ver a los católicos por Trump, a los obispos por Trump. Hablan, por ejemplo, del derecho a la vida, que para ellos solamente es el tema del aborto. Cuando hablan de reivindicar la vida no se refieren nunca al asunto de la pena de muerte, de los inmigrantes que mueren… Otro ejemplo es que plantean la comunidad LGTB como un peligro. Dirigen el odio contra ellos con teorías conspirativas que quieren hacer creer que todos los gais intentan hacer adeptos. Es espantoso. En mi barrio, que es un buen barrio de Washington y muy diverso, con gais, negros, asiáticos y gente de todo el mundo, una maravilla de convivencia hasta hace poco, ya ha habido cuatro ataques a gente LGTBI que han acabado en el hospital. Lo nunca visto.»

En la conferencia de finales de septiembre de 2018, algunos presentadores de los actos del Napa Institute habían sugerido que la Iglesia católica, en los últimos años, había perdido «su vigor espiritual al acomodarse al mundo secular». Diversos ponentes citaron a los papas Juan Pablo II y Benedicto XVI como ejemplos de excelentes pontificados. Del papa Francisco hablaron poco, pero recibió algunas furibundas desaprobaciones por parte de ciertos asistentes. En aquel encuentro participaron el cardenal Gerhard Müller, antiguo prefecto de la Congregación para la Doctrina de la Fe, un invitado «de lujo» habitual en estos círculos, que nunca desilusiona a sus anfitriones. También

57

estaban presentes el arzobispo Samuel Aquila de Denver, Colorado, y el obispo Roberto Morlino de Madison, Wisconsin.

El organizador y director del Napa Institute, Jim Busch, había hecho en 2016 una donación de quince millones de dólares a la Escuela de Negocios de la Universidad Católica de América, la más grande de la historia de aquel centro docente. Trabajar para que se formen empresarios católicos con una mentalidad ultraconservadora preocupa a Busch, y mucho. En 2018, muchos de los asistentes al encuentro de verano exigieron que la Iglesia adoptase prácticas comerciales estándar, inversiones serias y sin corruptelas. «Si no toleramos esto en nuestros propios negocios, no lo podemos tolerar en nuestra Iglesia», diría Busch en la reunión. Sobre el cáncer de la pederastia, añadió: «Es necesario que cese el abuso sexual del clero. Y nosotros, los laicos, lo pararemos. Y lo haremos independientemente de lo que diga el derecho civil y canónico». Busch es también muy amigo de uno de los principales enemigos del papa Francisco, el arzobispo Carlo Maria Viganò, de quien ya hemos hablado, a quien describe como «un hombre honrado». A lo largo de la trayectoria de la institución han participado en actos organizados por ella personajes como Robert Grange, uno de los principales intelectuales conservadores del país, el cardenal Christoph Schönborn, arzobispo de Viena, o el cardenal William Levada, exprefecto de la Congregación de la Fe. Han organizado actos en Washington, Roma y Viena, y peregrinajes al Vaticano, a Tierra Santa y a Fátima.

Pero ¿quién financia a todos estos grupos? Acabamos de hablar de Busch y del fundador de Domino's Pizza, pero no olvidemos tampoco al banquero y empresario Frank Hanna, que ha sido definido como uno de los principales filántropos del catolicismo conservador en Estados Unidos. Ha ayudado a iniciar y financiar en Atlanta, Georgia, dos escuelas, la Holy Spirit Preparatory School (Escuela Preparatoria Espíritu Santo) y el Holy Spirit College (Universidad Espíritu Santo), reconocidas como dos de las mejores escuelas de secundaria católicas del país. Es caballero de la Orden de Malta, de la Orden del Santo Sepulcro, y fue nombrado por Benedicto XVI caballero de la Orden de San Gregorio el Grande. En 2007, el papa Ratzinger lo premió por haber entregado a la Biblioteca Apostólica Vaticana unos incunables de gran valor histórico y religioso. La fundación que preside Hanna, Solidarity Association (Fundación Solidaridad), compró dos de los llamados «papiros Bodmer», encontrados en un monasterio en Egipto en 1952, por una cuantiosa cifra que no se ha revelado. Contienen los fragmentos escritos más antiguos del Evangelio de san Lucas y del Evangelio de san Juan, así como el padrenuestro más ancestral.

Cabe destacar que en el currículo del filántropo Hanna no se explica que colabora con donaciones importantes a Red Hat Report, el informe que, como explicaremos más adelante cuando descubramos el meollo del complot pos-Francisco, pretende manipular el próximo cónclave. Hanna también hace efectivas cuantiosas ayudas económicas a otros proyectos y grupos ultraconservadores a través de su fundación y su empresa Hanna Capital. Solidarity Association fue creada en 2003 con el objetivo de ayudar, según han dicho ellos mismos, en «misiones críticas de la Iglesia donde los otros pueden no estar equipados». Un eufemismo que esconde, según he podido comprobar, muchos proyectos destinados a preservar el tradicionalismo más rancio que intenta combatir el papa Francisco.

Hanna también es miembro de la junta directiva del Acton Institute, quizá la institución ultraconservadora norteamericana más activa y conocida internacionalmente. Se trata de otro *think tank* (laboratorio de ideas y presión) con base en Grand Rapids, Míchigan, que también cuenta con oficina en Roma. Su objetivo oficial es «promover una sociedad libre y virtuosa caracterizada por la libertad individual y que se ha de sostener en los principios religiosos». Se dedican a la formación y a la publicación de numerosas revistas sobre liderazgo económico y empresarial, finanzas y cristianismo. Para definirlo con claridad, se trata de un instituto que promociona el capitalismo, la derecha política republicana y la sociedad más inmovilista, siempre en el marco de la tradición y la moral judeocristiana. Acton, incluido por la Universidad de Pensilvania entre las cincuenta organizaciones más influyentes de Estados Unidos, fue creado en 1990 por el sacerdote católico Robert A. Sirico,

59

que había dejado a un lado sus planteamientos juveniles de izquierdas para abrazar los postulados de la derecha más conservadora, y Kris Alan Mauren, el director ejecutivo del instituto.

Una organización muy peculiar es Knights of Columbus (Los Caballeros de Colón), que creó en 1882 el sacerdote católico norteamericano Michael Joseph McGivney, beatificado por el papa Francisco en octubre de 2020. Funciona como una especie de sociedad fraternal de tipo secreto, formada por unos dos millones de católicos acreditados en todo el mundo. Se ha extendido sobre todo a Canadá, Latinoamérica, Filipinas y Polonia. Hacen obras de caridad e importantes donaciones a las causas y organizaciones más reaccionarias, una circunstancia que hace que sea conocida como «el brazo derecho de la Iglesia». También ayudaron al Vaticano en la época de Juan Pablo II (su pontífice favorito) a adquirir equipo técnico más moderno, necesario para el funcionamiento de la radio y la televisión vaticanas. Su importante capital, valorado en unos cien mil millones de dólares, proviene de la compañía de seguros que gestionan, y que les permite contar con recursos de los que no puede disponer ninguna otra de las instituciones citadas. Sí, hacen obras de caridad, ayudan a comunidades y parroquias pobres, restauran antigüedades y subvencionan muchas obras sociales, pero también financian laboratorios de ideas y medios de comunicación que se pueden calificar como reaccionarios. Cada año, además, hacen una aportación millonaria a la Conferencia Episcopal Norteamericana. Esta «limosna» les permite acceder, influir y si hace falta imponer normas y pronunciamientos en los niveles más altos de la toma de decisiones de la Administración y la Iglesia.

Legatus es otra institución, formada en este caso por abogados y juristas católicos que se definen como «embajadores de Cristo para los mercados financieros». Entre sus cinco mil miembros cuenta también, como todas las organizaciones que hemos citado, con destacables hombres de negocios y personalidades del mundo financiero, todos también «católicos de pedigrí». En febrero de 2023 tenían prevista su convención anual en un lujoso hotel de Orlando, Florida, con un programa dedicado esta vez al estudio de las señales y milagros que la fe católica proyecta en el siglo XXI. El cardenal norteamericano Raymond Burke, considerado el peor enemigo del papa Francisco en el Vaticano, ha afirmado que «Legatus ayuda a los líderes católicos en diversas áreas a que su fe católica sea su guía en cualquier actividad en la que estén involucrados. Reúne a los buenos católicos para animarse y ayudarse los unos a los otros».

Un caso especial es el de George Weigel, el fundador en 1976 de Ethics and Public Policy Center (Centro para la Ética y la Política Pública). Se trata de una institución privada que, según proclaman ellos mismos a través de su web oficial, es «el principal instituto de Washington D. C. que trabaja para aplicar la riqueza de la tradición judeocristiana a las cuestiones contemporáneas de derecho, cultura y política, a la búsqueda de la renovación cívica y cultural de Estados Unidos». En resumen, un *think tank* ultraconservador, que cuenta con figuras destacadas de ese sector, como el mismo Weigel, considerado uno de los principales intelectuales del país y uno de los pensadores católicos conservadores con más reputación internacional. Weigel critica el mundo convulso de hoy en día, la crisis de la sociedad occidental por el papel destacable e influyente de Rusia, de China y del yihadismo islámico, que forman parte de las dificultades políticas. Para él, el pontificado no ha de dar soluciones políticas, sino morales y espirituales. Así lo expresó en noviembre de 2021 en una conferencia que llevaba un título explícito: «El papa que todos necesitamos: el papado y la crisis de Occidente». Un enunciado que ya da a entender su malestar con el pontificado de Francisco. Es importante conocer el argumentario de ese intelectual convertido en gurú del pensamiento más reaccionario. «Estamos —dijo— en una cultura que distorsiona la realidad y la falsifica. Convierte a los políticos en autodestructivos. El capital moral y espiritual ha quedado desplazado por fuerzas culturales que identifican el progreso con la satisfacción de todos nuestros deseos…, sin tener en cuenta la necesaria renovación espiritual y moral.» Weigel cree que el pontificado de Bergoglio no está dando respuesta a este desafío. Si la Iglesia se convierte en una ONG, concluye, no sirve para nada. «El agnosticismo de la posmodernidad modela a su aire a la humanidad con la ideología de género, que niega lo más elemental de la condición humana, la condición genética del hombre y de la mujer.» «El mundo —apunta Weigel— necesita un papa que proclame la visión de las raíces bíblicas, de la posibilidad humana…, del misterio del amor de Dios. El mundo necesita un pontificado que enseñe un ejercicio de libertad ante la crisis cultural y espiritual de Occidente, no una noción infantil de libertad. El papa no puede tener relaciones políticas con regímenes autoritarios y totalitarios porque ese juego solo beneficia a los tiranos, y mina la credibilidad evangélica y moral de la Iglesia y del pontificado. Ha de ser la voz de los que no tienen voz en las prisiones de Cuba y Nicaragua. La voz de los que son brutalizados en los campos de concentración de Xinjiang y de los que están sometidos a la penuria de Venezuela.»

¿Y el papa Francisco qué dice de todo esto? Es consciente del alcance, la influencia y el poder de estos grupos y fundaciones. Está convencido de que la mayoría de los obispos católicos norteamericanos y un nutrido grupo de cardenales viven muy bien asociados a estos movimientos ultraconservadores, llenos de potentados preocupados sobre todo por sus negocios, que ven en peligro si prolifera una visión social y justa del mundo, una política verde no contaminante… En privado, ha dicho muchas veces que algunos parecen comprados, y que se ven obligados a actuar como les marcan sus mentores. Los que los patrocinan financian de manera muy generosa sus gastos, y los invitan a todo tipo de foros, congresos, convenciones, fiestas y saraos diversos. Todos esos movimientos laicos, organizados en torno a instituciones muy características de la peculiar cultura norteamericana, se han extendido como una mancha de aceite, con procedimientos e ideas similares, en Latinoamérica y otras latitudes como Europa, Australia y el continente asiático. Buscan, ya lo hemos dicho, conciliar la economía de libre mercado con la enseñanza y la doctrina católica de siempre… Quieren «salvar el mundo», con la moral y el mensaje cristiano más tradicional. Como consecuencia, en el fondo, cada vez queda más claro que priorizan sus intereses fundamentalmente económicos. El combate que han iniciado no es teológico, ni siquiera espiritual. Una Iglesia con un discurso ecológico y a favor de la justicia social hace peligrar el sistema de intereses financieros y privados. No se detendrán hasta vencer. Tienen todos los recursos económicos para hacerlo y disponen de potentes altavoces para difundir su mensaje.

Los altavoces del complot

«La guerra en los medios de comunicación de Estados Unidos, lamentablemente, ya no es una confrontación periodística, como había sido siempre. Ha derivado en una lucha sin cuartel entre propagandistas.» Un compañero periodista del periódico *Boston Globe* se lamentaba con amargura, en otoño de 2022, en una visita a Barcelona, del cambio sustancial en el talante del periodismo norteamericano. Hay honrosas excepciones, pero en general así es.

El apoyo a la Administración Trump y la división actual de la sociedad norteamericana que el expresidente ha provocado no se podrían entender sin la crucial aportación de los medios de comunicación, los tradicionales y más contemporizadores, a través de Internet. La actividad frenética de las grandes corporaciones de medios de comunicación norteamericanas, en manos de millonarios ultraconservadores, ha hecho creer a mucha gente que el sistema de vida norteamericano estaba seriamente amenazado por una conspiración liderada por Biden, los demócratas, las Naciones Unidas y el papa Francisco, y alimentada por el siempre recurrente George Soros.

La principal cadena televisiva católica de Estados Unidos, la EWTN, no oculta sus reticencias ante las orientaciones del pontificado del papa Francisco. Se guarda mucho de criticarlo abiertamente en su línea editorial, pero nunca se ha mostrado entusiasta con el pontífice argentino. Por otra parte, no tiene ningún problema en invitar a fundamentalistas a los debates y vetar voces que sintonizan con las líneas clave de Bergoglio. En resumen, los ataques contra el pontificado del argentino son constantes.

La EWTN (Eternal Word Television Network, Cadena de

63

Televisión Palabra Eterna) es la cadena de televisión más grande del mundo católico, con once canales que transmiten las veinticuatro horas en inglés, español y otros idiomas. Según afirman, llega a doscientos sesenta y cuatro millones de hogares en ciento cuarenta y cuatro países, incluida toda Latinoamérica y España. Emite también por Internet, y cuenta con emisoras de radio y un periódico, el *National Catholic Register*. Al mismo tiempo, controla también la Catholic News Agency (CNA), o Agencia Católica de Noticias, y la ACI Prensa, una agencia de noticias católica en español con sede en Lima, Perú. Finalmente, cuenta también con un catálogo de venta de productos religiosos. Todo un conglomerado muy poderoso, financiado en las últimas décadas por algunos de los millonarios ya citados. Ni la Conferencia Episcopal de Estados Unidos ni tampoco el Vaticano tienen influencia alguna en la EWTN, y por tanto se mantiene gracias a los magnates católicos y las donaciones de los espectadores. El ingenioso mensaje para promocionarse y conseguir fondos económicos proclama: «Ponnos entre tus facturas del gas y la electricidad».

64

Curiosamente, fue una monja clarisa de Ohio quien fundó lo que ahora es el imperio mediático más fundamentalista del catolicismo, la llamada madre Angélica. Se hizo popular entre millones de católicos norteamericanos. Sus discursos, que empezó a hacer a través de la pequeña pantalla desde el garaje de su convento en Alabama, eran enérgicos y directos. Murió en 2016, a los noventa y dos años, pero la grabación del programa *La madre Angélica en directo* todavía se emite constantemente en todo el mundo, con una extraordinaria acogida. Sigue siendo un programa estrella. El tono del mensaje de Rita Antoinette Francis Rizzo, que era su nombre civil, solía ser brusco cuando reñía a los católicos poco ortodoxos y se mostraba implacable contra los cambios y transformaciones. «Estoy tan cansada de ti, Iglesia liberal de los Estados Unidos. Estás enferma… No tienes nada que ofrecer. No haces otra cosa que destruir.» Esta actitud hosca, en contra de lo que se pueda pensar, gusta a la audiencia, que la venera. Y también entusiasmaba a Juan Pablo II, que la escuchaba a menudo y se declaró ferviente admirador suyo. Benedicto XVI quiso conocerla y le concedió la medalla

Pro Ecclesia et Pontifice, el honor más alto que puede otorgar un papa por los servicios prestados a la Iglesia. ¿Y Francisco? El argentino se limitó a bendecirla. El caso es que el programa de la monja de la EWTN disparó la audiencia de la emisora y fue la base para la creación del potente imperio mediático.

Al margen de la EWTN y mucho más generalista, aunque cuenta con una audiencia multimillonaria, encontramos la Fox Broadcasting Company, conocida popularmente como la Fox. Un conglomerado de canales de entretenimiento entre los cuales nos interesa hablar sobre todo de la división de noticias, la Fox News, un canal que ha ido creciendo a medida que el conservadurismo norteamericano ampliaba también de una manera abrumadora su base. Actualmente, Fox News es la cadena de noticias más vista en Estados Unidos, y cuadriplica la audiencia de la CNN.

Fundada por el magnate de los medios australiano Rupert Murdoch, es el exponente más significativo de las ideas inmovilistas y de la derecha norteamericana. La cadena, que ha cautivado a la audiencia ofreciendo más espectáculo que información, ha sabido entusiasmar con una línea editorial donde predomina la descalificación del sector más progresista de la sociedad norteamericana. Donald Trump prácticamente la hizo suya durante la campaña electoral que lo llevó a la Casa Blanca. Fox News fue también su voz durante el mandato presidencial y en la última campaña que le enfrentaba con Biden, el máximo apoyo con el que contaba el magnate en el sector televisivo. En julio de 2020, la Wikipedia en inglés dejó de considerar los reportajes políticos y de ciencias de la cadena como «generalmente fiables». Fox News da voz constantemente a todo tipo de personajes que afirman que el virus del covid es un invento de China, que no representa un grave peligro y reniegan de las vacunas. Este negacionismo se extiende a la información sobre el cambio climático.

Un dato significativo de Fox es que el noventa y cuatro por ciento de los espectadores fieles a la cadena por cable son blancos. Así, se han oído en los últimos años muchas voces en antena que defienden la supremacía de la raza blanca, como también el ultranacionalismo, la tenencia de armas y el sistema de vida de los norteamericanos basado en el cristianismo tradicional contra las «otras falsas religiones». El tema del aborto ha sido utilizado para sacudir las conciencias de los telespectadores. La audiencia ya tiene asumida la idea de que el presidente Joe Biden, a pesar de ser católico, es un traidor y un firme defensor del aborto. Sorprendió bastante la postura que tomó en 2016 el conocido presentador y comentarista político de la cadena, Charles Krauthammer, sobre el derecho a la interrupción del embarazo, cuando dijo: «La Iglesia católica está absolutamente comprometida con la idea de que el aborto es terrible, y que no se tiene que hacer. Y pienso que, dentro de unos años o unas décadas, las personas mirarán atrás, respecto a esta cuestión, y agradecerán a la Iglesia católica su postura, que hoy en día es muy impopular, ante esta oleada de legalización del aborto y este intento de convertirlo en algo tan normal como una operación de apendicitis». Krauthammer, un periodista prestigioso, moriría en 2018 después de ser criticado por no dirigir sus dardos contra el pontífice argentino.

66

Obviamente, el papa Francisco ha sido objetivo de la Fox desde el primer día de su pontificado. Tienen la convicción (que comparte el conservadurismo trumpista) de que Bergoglio ataca esencialmente los cimientos del poder económico de Estados Unidos. El presentador del programa *The Five*, Greg Gutfeld, dirigió en 2015 un ataque directo al papa Francisco con motivo de la publicación de la encíclica ecologista *Laudato si'*. Después de hablar del «pasado marxista» de Bergoglio, dijo que «la persona más peligrosa del planeta es alguien que está buscando de manera extraña el nuevo respeto de sus adversarios. Eso es lo que está haciendo el papa. Ya no quiere ser un abuelo papal, quiere ser un papa moderno. Solo le faltan unas rastas y un perro y podría estar en "Ocupy Wall Street" (Ocupa Wall Street)». Con esto último, se refería a las manifestaciones de los jóvenes antisistema ante la Bolsa de Nueva York. Fox es el reino de la posverdad y de las *fake news* cuando utiliza estos recursos de manipulación para atacar a la Iglesia. De manera recurrente, atribuyen a Bergoglio mensajes que jamás ha enviado, o distorsionan sus palabras con diversas finalidades. Adam Shaw, editor de FoxNews.com, escribió un artículo de opinión con el elocuente título: «El papa Francisco es el Obama de la Iglesia católica…, que Dios nos ayude». «Igual que el presidente Obama fue una decepción para Estados Unidos, el papa Francisco demostrará que es un desastre para la Iglesia católica», afirmaba. La cadena suele emplear el término «El Obama de la Iglesia católica» para referirse al pontífice argentino, con la intención clara de desprestigiarlo a ojos de los norteamericanos. Para ellos es un «socialista camuflado», como lo era Obama. El comentarista de Fox News, Lou Dobbs, llegó a decir que Francisco estaba organizando «un nuevo orden mundial y una nueva organización global». Una de las teorías de la conspiración que tanto gustan a la dirección de la cadena y que millones de telespectadores han acabado creyendo.

5

La diplomacia del papa «comunista»

*U*n mediodía, en la recepción de la Sala Stampa del Vaticano
entró un hombre bajito y grueso de unos sesenta años con un
traje blanco de lino, corbata y sombrero vaquero del mismo
color. Intentaba imitar el estilo de Tom Wolfe, pero le faltaba
la personalidad y, sobre todo, la gracia de *enfant terrible* y
dandi que tenía el célebre escritor y periodista. Yo estaba sen-
tado en uno de los bancos al lado de las puertas que dan acceso
a la sala de actos donde se hacen las conferencias de prensa.
Acababa de escribir en mi portátil una crónica para televisión.
El hombre, muy peculiar, llevaba alguna cerveza de más. Hacía
bromas absurdas e infantiles con los funcionarios en la entrada del recinto, y se reía de manera escandalosa. Recuerdo que
algunos compañeros salieron incluso de los cubículos donde
estaban trabajando para ver de qué iba aquel escándalo. No le
dejaban acceder, gritaba que era periodista, que trabajaba en
un periódico norteamericano, y que tenía derecho a entrar.
Los funcionarios, que se habían dado cuenta de que llevaba
unas copas de más, le querían acompañar educadamente a la
puerta de salida, y él insistía. Hasta empezó a fanfarronear y
amenazar diciendo que llamaría al embajador para que pre-
sentara una protesta ante la Santa Sede si no le daban acceso.
Al final, entre tres funcionarios, ya cansados de tanto barullo,
lo cogieron en volandas y lo sacaron a la calle, cerrando la
puerta. De repente, él se puso a dar golpes en los cristales y
comenzó a gritar: «¡El argentino es comunista! ¡Es comunista!». Cuando salí, con prisas como siempre para ir a editar la

crónica, di con él en la Via della Conciliazione y oí que explicaba a un grupo de turistas, que se reían de él, que le habían expulsado del Vaticano y que eso demostraba que el «papa era comunista». Al cabo de unos días, caí en la cuenta.

Esto pasó en el año 2013, cuando, al inicio de su pontificado, Bergoglio acababa de publicar la exhortación apostólica *Evangelii Gaudium*. En el texto rechazaba las teorías que sostienen que el libre mercado hace que la riqueza tarde o temprano llegue a todo el mundo. Una de las reacciones más airadas fue la del popular locutor norteamericano de radio Rush Limbaugh, que había creado el término «feminazi» en 1992 con la finalidad de caricaturizar al feminismo radical y la lucha por la legalización del aborto. Este personaje, republicano y ultraconservador, exclamó en su célebre programa de radio: «Esto es puro marxismo saliendo de la boca del papa». La frase, en el célebre programa *The Rush Limbaugh Show*, que hasta su muerte, en 2021, y durante treinta y ocho años fue uno de los más escuchados de costa a costa de Estados Unidos, supuso el pistoletazo de salida para que el papa Francisco fuese considerado un comunista, ya a principios de su pontificado, por una parte importante de la sociedad norteamericana. Es muy probable que el personaje que me encontré en la Sala Stampa vaticana fuese un ferviente seguidor de aquel programa radiofónico. Después, la Fox y otros medios contribuyeron a difundir, popularizar y hacer creíble aquella absurda idea.

He escuchado de boca de mucha gente, algunos incluso grandes amigos míos, que Francisco es comunista. En el interior del Vaticano no es habitual que se diga, aunque esporádicamente algún interlocutor mío del sector más inmovilista me lo ha sugerido; pero extramuros, muchos religiosos han puesto el acento en ese atributo. Un mantra que se repite y ha calado en la conciencia no solo de gente con pocas luces, sino incluso de gente preparada, leída y muy intelectual. Es un relato de la extrema derecha que ha triunfado.

El papa Francisco ha querido salir al paso de ese rumor interesado. Lo hizo en un encuentro con jesuitas en Bratislava, en septiembre de 2021: «Puedo merecer ataques e insultos

69

porque soy pecador, pero la Iglesia no se merece eso: es obra del diablo. También hay clérigos que hacen malos comentarios sobre mí —añadió el papa argentino—. A veces me falta paciencia, sobre todo cuando hacen juicios sin entrar en un diálogo real. Ahí no puedo hacer nada. No obstante, sigo sin entrar en su mundo de ideas y fantasías. No quiero entrar, y por eso prefiero predicar. Algunos me han acusado de no hablar de santidad. Dicen que siempre hablo de lo social, y que soy comunista. No obstante, he escrito toda una exhortación apostólica sobre la santidad, la *Gaudete et exsultate*». Unos años antes, en 2013, pocos meses después de llegar al pontificado, en una entrevista al diario italiano *La Stampa*, había declarado: «La ideología marxista está mal. Pero he conocido a muchos marxistas en mi vida que son buenas personas, así que no me siento ofendido».

Bergoglio accedió a dar una entrevista muy comentada en 2016 al director del periódico *La Repubblica*, Eugenio Scalfari, considerado uno de los grandes periodistas europeos. El papa le dijo entonces que «son los comunistas los que piensan como los cristianos», una frase que en los centros del poder occidental cayó como un obús, y que ha provocado también una fuerte tempestad teológica. Scalfari fue uno de los grandes profesionales e intelectuales que he tenido el honor de conocer durante mi carrera, en diversos encuentros. Era una gozada oírlo analizar la política italiana, y también la Iglesia del papa Francisco. Recuerdo que Scalfari, ateo reconocido y experto en laicidad, me dijo en una ocasión que «el papa Francisco es una figura extraordinaria, y una suerte inestimable para la Iglesia y nuestro mundo actual». Aquel maestro del que aprendí muchas de las cosas importantes del oficio de periodista murió en Roma, a los noventa y dos años, el 14 de julio de 2022. Solo cinco meses antes había escrito un editorial sobre el conflicto de Rusia con Ucrania. Era el día de mi cumpleaños y quise dedicarle un brindis.

Hay que decir que Francisco pone a las personas por encima de sus ideologías, de la pertenencia a organizaciones u opciones políticas y religiosas que en un principio podrían estar en las antípodas de su pensamiento. Lo hemos visto en muchas ocasiones y en muchos de los contactos que establece. Por poner solo un ejemplo, en las decisiones que toma al nombrar para altos cargos en la Santa Sede a personas que están del lado de las reformas, aunque pertenezcan a grupos como el Opus Dei o los Legionarios de Cristo. Ahí no hay voluntad de equilibrio, sino sobre todo confianza hacia la persona que él considera que cumplirá con dedicación y entrega el trabajo para el cual lo ha seleccionado. Hay un proverbio persa que dice: «El estómago vacío no tiene fe». Bergoglio quiere romper este axioma y lo intenta criticando los pilares del neoliberalismo, el capitalismo salvaje, la especulación y la marginación que genera. No es fácil entenderlo, y mucho menos analizarlo, pero lo intento en función de lo que conozco de su pensamiento. El papa argentino ve que este mundo convulso y complejo está muy alejado de la idea que él tiene de Dios y de la creación. No lo hace a partir del marxismo, sino de un concepto idealista y precapitalista de la vida, del hombre libre. Sueña con una trayectoria para la humanidad que él pretende austera, sin consumismo ni objetos materiales prescindibles. Una existencia sencilla y espiritual, partiendo de un proyecto de sociedad basado en la justicia social. Por todas estas premisas nunca ha abrazado la teología de la liberación con todas sus consecuencias. No obstante, sí que rehabilitó al sacerdote peruano Gustavo Gutiérrez, el padre de esta ideología, apartado de la Iglesia por Juan Pablo II.

Bergoglio procede, y esto no es irrelevante, de una cultura argentina que bebe de los principios del peronismo, que tampoco deja de criticar. Lo hizo hasta cansar al matrimonio Kirchner, con referencias constantes a la soberbia y la corrupción presentes en los círculos del poder político argentino. El gran escritor Jorge Luis Borges ya dijo que «el peronista no es ni bueno ni malo, es incorregible». No, Francisco no es peronista, pero tiene un concepto similar al que ve el justicialismo, el peronismo, como la tercera vía entre el comunismo totalitario y el capitalismo salvaje. Siempre ha sido un «teólogo del pueblo», que según el filósofo italiano Massimo Borguessi «es un pensamiento que no constituye una alternativa conservadora a la teología de la liberación, sino una teología de la liberación

71

sin el marxismo». Ese movimiento defiende una distribución justa de los frutos de la tierra y del trabajo humano, sin más. Por este motivo el pontífice argentino se puede considerar un líder humanista del siglo XXI. Y hay muy pocos...

Massimo Micucci es un conocido y reputado consultor político, experto en *lobbying* y comunicación estratégica. Vive en Roma, donde le he entrevistado en numerosas ocasiones. Es amigo mío desde hace años, y afina mucho en sus análisis sobre política italiana y también sobre el Vaticano. Según me indica, el diagnóstico que se puede hacer de la ideología del papa Francisco, vista desde Italia, es mucho más complejo de lo que a simple vista se quiere apreciar: «Bergoglio se ve sobre todo como un hombre del hemisferio sur, que habla y que ve Europa desde ese ángulo. Es esa mirada y su contenido pontificio (*fratelli tutti*), más que su posicionamiento a derecha o a izquierda, lo que hace que la gente discuta. Eso ha reforzado su imagen más allá de la vinculación argentina. Y creo que la adhesión global a las ideas premodernas y antimodernas no es solo un atributo de la derecha populista. Las fuerzas ultraconservadoras me parecen más fuertes y orgánicas en la cultura transalpina y transoceánica que en Italia. A pesar del crecimiento (relativo, teniendo en cuenta los porcentajes de votantes) del centro derecha (fenómeno permanente en Italia desde los años noventa), no hemos presenciado en las últimas elecciones un compromiso de la Iglesia, del Vaticano, con los ambientes ultraconservadores. Más bien hemos visto el uso de símbolos y ceremonias del catolicismo tradicional por parte de algunos partidos (Lega y Fratelli d'Italia) para distinguirse de algunas batallas de los de centro-izquierda. Con resultados muy contradictorios».

A pesar de todo esto, las voces que califican de comunista al papa argentino utilizan también otros argumentos para defender una etiqueta que suelen endosarle con el objetivo de descalificarlo y desacreditarlo ante Occidente. Las relaciones diplomáticas que mantiene la Santa Sede, y sobre todo las declaraciones y silencios del papa Francisco en relación con determinados dirigentes y regímenes, en países considerados por algunos países occidentales como totalitarios dan alas a los sectores más inmovilistas de la sociedad en su batalla contra Bergoglio.

Ya comenté extensamente en el primer libro el papel crucial que representó el polaco Juan Pablo II en la destrucción de los regímenes comunistas de Europa del Este. Ahora, con Francisco, se vuelve a hablar y mucho de la *Ostpolitik* de Juan XXIII y Pablo VI con la Unión Soviética, que, según mi modesto entender, fue un sonoro fracaso. La *Ostpolitik* fue el intento de aplicar una llamada «diplomacia realista» bajo el impulso del cardenal Agostino Casaroli. La Santa Sede buscaba asegurar su supervivencia y conseguir la mejor situación posible ante un Gobierno enemigo y abiertamente hostil, la URSS. Lo que ahora intenta hacer Bergoglio es muy distinto, por más que algunos intenten relacionar la debilidad diplomática de aquella época con las ambigüedades y supuestas contradicciones actuales. Francisco huye de las etiquetas e intenta jugar las cartas diplomáticas, si es que tal cosa es posible, fuera del ámbito de la política. Al menos de la política tal y como la entendemos muchos de nosotros. Un veterano diplomático de la Santa Sede ya me dijo, en el invierno de 2015, que «si alguien quiere entender las relaciones diplomáticas del papa actual, que no se refugie en consideraciones religiosas, pero que tampoco lo haga en las reglas y cánones establecidos en la política internacional. Probablemente no entenderá nada de nada».

Un ejemplo relacionado con esta actitud y que provocó admiración pero también mucho desconcierto y controversia se vivió en abril de 2019. En un gesto nunca visto, el papa Francisco besó los pies de los líderes de Sudán del Sur. Un papa postrado en el mismo Vaticano ante políticos criminales, implorando humildemente la paz. A muchos les conmovió, pero otros alzaron la voz indignados para denunciar lo que consideraban una humillación impropia de un pontífice; calificaron tal acto de aberrante. No entendían cómo un papa podía besar los zapatos de unos dirigentes responsables de un sangrante conflicto civil que se había cobrado la vida al menos de cuatrocientas mil personas, provocado cuatro millones de desplazados y una grave crisis humanitaria. Para Bergoglio, todas estas consideraciones eran muy importantes, pero en aquellos momentos se convertían en secundarias. No era geopolítica, ni se podía considerar como tal. Si un simple gesto podía ser determinante para conseguir la paz, ya tenía todo el sentido.

Cuba, Nicaragua, Venezuela y China

Cuba es un ejemplo significativo de la diplomacia atípica que ejerce Bergoglio. Nos enfrentamos a un asunto que, como el conflicto entre israelíes y palestinos, siempre genera una fuerte controversia. Bergoglio ha sido tildado de cómplice y acusado de sostener el sistema de gobierno que impera en el país caribeño. «Cuba es un símbolo», expresó de manera categórica el papa Francisco. Fue durante una entrevista con dos periodistas de la cadena Univisión, transmitida el 11 de julio de 2022, cuando le preguntaron por las protestas antigubernamentales de un año antes en Cuba. Y aún fue más lejos al afirmar: «Yo quiero mucho al pueblo cubano, lo quiero mucho y he tenido buenas relaciones humanas con gente cubana. Y también, lo confieso, con Raúl Castro tengo una relación humana». La tempestad estaba servida.

Suele olvidarse, de manera interesada, que Benedicto XVI también tuvo un diálogo franco con Fidel Castro, pero a Ratzinger jamás se lo juzgó como a Bergoglio. Los sectores católicos más conservadores no tienen ninguna aprensión a la hora de lanzarse a la yugular del pontífice argentino. Él, juntamente con el secretario de Estado, Pietro Parolin, fueron los artífices de la reanudación de relaciones entre Washington y La Habana, en 2015. Esta hazaña, nos guste o no, fue un triunfo histórico. Por primera vez desde la Revolución, un presidente norteamericano, Barack Obama, visitaba Cuba, donde fue recibido con todos los honores por el presidente Raúl Castro. Los cubanos del exilio en Miami, juntamente con los ultraconservadores de todo el mundo, no se han cansado de acusar al pontífice de «dejar indefensos a los cubanos, los presos políticos y sus familiares». Yulier Suárez, un cubano con cuenta en Twitter, publicó una imagen manipulada de Francisco con una boina con una estrella roja al estilo del Che

Guevara, y una insignia comunista con la hoz y el martillo en la sotana. El comentario afirmaba: «El papa Rojo. Crean en Dios y no en la Iglesia». Las críticas de la disidencia interna tampoco faltaron. Orlando Gutiérrez, líder del Directorio Democrático Cubano, opinó que con sus palabras el pontífice dejaba sin red a «los valientes sacerdotes y monjas que están dando apoyo al pueblo en su resistencia», y olvidaba a los «centenares de personas detenidas y condenadas» por protestar pacíficamente. Preguntado por el impacto de aquella entrevista, Bergoglio dijo: «Ciertos grupos de medios de comunicación muy ideologizados, que se dedican a ideologizar la postura de los demás, a veces no saben distinguir el comunismo del nazismo, lo que es populismo y lo que es un popularismo. Así que cuando me acusan de comunismo digo: "Qué anticuado que es eso". Estas acusaciones ya son cosas del pasado, las veo como anticuadas. No me preocupan, porque nacen de pequeños grupos ideologizados». Es la mirada al sur, desde el sur, de la que hablaba el buen amigo Micucci.

Otro ejemplo delicado es Nicaragua. El régimen creado por esa pareja tóxica, Daniel Ortega y su esposa Rosario Murillo, se muestra implacable con cualquier crítica, venga de donde venga. Obligan a silenciar con una desaforada y violenta represión cualquier indicio de crítica y de oposición, incluida la de la Iglesia católica. Conocí a Daniel Ortega en la primera etapa en que gobernó como presidente de Nicaragua de 1979 a 1990. Fue un día a mediodía cuando visitó TV3 (Televisión de Cataluña) para una entrevista. Lo llevamos a comer un grupo de compañeros de la sección internacional a un restaurante cercano a los estudios de Sant Joan Despí. Ya entonces me pareció un personaje deificado, grosero, poco inteligente, incapaz de articular ninguna reflexión política. Pero, por encima de todo eso, la ambición que exhibía me pareció desmesurada. Ortega había sido un héroe para mucha gente cuando era comandante de la guerrilla sandinista, el FSLN, pero visto de cerca parecía una caricatura de las peores facetas que emanan del poder desaforado. Con los años se ha visto su delirante deriva. Ahora, después del regreso a la presidencia del país desde 2007, se ha revelado como un personaje auto-

75

ritario y corrupto, abusador sexual de su hijastra y entregado a su esposa, Rosario Murillo, a la que nombró vicepresidenta. Una mujer que, entre rituales esotéricos y actuaciones despóticas, ostenta gran parte del poder en Nicaragua y que ha conseguido incrementar la violencia hasta límites extremos contra todo aquel que califica de enemigo.

Entre estos enemigos se encuentra la Iglesia católica. Después de silenciar con la prisión y el exilio a los opositores políticos, desde 2018 el régimen de Ortega-Murillo ha iniciado una guerra abierta contra religiosos católicos que trabajan en todo el país. Muchos sacerdotes han sido encarcelados. Las monjas pertenecientes a las Misioneras de la Caridad, la orden creada por Teresa de Calcuta, tuvieron que abandonar Nicaragua. Después siguieron el mismo destino las religiosas de la Cruz del Sagrado Corazón de Jesús de Matagalpa, cuando se negaron a dar nombres de opositores laicos. En marzo de 2022, Ortega expulsó también del país al nuncio apostólico Waldemar Sommertag, que en 2019 había intercedido para que se promulgase una amnistía para los opositores en prisión. Las cifras de la represión son espectaculares: el Gobierno clausuró mil ochocientas organizaciones no gubernamentales en 2022. Veintinueve eran de carácter religioso, incluidas escuelas y universidades y medios de comunicación católicos. El Gobierno de Ortega puso también bajo arresto domiciliario al obispo Rolando Álvarez, muy crítico con el poder y que era el miembro de mayor rango de la jerarquía eclesiástica represaliado por cuestiones políticas en toda Latinoamérica.

¿Y qué decía el papa Francisco? Callaba. Nadie entendía ese silencio. Las críticas a aquella actitud desde muchos sectores fueron duras, y el pontífice las tuvo que encajar sin decir ni una sola palabra. Tenía que ser discreto. Al cabo de muchos meses de un polémico mutismo, finalmente, en agosto de 2022, expresó su preocupación por la situación en Nicaragua. Un mes después recalcaría, en la conferencia de prensa de vuelta del viaje a Kazajistán: «Hay diálogo, se ha hablado con el Gobierno. Hay diálogo, pero eso no quiere decir que se apruebe o desapruebe todo lo que hace el Gobierno». Esta frase da a entender muchas cosas.

«La diplomacia a veces es cruel con los que sufren más. En el reino de las relaciones entre los estados, no hay demasiadas consideraciones sobre lo que es justo y lo que no lo es. Las negociaciones se hacen con vistas a la estabilidad, a intereses mutuos que no tienen que coincidir necesariamente, sin reproches, sin críticas que puedan herir susceptibilidades. Hay que aplicar la prudencia máxima, tener la cabeza muy fría para negociar con según quién, y armarse de paciencia.» Así me definía un experto en diplomacia italiano hace una década cómo se trabajan pacientemente, cómo se construyen y encajan poco a poco las piezas de un rompecabezas muy enrevesado para llegar a un acuerdo estable y duradero.

Es obvio que, a menudo, las relaciones diplomáticas son injustas para muchos. Hieren susceptibilidades, y no las entienden, con razón, aquellos que sufren la represión. Con frecuencia, se ha exigido a los papas hechos y condenas que no han podido hacer. En el caso de Nicaragua había que ser prudente si se estaba negociando, tal y como descubrió el pontífice argentino. A veces una condena precipitada (la que espera todo el mundo) puede ser extremadamente contraproducente. Podría generar en los Gobiernos autocráticos un incremento de la represión. Sí, es difícil entenderlo y justificarlo, pero la diplomacia (también la de la Santa Sede) trabaja para conseguir un objetivo final. Tiene que hacerlo sin provocar estragos que puedan suponer una ruptura irreversible, o incitar a quien ostenta el poder a desatar una espiral de violencia.

Venezuela y las relaciones vaticanas con la revolución bolivariana, iniciada por Hugo Chávez y que tiene continuidad con el presidente Nicolás Maduro, es otra bomba para la diplomacia de la Santa Sede. El papa Francisco confía ciegamente en el responsable de política exterior vaticana, el secretario de Estado Pietro Parolin. Fue nuncio en ese país latinoamericano y conoce muy a fondo la realidad venezolana. Bergoglio no quiere dar pasos en falso y trabajó como mediador para conseguir un acuerdo. Una mediación que se frustraría en 2016 después de duras críticas del número dos del Gobierno revolucionario, Diosdado Cabello, que afirmó que «es una falta de respeto y algo irresponsable creer que desde el Vaticano se tutelaría a Venezuela». El Gobierno de Maduro no respetó la hoja de ruta pactada entre las partes, ya sin la participación de la Santa Sede: celebración de elecciones libres, reconocimiento del Parlamento, liberación de los presos políticos y apertura de un canal humanitario. La violencia política, la represión y la situación extrema que vive gran parte de la población han ido en aumento. En 2019, Francisco pidió una solución pacífica y justa. En los últimos años ha exigido que pudiese entrar en el país la ayuda humanitaria, a la vez que rechazaba cualquier intento de intervención extranjera ante los rumores insistentes de una invasión norteamericana. El Vaticano ha decidido que, de momento, no se quiere volver a involucrar en una mediación llena de trampas. Salió muy escaldado. La oposición venezolana y las fuerzas conservadoras internacionales califican de injusto y cínico al papa argentino porque no quiere condenar al Gobierno de Maduro, y con esa actitud de hecho le está dando apoyo. Francisco actúa con la máxima cautela, tal y como hace con Nicaragua.

78   Con China, el silencio de Bergoglio sobre las graves violaciones de los derechos humanos también se ajusta y mucho a esa prudencia diplomática de la cual hablamos. Más cuando a finales de 2022 se ha reemprendido el juicio político contra el cardenal Joseph Zen. El obispo emérito de Hong Kong, de noventa años, juntamente con otras personas, está acusado de no haber registrado civilmente la sociedad Fondos de Ayuda Humanitaria 612, que brindaba apoyo legal y económico a activistas prodemocracia de Hong Kong. Son muchas las voces que critican esta «condescendencia» de Francisco con las autoridades de Pekín.

De todos modos, hay que recordar que la situación era especialmente delicada a cuatro años del acuerdo secreto firmado el 2018 entre la Santa Sede y China. Un pacto que se renovó por segunda vez (por dos años más) a finales de octubre de 2022. Gracias a este tratado, muy confidencial, del que ha trascendido muy poca cosa, los obispos chinos ya pueden ser nombrados por el papa, y no por el Partido Comunista. Al mismo tiempo, la llamada «Iglesia patriótica» católica, dependiente del Partido Comunista, reconoce la autoridad del pontífice. No obstante todo esto, desde 2018 solo se han podido nombrar seis obispos, y hay dificultades insalvables. Las autoridades de Pekín han dictado nuevas normas que añaden mucha preocupación a unas relaciones ya delicadas. Los menores de dieciocho años no pueden entrar en la iglesia, los sacerdotes y obispos están obligados a inscribirse en la Asociación Patriótica, que continúa defendiendo una Iglesia independiente y autónoma del Vaticano y del papa, y las comunidades religiosas no pueden organizar ninguna actividad sin autorización del Estado. Desde 2020, además, la Iglesia católica también está obligada a adherirse a la dirección del Partido Comunista, aceptar el principio de independencia y autogobierno y predicar los valores del socialismo. Es decir, obedecer al régimen, y no al papa. A pesar de los frágiles acuerdos, la brecha entre la Iglesia católica y el Partido Comunista chino es tan amplia como la que separa el Cielo del Infierno.

En Italia, como en España y otros países europeos, el posicionamiento a favor y en contra de Bergoglio ha generado movimientos interesantes. «En Italia, especialmente en los primeros años del pontificado, hubo intentos de alinearse con la explosión de populismos de derechas (Trump, Orbán, etc.) contra el "papa comunista". La evolución del escenario, sin embargo, ha llevado a resultados muy diversificados: Fratelli d'Italia tuvo que moderar el tono, aunque no renunciase a peligrosas batallas culturales, pero no veo una alineación. Las fuerzas democráticas de izquierdas, en cambio, han hecho de Bergoglio una bandera a menudo, aunque en las cuestiones de derechos humanos se tuvieran que enfrentar a diferentes obstáculos. Sobre Ucrania y los derechos de su pueblo, el papa fue instrumentalizado por la derecha y por la izquierda, para una supuesta equidistancia política. En relación con los temas de los derechos LGTB y en las llamadas políticas de género, no había ni puede haber puntos en común. Finalmente, sobre el delicadísimo problema del aborto, hasta Giorgia Meloni, líder de Fratelli d'Italia, tuvo que tranquilizar a los italianos afirmando que no tiene intención de tocar la Ley 194», me comenta el analista Micucci. El futuro de Italia se irá escribiendo, probablemente usando como siempre la política del pragmatismo, pero, ahora mismo, me parece muy difícil confiar en una primera ministra que tiene como modelo la Hungría de Orbán.

Indignación por Ucrania

Hay pruebas perceptibles de que el papa Francisco ha sido manipulado y utilizado por todo el mundo en el conflicto iniciado por Rusia con la sangrante invasión de Ucrania, el 24 de febrero de 2022. No hay duda de que Bergoglio ha intentado mediar, mantenerse equidistante, condenar las violaciones a los derechos humanos en el conflicto y hacer equilibrios difíciles y movimientos complejos. No ha tenido éxito.

El papa empezó su insistente intervención sobre la crisis entre Rusia y Ucrania con un gesto sorprendente. Rompió todas las reglas de la diplomacia internacional presentándose, sin aviso previo, al día siguiente de la intervención militar, en la puerta de la Embajada rusa ante la Santa Sede. El encuentro con el embajador duró escasamente treinta minutos. Aunque eran antiguos conocidos, el embajador Aleksander Avdeev no aceptó ningún requerimiento de Bergoglio para que Vladímir Putin cesara la agresión contra Ucrania. El argentino, a pesar de todos estos reveses, siempre ha dicho: «Estoy dispuesto a hacer todo lo que se pueda hacer». Es consciente de que aquella guerra puede derivar en un conflicto bélico de alcance planetario. Llegados a este punto hay que advertir de que, a pesar de la prudencia diplomática, el pontífice tiene muy claro quién es el agresor y quiénes son los agredidos.

La reacción a estos intentos de mediación, internacionalmente, ha hecho tambalear la diplomacia vaticana. En Estados Unidos se ha visto como una traición a la causa occidental. Al mismo tiempo, Rusia contempla al pontífice como un enemigo de Vladímir Putin y sus sueños imperialistas. En paralelo, también muchos católicos ucranianos han quedado decepcionados por las críticas de Francisco al asesinato de Daria Duguina, la hija de Aleksander Dugin, ideólogo ultranacionalista de Putin; un crimen que todo apunta a que fue ordenado por las autoridades de Kiev.

A todo lo que hemos dicho hay que sumar que en Occidente no han caído nada bien las justificadas reflexiones de Francisco, que criticó el expansionismo de la Unión Europea y la OTAN (que hicieron irresponsables promesas a Ucrania) como una de las causas principales del estallido del conflicto. Todos los pueblos, por supuesto también Ucrania, tienen todo el derecho del mundo a construir su propio destino, pero no hay que olvidar que el mundo actual se sostiene de una manera muy frágil a partir de la clara división establecida después de la Guerra Fría. La injustificable y despiadada invasión propiciada por Putin no nos tiene que tapar los ojos para poder ver esta realidad dura y cruel sin ningún género de dudas. Las áreas de influencia territorial de las tres grandes superpotencias, Estados Unidos, Rusia y China, son las que son. Mantienen una *pax romana* y una estabilidad en función de este delicado equilibrio. Si se rompe, como ha pasado ahora de una manera bastante irresponsable, todo el mundo cae en el peligro de una guerra que con el uso de las armas nucleares podría significar la desaparición de la humanidad.

Bergoglio ha dicho en diversas ocasiones en los últimos meses que ya estamos inmersos en una Tercera Guerra Mundial. Ha criticado enérgicamente la amenaza de Putin de apretar el botón nuclear. El presidente norteamericano Joe Biden dijo el 6 de octubre de 2022 que Putin no está «bromeando cuando habla del uso de armas nucleares tácticas, o de armas biológicas o químicas». «No nos hemos enfrentado a la posibilidad de un armagedón desde Kennedy y la crisis de los misiles cubanos», añadió. El papa y la Santa Sede se equivocaron confiando por encima de todo en la ayuda de Kirill, el patriarca de la Iglesia ortodoxa rusa, para poder reconducir la fuerte crisis que tiene como escenario bélico Ucrania, pero que forma parte de un complejo tablero de ajedrez internacional. El eminente filósofo y teólogo rumano Wilhem Danca me aclaró muchos conceptos sobre el papel de la religión en la guerra de Ucrania. «El santo padre no lo ha conseguido entre otros motivos porque está hablando con una Iglesia ortodoxa

81

rusa que coincide con los proyectos del Estado. Su modelo de Iglesia es muy distinto al nuestro. Estamos hablando de una Iglesia-Estado, tanto en Rusia como en Ucrania, que se utiliza como arma ideológica. El modelo de Putin y Kirill reivindica la santa Rusia que une territorio, lengua, nacionalismo y religión.»

Bergoglio confiaba en que Kirill, como líder religioso, denunciase la violencia de la invasión. Pero el patriarca no solo no lo hizo, sino que se alineó inmediatamente con Putin y hasta llamó a los rusos para alistarse a combatir con el ejército en Ucrania. Los canales de comunicación abiertos al diálogo entre Francisco y Kirill, en el encuentro que habían mantenido en 2016 en La Habana, se habían roto. Una vez iniciada la guerra, ni él ni Putin quisieron recibir a Francisco, que insistía en visitar Moscú; también quería viajar a Kiev. El papa ha definido el diálogo como muy difícil. «¿Sabe quiénes no saben dialogar? Los animales. Son puro instinto», dijo en una entrevista en verano de 2022 a la cadena Univisión. Al menos, sí que pudo enviar a tres cardenales a Ucrania para negociar corredores humanitarios especialmente. En secreto también ha delegado algunos emisarios de su más absoluta confianza para remitir propuestas de paz para Vladímir Putin al Kremlin y para Volodymyr Zelensky a Kiev. El diálogo se congeló oficialmente. Sin eufemismos podemos decir que se rompió, pero tanto la Secretaría de Estado como el propio Bergoglio mantienen abiertos algunos puntos de comunicación. La diplomacia es el arte de no cerrar nunca del todo las puertas.

Todo ese conflicto ha generado manipulaciones informativas, críticas con un cínico sarcasmo por el fracaso de la intervención, y una opinión orquestada y generalizada en el sector ultraconservador. Hay pronunciamientos para todos los gustos. Uno que he leído, defendido reiteradamente por algunos intelectuales de la derecha más radical, es el que afirma con rotundidad que el pontificado de Bergoglio es irrelevante en el contexto de la geopolítica actual. Citan el fracaso de Venezuela y sobre todo la sangrante guerra entre Rusia y Ucrania. Curiosamente, olvidan siempre las gestiones y la mediación de Bergoglio, el secretario de Estado, Pietro Parolin, y monseñor Richard Gallagher, secretario para las Relaciones con los Estados, que han conseguido, como ya hemos explicado, numerosos hitos diplomáticos en las relaciones entre Cuba y Estados Unidos, en los acuerdos de paz con la guerrilla de Colombia (ahora en peligro), en el relativo deshielo con China y en los complicados acuerdos sobre el clima en las cumbres de París y Glasgow. Los exponentes de la ultraderecha y el conservadurismo internacional suelen pontificar simplificando su discurso, y son expertos en manipular, o incluso obviar, los datos objetivos que contradicen el relato que desean transmitir y amplificar.

Soros: un demonio para la extrema derecha

«Estoy orgulloso de mis enemigos… Cuando veo a los enemigos que tengo por todo el mundo, pienso que debo de estar haciendo algo bien», declaró George Soros en 2018 a *The Washington Post*. La extrema derecha internacional, y sobre todo la norteamericana, tiene una auténtica fijación con el banquero húngaro, un personaje de origen judío que atrae el odio más visceral de los sectores más reaccionarios. Lo ven como un conspirador, un socialista muy peligroso y amigo también del papa Francisco. «Soros es el demonio para la ultraderecha internacional y también para los sectores económicos conservadores norteamericanos», me dijo en 2018 en una entrevista el filósofo y novelista italiano Alessandro Baricco. «No pueden soportar que en teoría uno de los suyos, con una enorme fortuna en el bolsillo, se proclame de izquierdas y financie propuestas de izquierdas y progresistas.»

Los conservadores y ultras de todo el mundo, sobre todo los norteamericanos, han acusado a Soros prácticamente de todo: de tener un plan para «islamizar» Europa, de querer eliminar todos los controles y vallas antinmigración en territorio europeo, de controlar en la sombra a líderes políticos y a instituciones de Estados Unidos. Le han acusado incluso de ser el responsable de la elección de Bergoglio como jefe de la Iglesia católica. Nacionalizado norteamericano, el magna-

83

te ha intervenido en los grandes debates sociales que ahora dividen a Estados Unidos. Empezó dedicando una fortuna a intentar que el presidente George Bush no fuese reelegido en 2004, una operación que fracasó. Encabeza la lista de enemigos declarados del expresidente Trump, después de que fuese un importante donante del Partido Demócrata en 2016 y también en las últimas elecciones presidenciales. Una campaña en la página de peticiones de la Casa Blanca, durante la época de la Administración Trump, pedía que Soros fuese declarado «terrorista» y que se confiscasen sus bienes por sus intentos de «desestabilizar» Estados Unidos.

En los últimos años, la fundación filantrópica de Soros, Open Society, ha financiado y apoyado a grupos de todo el mundo que promueven los derechos de las minorías, que velan por la libertad de expresión, la legalización de las drogas o los derechos de las mujeres. También ha financiado organizaciones LGTB y grupos que promueven el aborto. Según documentos internos de la Open Society, filtrados y dados a conocer al público en 2016 por «DC Leaks» (una polémica web que algunos vinculan a *hackers* rusos y otros a progresistas norteamericanos a favor de las libertades), doscientos veintiséis de los setecientos cincuenta y un eurodiputados del Parlamento Europeo están «patrocinados» por organizaciones afiliadas a la fundación de Soros. WikiLeaks también reveló ampliamente los poderosos tentáculos del magnate en todo el mundo.

El filósofo, astrólogo y *youtuber* brasileño Olavo de Carvalho, uno de los consejeros que pertenece al círculo más íntimo e influyente del expresidente brasileño Jair Bolsonaro, ha ido más lejos que nadie a la hora de intentar desprestigiar a Soros. Ha sido el responsable de publicitar un rumor muy interesado que no tiene verosimilitud alguna: «Ni siquiera sé si el papa es un papa de verdad, dado que hay motivos para creer que fue puesto en el trono de san Pedro por George Soros y otros», dijo en 2019. Más tarde añadiría que «George Soros es Dios, y Bergoglio es su profeta».

Lo que es cierto es que el economista y el papa Francisco tienen buena sintonía. Para demostrarlo, los medios conservadores, como *Libero* en Italia, difundieron en 2019 una importante donación de la fundación del magnate a diversas asociaciones jesuitas por un total de 1 702 577 dólares. Ya en el año 2015, según documentos publicados una vez más por «DC Leaks», el magnate ingresó 650 000 dólares en las cuentas de dos organizaciones con vinculaciones al sector católico más progresista, FPL (Faith in Public Life o Fe en la Vida Pública) y PICO (People Improving Communities through Organizing o Personas que Mejoran las Comunidades a través de la Organización). La finalidad sería promover una masa crítica de obispos que defendiesen las tesis del papa Francisco. Según lo que veremos, no parece que haya tenido demasiado éxito.

Sin embargo, al margen de estos gestos, el pontífice y el magnate filantrópico han unido también sus fuerzas en muchos proyectos, sobre todo medioambientales, pues Bergoglio y Soros comparten la misma lucha contra el cambio climático. Los medios reaccionarios han llegado a decir cosas absurdas que no tienen credibilidad alguna. La más increíble es que el banquero conspirador ha confeccionado la agenda ecológica del pontífice, hasta llegar a hacerle redactar la encíclica ecologista *Laudato si'*. Denuncian que los hombres de Soros infiltrados en el Vaticano están haciendo triunfar en el mundo, gracias al papa Francisco, «la estrategia medioambientalista de la izquierda radical».

Utilizando la documentación de la fundación de Soros que filtró WikiLeaks, los sectores fundamentalistas católicos denuncian que el hombre del magnate en el Vaticano es el cardenal hondureño Óscar Madariaga, buen amigo y asesor de confianza del papa Francisco. Se acercaron a él conscientes de que era una figura clave para convencer al argentino de la necesidad de compartir lo que los ultraconservadores llaman «objetivos criminales». Uno de los más importantes sería la redistribución justa de la riqueza, que habría de propiciar un nuevo capitalismo con rostro humano.

El caso es que el mito de Soros alimenta el discurso de los sectores más reaccionarios en todo el mundo, que lo ven (tal y como hacen con el papa Francisco) como un obstáculo que eliminar para el asalto al poder mundial que mantienen como objetivo prioritario. Hay pruebas claras de que el enigmático y todopoderoso banquero y el influyente Bergoglio colaboran y coinciden esporádicamente en algunas causas, en esta especie de alianza profana. Una cosa es eso, y otra muy distinta recalcar, con la propaganda redundante de la extrema derecha internacional, la superchería de que «el papa es hoy en día un criado a las órdenes de Soros».

6

Bannon y la ultraderecha conspiradora

«Ya no son indicios ni especulaciones. La ultraderecha internacional está comprometida y actúa de manera muy coordinada en la batalla por la transformación del mundo que conocemos. Para hacerlo, es interesante destacar que necesitan quitarse de encima a un personaje que desafía sus intereses. Se trata del papa Francisco, al cual quieren obligar a renunciar. Intentan desprestigiarlo, abortar sus reformas y preparar el camino para un sucesor que devuelva a la Iglesia católica al conservadurismo y la tradición.» Quien así me habla es un experto sociólogo italiano de la Università della Sapienza; un hombre que, según me comentó, vive muy angustiado. Ha recibido amenazas graves de los ultras. Una mañana, en el buzón de su casa, situada en un barrio popular de Roma, encontró un sobre con una bala. A pesar de la gravedad del caso, no se ve con ánimos para denunciar tan grave intimidación. Teme que al hacerlo pueda situarse en el foco mediático y se incremente aún más su inseguridad. «Esta gente —me dice— intenta esconder sus intenciones y disfrazarse incluso de demócratas, pero son muy peligrosos. En la facultad donde trabajo tienen gente. Yo mismo conozco a alumnos míos que están afiliados a grupos tan radicales como Casa Pound (el grupo ultra italiano más extremista). Incluso un compañero profesor se declara descaradamente admirador de Mussolini. Los métodos que utilizan siguen siendo los mismos de siempre, cargados de violencia.»

Desde Barcelona, sor Lucía Caram defiende: «Hay todo un complot contra el papa. Él dice que es consciente, y también que no le importa. Me ha dicho siempre que él continuará haciendo lo que hace. Cuando la ultraderecha ventila que se ha metido en el tema de los homosexuales, en el tema de los divorciados…, en realidad no es lo que les molesta. Lo que no pueden soportar es que al inicio de su pontificado declarase una tolerancia cero a los escándalos de la Banca Vaticana, que funcionaba como un paraíso fiscal, y también que persiga la tolerancia cero en el tema de los abusos. Eso es lo que le pasa factura a Francisco, porque está rodeado de todo un grupo de encubridores y de pederastas, flanqueado de personas que han vivido como príncipes, que se han acostumbrado a vivir tirando de una tarjeta de crédito y con unos sueldos impresionantes. El papa molesta a esta gente. No es que les moleste porque estén enamorados del esplendor de la liturgia en latín, ni nada de eso. Lo que sucede es que, como en todo lo demás no le pueden contestar, utilizan eso».

Desde Washington, el amigo y asesor del papa Francisco, Juan Carlos Cruz, me dice, con pleno conocimiento de cómo funcionan estos grupos: «Soy totalmente antiteorías conspiratorias, pero me guío por la ciencia y por los hechos. Los hechos demuestran que el complot existe. Que todos estos grupos reaccionarios de la Iglesia católica se relacionan con la ultraderecha. Todos estos grupos existen porque en el fondo sirven a sus propios intereses económicos».

Ya hemos hablado de las corrientes de cristianos ultraconservadores en Estados Unidos, de la enorme tarea que hacen, y de la impresionante influencia de la que disponen. Más adelante nos enfrentaremos a la exploración de los países más destacados de Europa donde la ultraderecha controla el poder o está en camino de asaltarlo. Cuando el profesor universitario italiano hablaba de coordinación de la extrema derecha internacional, corría el año 2008. En Italia nadie veía todavía en el horizonte la posibilidad de un Gobierno ultra presidido por una tal Giorgia Meloni, líder de Fratelli d'Italia, que tenía una escasa intención de voto de poco más del cuatro por ciento. Pero existía un hombre que había tomado la decisión en Estados Unidos de exportar la filosofía Trump a la vieja Europa. ¡Pretendía asaltar el Viejo Continente!

El ideólogo intrigante

«¿Preferirías que tu hijo tuviese feminismo o cáncer?» «Abolir la esclavitud fue una mala idea.» Solo son dos opiniones que definen muy bien la figura de la que ahora quiero hablar. Es, sin ninguna duda, un peligro real para la humanidad; no es aventurado decir que ha demostrado ser muy listo y al mismo tiempo extraordinariamente poderoso. Actúa siempre entre bastidores y de momento siempre le sale bastante bien lo que proyecta. Me refiero a un personaje que destaca por encima de muchos en estas intrigas y complots para expandir el neofascismo y destruir al papa Francisco. Es el norteamericano Steve Bannon. «El odio y la ira son motivadores», dijo en una ocasión, y ahora lanza todo ese odio y esa ira contra el papa argentino, que se ha convertido en un grave obstáculo para su ambicioso proyecto internacional. Bergoglio es un líder ético y moral del siglo XXI sobre el cual quiere proyectar la animadversión de la gente para que le abandonen. Despliega toda la furia de la que es capaz para dinamitarlo. ¡No dudéis de que sabe cómo hacerlo!

Curiosamente, encontramos a Bannon y su «movimiento» detrás de numerosas operaciones políticas que coinciden en un objetivo final: crear un nuevo orden internacional basado en el ultraliberalismo económico y bajo los principios morales de la más rancia tradición cristiana. Primero lo hizo en Estados Unidos asesorando a Donald Trump y después desembarcaría en Europa. En el Viejo Continente está introduciendo e intenta reproducir la filosofía, la metodología y la estrategia que había ensayado con un rotundo éxito para acabar situando en el despacho oval de la Casa Blanca al magnate neoyorquino.

Stephen Kevin Bannon, nacido en Norfolk, Virginia, en 1953, no ha llegado de la nada a ser hoy en día una leyenda y una voz muy escuchada y venerada por muchos de los que, desde posiciones de la derecha radical, quieren conquistar el poder. Trabajó como banquero en Goldman Sachs antes de convertirse en consultor político y de fundar el medio ultraconservador Breitbart News, del que sería cesado en 2018. Empezó como asesor y propagandista del Tea Party, el grupo

89

neocón instigador de la radicalización del Partido Republicano. Entonces era un desconocido. La visibilidad de Bannon ante la opinión pública salió a la luz cuando trabajó en la sucia campaña electoral de 2016 para conseguir que el republicano Trump ganase la carrera por la presidencia de Estados Unidos a la demócrata Hillary Clinton. Él fue el artífice de la victoria. El uso preciso de los llamados *big data* con finalidades electorales fue la clave de su éxito. Cuando un periodista le preguntó por qué quería quedarse entre bambalinas, soltó una de sus habituales frases con las que que pretendía generar impacto: «Estar en el lado oscuro es bueno… Dick Cheney, Darth Vader, Satán. Eso es poder».

Al cabo de siete meses en la Casa Blanca, se enfrentó con Trump, que lo despidió. Bannon y el magnate de Nueva York son dos personajes con un carácter similar: soberbios, indolentes, coléricos y poco amigos del diálogo y el compromiso. Más adelante recompusieron su amistad, hasta el punto de que uno de los últimos actos del presidente, antes de abandonar a regañadientes la Casa Blanca en enero de 2021, fue firmar el indulto de Steve Bannon. El exasesor estaba en prisión por haber desviado fondos de la recaudación popular para construir el muro en la frontera con México. Habían llegado a acumular una cifra en torno a los veinticinco millones de dólares. Tanto él como la organización We Build the Wall defraudaron unos quince millones, que fueron a parar, según algunos investigadores, a su propio bolsillo o a la financiación de grupos que comparten con él el proyecto ultra.

Bannon sigue siendo el máximo defensor de Trump y de sus políticas, y no se descarta que lo vuelva a asesorar en unas futuras elecciones si el magnate, implicado en muchos procesos judiciales, no acaba inhabilitado. El estratega, ya fuera del poder en Washington, dio el salto a Europa después de asesorar al ultraderechista Jair Bolsonaro en Brasil, país que consideraba la puerta de entrada al asalto del poder en Latinoamérica.

Bannon y su movimiento utilizan inteligentemente las libertades democráticas y los derechos que comportan para convertir la democracia en un disfraz de carnaval. Una «democracia» cada vez más despojada de derechos, que se limite a ir a votar cada cuatro años. Todo al estilo del primer ministro húngaro Viktor Orbán, al que prácticamente idolatra y que muchos indocumentados califican de demócrata por el simple hecho de que no se opone a la celebración de elecciones. El hombre que quiere sumir al Viejo Continente en la intolerancia está a la sombra del éxito de las operaciones que mantienen en el poder los Gobiernos ultraconservadores de Hungría y Polonia. Es uno de los artífices de la creación del fenómeno neofascista que ha llevado a Giorgia Meloni al poder en Italia, de la campaña a favor del Brexit en el Reino Unido que conduciría a la elección de Boris Johnson y, después, de la efímera Liz Truss como primeros ministros. También se esconde detrás de los intentos por hacer de Marine Le Pen la nueva presidenta de Francia, o de crear un estado de opinión que ha convertido a los ultras de Vox en España en un partido «normalizado, moderno y atractivo», que acaricia el sueño de llegar al poder.

La idea que tiene Bannon de poner en marcha un movimiento global empezó a tomar forma apelando a aquel eslogan nacionalista de gran éxito que escogió para la campaña de Donald Trump y que lo llevaría a la Casa Blanca: «*America First*» (América primero). Es la misma divisa que «*Prima l'Italia*» de Salvini, y «España primero» de Vox. Soberanismo y ultranacionalismo para frenar la supuesta deriva federalista de la Unión Europea, a la que preferirían destruir. De hecho, en julio de 2021, una quincena de partidos ultraconservadores firmaron un manifiesto común que se presentó como el pistoletazo de salida para una gran alianza en el Parlamento Europeo. Allí estaban prácticamente todos: Meloni, Salvini, Orbán, Kaczynski, Abascal…

Para conseguir sus objetivos, Bannon ha encontrado pocos obstáculos en su camino, en una Europa donde la izquierda se ha convertido en minoritaria, y donde la socialdemocracia agoniza en un mar de confusión, divisiones internas y desprestigio. Una izquierda incapaz de ofrecer alternativas a la crisis, que contemporiza con el avance del fascismo. Una izquierda que ha normalizado a estos líderes radicales de la ultraderecha y ha contribuido a blanquearlos. Un ejemplo claro lo tenemos una vez más en Italia, donde el líder del centroizquierda, Enrico Letta, presentaba en noviembre de 2021 un libro al lado de Giorgia Meloni, a quien le reía todas las gracias. La líder de Fratelli d'Italia, al cabo de un año, era primera ministra. Una izquierda descolocada e imprudente, que acoge el fascismo contemporizando con una preocupante ceguera, sin querer ver la amenaza que supone para las libertades y la democracia. Como consecuencia, el populismo como vanguardia del neofascismo está de moda entre los jóvenes ignorantes del pasado que no vislumbran un futuro para sus vidas, entre las clases populares que sufren para llegar a fin de mes y entre los intelectuales que juegan a *enfants terribles* en medio de una irresponsabilidad que abraza una «modernidad» vacía de contenidos éticos. El plan de Bannon está triunfando de manera inexorable.

Bannon ha sembrado las incertidumbres y los miedos que sus patrocinados pregonan que quieren hacer desaparecer. Ha redactado la lista de los enemigos a los que «hay que odiar»: los inmigrantes y refugiados, el islam «terrorista», la ONU o la Unión Europea. Los culpabiliza de todos los males, la violencia social, la precariedad laboral y los sueldos de miseria. George Soros y el papa Francisco tienen un lugar destacado en este listado. Según su plan, ha conseguido fabricar una alternativa al llamado *establishment*, que representan los partidos tradicionales «corruptos e ineptos». Ha diseñado y revestido esta contraoferta de una atractiva apariencia antisistema que capta a los jóvenes, los desengañados de la política, los euroescépticos, los que se declaran apolíticos y que quieren una sociedad basada en la cultura cristiana occidental. Obviamente, el gurú de la ultraderecha no ha podido hacer todo esto solo.

La cartuja de las maquinaciones

En 2018 conocí en un restaurante de un hotel de Collepardo, La Tenuta del Massimo Feudo, a un joven norteamericano de unos treinta años que se acababa de alojar allí. Patrick era de origen irlandés, simpático y agradable. Según su definición, era un «buen católico». Había viajado desde Estados Unidos hasta Italia para conocer e intentar que le admitiesen como alumno en la Certosa, la cartuja de Trisulti. Era el lugar elegido por Steve Bannon para poner en marcha el centro europeo que pretendía crear nuevos líderes populistas de extrema derecha que condujeran al asalto ultra al poder en el Viejo Continente.

Patrick, casualidades de la vida, había estudiado Medicina en la Oral Roberts University, un centro privado que yo conocía muy bien, situado en la ciudad de Tulsa, Oklahoma. A mediados de los ochenta, fui invitado para impartir a sus alumnos una conferencia sobre «franquismo y catolicismo». Allí descubrí estudiantes con un interés extraordinario, con algunos de los cuales todavía intercambio mensajes de correo de vez en cuando. Tal coincidencia permitió que entre Patrick y yo se estableciera un buen clima de confianza y complicidad. Ambos rememoramos el ambiente de estudio y espiritualidad que se respiraba en aquel enorme campus presidido por la llamada Torre de la Plegaria, una especie de gran pirulí con un diseño futurista donde se rezaba veinticuatro horas al día y desde donde un grupo de telefonistas atendían llamadas de ciudadanos norteamericanos que sentían la necesidad de rezar en compañía. Una universidad de prestigio, moderna y dotada con los mejores medios, creada en 1963 por el predicador evangelista cristiano Oral Roberts. En el inmenso y reputado hospital universitario del campus, que conforman tres edificios (el más alto de los cuales tiene sesenta pisos), Patrick hizo las prácticas. Allí empezaría su vida dedicada a la medicina, hasta que se trasladó a Nueva York al cabo de unos años, donde vivía su familia, católica y muy tradicional. Ahora es un apreciado cirujano en el Med Center de Queens, un médico de prestigio, implicado también en la lucha para que no se pierdan las raíces de la tradición cristiana occidental. Por unos amigos, había conocido el proyecto de la cartuja y se quería sumar. Creía en el proyecto con esa ingenuidad de que hacen gala muchos norteamericanos; no era el fanatismo de tipo dogmático, inhumano y muchas veces violento que muestran muchos conservadores europeos.

No me pareció bien engañarlo, a riesgo de que allí terminase la buena relación que acabábamos de establecer. Le descubrí que yo era periodista, y que el motivo de mi viaje era muy distinto. Me interesaba conocer a fondo las intenciones

93

de Bannon. Pensé que, si íbamos juntos, sería más fácil para mí camuflarme sin generar hostilidades, y así poder destapar el secreto que se esconde tras los muros de la cartuja. Accedió a que fuéramos juntos si yo fingía mostrar interés ante los responsables del centro para que me aceptasen y sumarme al proyecto. Tomamos su coche de alquiler y nos dirigimos a la cartuja pasando por frondosos bosques y una carretera llena de curvas que sube la montaña. Cuando se contempla el majestuoso complejo de edificios que forman la abadía, situada a ciento doce kilómetros al sur de Roma, todo te transporta a la Edad Media y el Renacimiento. Se construyó en el siglo XIII, pero a lo largo de los años ha sufrido numerosas modificaciones. Sorprendía que dentro de aquellos muros de piedra cargados de historia se pudiese instalar un centro de formación de líderes ultras y un laboratorio de ideas y estrategias con el uso de la tecnología y las herramientas más modernas del siglo XXI. Un instituto para hacer triunfar el neofascismo en Europa y, por extensión en el mundo.

94   Esta cartuja, protegida por una muralla defensiva de carácter militar, parecía una pequeña ciudad. No tardamos demasiado en situarnos ante el acceso al recinto, un portal coronado por el busto de san Bartolomé, obra de Jacopo Lo Duca, discípulo de Miguel Ángel. Del original de la Edad Media pronto observamos que se conserva la antigua hostería, con una fastuosa biblioteca repleta con más de treinta y seis mil libros, algunos de ellos incunables de gran valor. Destaca también la iglesia barroca, con vestigios del gótico. Y, finalmente, la sorpresa es una farmacia del siglo XVIII rodeada de vitrinas con los recipientes donde los monjes guardaban los medicamentos y diversos licores elaborados con las hierbas aromáticas y medicinales que recogían del huerto que hay en medio del jardín que da acceso al edificio. Una joya del patrimonio cultural y arquitectónico italiano que Matteo Salvini, cuando era vicepresidente, cedió a Bannon en 2016 a través del Dignitatis Humanae Institute, vinculado al sector más conservador de la Iglesia. El precio se fijó en cien mil euros al año. Este instituto católico tiene entre sus principales valedores al estratega político norteamericano.

Patrick había contactado previamente con Benjamin

Harnwell, el director del instituto, un británico católico conocido por ser la mano derecha de Bannon en Roma, y hombre muy vinculado a los sectores más ultraconservadores del Vaticano. Fue él quien nos recibió. Por las preguntas que me hizo, enseguida me di cuenta de que no se había tragado eso de que yo tuviera intención alguna de apuntarme al proyecto. Se veía que era un hombre listo, acostumbrado a tratar con periodistas. Tiene una larga experiencia como asesor de políticos y lobista en Bruselas. Me dio algunos nombres de colaboradores suyos en España que yo no conocía; creo que fue entonces cuando sospechó y decidió moderar su discurso. Hasta entonces nos había dicho que si nosotros éramos cristianos y sobre todo católicos, no habría problema. «Sencillamente, no nos gusta el mundo controlado por la izquierda y el comunismo, que cuenta con la ayuda actual, desde el Vaticano, del papa Francisco. Aquí trabajamos para combatir esas ideas y a la gente que las patrocina, como George Soros o el mismo Bergoglio», dijo, mientras nos explicaba qué hacían allí. En cuanto empezó a sospechar que yo no era quien decía ser, cambió el discurso: «No nos hemos organizado para ir en contra del papa». Sí que nos dejaría claro, en cambio, que aquella especie de universidad que tenía el pomposo nombre de Academia del Occidente Judeocristiano acogería a unos trescientos cincuenta estudiantes. Añadió que los másteres de nueve meses de duración costarían unos cuarenta mil euros y que destacados expertos en psicología de masas, formación de líderes políticos y económicos, y especialistas en redes sociales, lobistas, sociólogos y juristas formarían parte del profesorado. Harnwell también afirmó que uno de los objetivos era «identificar y acelerar la creación de jóvenes talentos en la línea de Marion Maréchal (la sobrina del Marine Le Pen), del canciller austriaco Sebastian Kurz o de Beatrix von Storch de Alternativa para Alemania».

Cuando el papa Francisco se enteró de aquella cesión de la cartuja de Trisulti puso el grito en el cielo. Para conseguir la Certosa, el enigmático e intrigante Bannon había contado con la ayuda de la presión del abad de la cercana abadía de Casamari, Silvestro Buttarazzi, la del obispo de la diócesis de Anagni-Alatri, Lorenzo Loppa, y la crucial colaboración del cardenal

95

norteamericano Raymond Leo Burke, uno de los principales adversarios de Bergoglio. Burke presidía el consejo asesor del Dignitatis Humanae Institute, en el que colaboraban los purpurados Carlo Caffarra, Joachim Meisner y Walter Brandmüllerm. Se trataba del mismo grupo de cuatro cardenales que habían firmado un escrito a raíz de la encíclica papal *Laudato si'*, publicada en 2015. En el documento criticaban virulentamente el contenido y al mismo papa Francisco. Exigían su dimisión. Burke anunció que se desvinculaba del cargo en el instituto integrista cuando empezaron los problemas legales para establecerse en Trisulti, pero sigue siendo un buen amigo y hombre de la máxima confianza de Bannon en la Santa Sede.

La cesión del santuario implicaba poner en marcha, en un recinto vinculado a la historia del catolicismo, un centro de poder para minar en primera instancia el pontificado del argentino. El mismo creador de la idea la denominó «una escuela de gladiadores del centro derecha populista». Que hubieran alquilado para los próximos diecinueve años aquel lugar a la organización ultra provocó un alud de protestas por parte de muchos estamentos, partidos de izquierdas y ciudadanos, en cuanto apareció en los medios de comunicación italianos. Los residentes locales se opusieron mayoritariamente y organizaron un par de manifestaciones.

En octubre de 2019, el padre Ignazio, el último prior de la abadía, ya sin comunidad desde hacía mucho por la falta de vocaciones, se iba muy triste y cansado. Era el último monje que quedaba en la Certosa. Tenía ochenta y tres años, y la última etapa de cohabitación con Benjamin Harnwell lo había agotado. A pesar de la tristeza de dejar su casa (se iba a vivir a la abadía de Valvisciolo), el viejo monje cisterciense podía estar satisfecho. Hacía pocos días, el Ministerio de Cultura había decidido rescindir el contrato a Bannon. ¿Los motivos? Observaban que no se ofrecían garantías suficientes para los requisitos de conservación del patrimonio que se exigían, y constataban que algunos de los documentos para obtener la concesión se habían falsificado. La sorpresa saltó cuando un juez regional del Lazio, al año siguiente, dio la razón a Bannon. De todos modos, en 2021, el más alto tribunal administrativo italiano decidía expulsar definitivamente del recinto a la Academia del Occidente Judeocristiano. El estratega había perdido una batalla importante y el padre Ignazio sonreía satisfecho.

Cuando me despedí del joven Patrick, ninguno de los dos intuía que Trisulti no se acabaría convirtiendo en el sueño de Bannon. Me pidió mi dirección de correo electrónico para seguir en contacto. Nunca me llegó a escribir, y yo tampoco lo hice. De todos modos, aquel día lo vi tan contento y convencido de haber encontrado el lugar idóneo para su batalla religiosa que seguramente se debió de disgustar mucho cuando todo quedó en nada. A la entrada de la cartuja de Trisulti hay un imponente crucifijo de dos metros de alto con la inscripción: «*Stat Crux dum volvitur orbis*» («El mundo da vueltas, pero la cruz sigue estable»). Al menos, Bannon ya no la podrá utilizar para su peculiar cruzada.

Mientras tanto, en 2019 surgía una respuesta a la Academia Bannon de la cual se ha hablado muy poco. Se encuentra en un antiguo convento del Cinquecento, situado en la localidad de los Alpes de Avigliana. Allí, a ochocientos kilómetros de Trisulti, se creó una escuela, pero de signo contrario. Alumnos de toda Europa, inspirándose en la encíclica *Laudato si'*, la más global y ecologista de Francisco, estudian la complejidad del mundo contemporáneo. La iniciativa de «Casacomune», abierta y participativa, es del sacerdote progresista Luigi Ciotti. El proyecto nació para formar a religiosos y laicos en el debate, la solidaridad y el respeto a la Madre Tierra. Allí está la intención de luchar contra el calentamiento global, que provoca más pobreza y marginación. Como sucedió hace mil años, el contraste de ideas parece haber vuelto a los monasterios.

La perversidad sin límites

El gran manipulador es un documental muy recomendable para entender la figura de Bannon, aunque sea a medias. Dirigido en 2019 por Alison Klayman supone un interesante intento, que se queda bastante en un propósito bienintencionado, de desmitificar al estratega visionario de un mundo teocón (término que se aplica para definir una idea ultraconservadora religiosa). Deja que él mismo se presente y desgrane sus propias ideas, sin contextualizarlas ni contrastar sus opiniones. Probablemente, a Bannon le guste mucho cómo quedó.

Si se quiere ver (seguro que no todo el mundo hace la misma lectura) detrás del personaje se puede percibir con claridad su capacidad manipuladora y perversa. Una muestra, por ejemplo, es cuando explica ante la cámara lo único que aparentemente le impactó cuando visitó por primera vez el campo de concentración de Auschwitz. Afirma que en aquellos momentos de la visita se imaginaba a los arquitectos de aquel centro del horror desprendiéndose de cualquier consideración sobre aquello que estaban diseñando, y dedicándose en cuerpo y alma a hacer un buen trabajo. Un recinto de aniquilación donde morirían más de un millón de seres humanos. Una fábrica de exterminio, eso sí, según el estratega político, muy eficiente y bien construida.

La tradición cultural que defiende Bannon está muy próxima al nacionalcatolicismo franquista español, donde Iglesia y Estado confluyen en unos mismos intereses. En contraste, se habla con un tono siempre despectivo del islam como de «una religión de sumisión», como una religión desafiante que subvierte los valores occidentales. Bannon nos muestra el camino del populismo nacionalista y patriótico, del rechazo al que es diferente…, de la generalización y la mentira que siempre hay en su victoria; una victoria que hay que conseguir haciendo uso de todos los medios, sin escrúpulos. Si quieren conseguir el máximo de votos, han de concentrarse en conseguir una porción importante de la gente más centrista. ¿Cómo? «Centrando el discurso en el nacionalismo y el miedo, en la inseguridad que provoca la delincuencia que proviene de la inmigración.» Da igual que las estadísticas no digan eso. Da por buena la frase popular atribuida a Maquiavelo, pero que en realidad escribió Napoleón en el ejemplar que leyó de *El príncipe*, la obra más conocida del escritor florentino: «El fin justifica los medios».

Bannon está enseñando a los líderes de la ultraderecha internacional a conectar con los problemas de la gente. Lo tienen que hacer con un relato y un lenguaje claro, conciso y directo. Sin entrar en detalles, que, según dice, a los votantes no les im-

98

portan. Tampoco hace falta que aporten soluciones que no tienen. Lo que tienen que hacer es esforzarse en buscar ejemplos, aunque sean falsos, que criminalicen a los inmigrantes, los colectivos LGTB, las mujeres que abortan, los defensores de una muerte digna, los contrarios a la pena de muerte... Ejemplos, a ser posible, que ridiculicen al mismo tiempo a sus oponentes, como el papa Francisco. A Bannon se le atribuye la idea de calificar de «hechos alternativos» las mentiras. Un eufemismo que la extrema derecha internacional ya utiliza a mansalva. Bannon aprendió a hacerlo cuando se hizo cargo de Breitbart News, y llevó ese portal político de la llamada «alt right» a insultar y publicar todo tipo de opiniones groseras, machistas y racistas aprendidas de los troles que corren por las redes. Gracias a esta táctica consiguió un público joven que rechaza como una obscenidad aburrida el debate serio y fundamentado. Difundir datos falsos en los actos públicos, declaraciones a medios y en las redes sociales se hace ahora de una forma despreocupada. Es fundamental, eso sí, provocar emociones. Es lo que los franceses llaman *épater*; algo que no se expresa tan bien en ninguna otra lengua, y que se podría traducir como impresionar y a la vez sorprender.

El gurú de los ultraconservadores también considera muy importante que estos nuevos líderes populistas y los detractores del papa argentino sepan utilizar las redes sociales y atender a los medios de comunicación que él siempre ha considerado cruciales en la cruzada por el asalto al poder. Él entiende como nadie el potencial que supone convertirse en mediático. Da lo mismo que los medios hablen bien o mal. Lo importante es que hablen a todas horas de unas siglas como las de Vox en España, de Fratelli d'Italia o de Alternativa para Alemania. Que se proyecte en la opinión pública cada barbaridad que sale de la boca de un candidato, cada mensaje sesgado, cada *fact-check*. Lo ve como publicidad gratuita. Es muy consciente de que los medios siempre caen en la trampa y al final les benefician. Para desgracia de todos, el escándalo funciona mejor que cualquier reflexión en gran parte del periodismo actual. Vivimos en unos tiempos en que un meme de TikTok vale más que mil palabras.

99

Hay frases de Bannon que funcionan en los medios por el componente de escándalo que exhiben sin pudor. Es un misógino declarado: «La solución contra el acoso en Internet es sencilla: las mujeres se tendrían que desconectar». «La píldora anticonceptiva hace que las mujeres dejen de ser atractivas y se vuelvan locas.» Opiniones de Bannon para conseguir titulares y promocionarse. Se muestra también negacionista: «Ninguna de las personas involucradas en la estafa del calentamiento global merece el más mínimo respeto. Son pura escoria». No duda, a la mínima ocasión, en mostrarse nostálgico de otras épocas en las cuales la gente era más patriótica y observaba las normas de la moral tradicional. Si por él fuera, daría marcha atrás al reloj del progreso. Lo detendría en el siglo XIX. En la era victoriana. Afirma que «era un tiempo de mucha más unidad familiar y más valores tradicionales. La gente tenía un código moral e intentaba vivir de acuerdo con ese código. No teníamos la anarquía social que tenemos hoy». Por cierto, Bannon se ha divorciado tres veces. No tendría que ser nada raro en el mundo actual, pero coincidiremos todos en afirmar, probablemente, que este hecho choca con la rigidez que predica desde el Dignitatis Humanae Institute. Cuando se le preguntó a su mano derecha en Roma, Benjamin Harwell, qué pensaba de ese hecho, sonrió y se salió por la tangente: «Bueno, Bannon siempre ha dicho que no es ningún católico modélico, pero ve la importancia del cristianismo».

Él ha construido el nuevo lenguaje

«Mucha atención a este nuevo lenguaje cautivador para los jóvenes que utilizan los nuevos líderes neofascistas que hay en el mundo. Son como un videojuego, como una serie de Netflix o un *influencer* de YouTube», me decía el escritor y filósofo italiano Alessandro Baricco en una entrevista de una hora que le hice en 2018.

La ultraderecha política y religiosa necesitaba reciclarse en las formas, el relato y un lenguaje que todo el mundo veía como obsoleto. Ya lo ha hecho. Pero no nos engañemos. En realidad no se persigue un cambio ideológico en los postulados que siempre han defendido y que mantienen intactos. Todo es un espejismo en este nuevo universo de la posverdad. Una puesta en escena brillante y sugestiva. El populismo ultraconservador que encarna Bannon no tiene ideología ni un ideario claro. Es una tendencia política compleja y muy mutante, que se adapta con facilidad al terreno donde quiere triunfar. No es lo mismo la Italia de Meloni que la España de Vox o la Hungría de Orbán. Hay rasgos compartidos, como esa capacidad suya camaleónica de criticar a las élites. Ellos son el pueblo (sin concretar demasiado en qué consiste eso), y el enemigo son las élites (que tampoco definen). Una división maniquea entre la casta y el pueblo que padece las consecuencias de los abusos y la corrupción que aquellas representan. Un discurso demagógico que coincide en algunos aspectos con el populismo progresista, pero difiere en detalles importantes. Estos últimos defenderán incrementar impuestos para sufragar los gastos sociales, mientras la ultraderecha denuncia constantemente los abusos de los que gestionan los recursos públicos que provocan que haya que subir los tributos. Un discurso también engañoso, pues muchos de los líderes populistas de derechas (el mismo Donald Trump como magnate de los negocios, o Matteo Salvini, que desde 1993 ostenta cargos en la Administración) han formado parte desde hace años de las élites, o bien de las estructuras o de la burocracia del Estado. En consecuencia, no son políticos nuevos, no son líderes antisistema, como se pretende hacer creer a la gente. Son más sistema que nadie.

La ultraderecha utiliza argumentos simples, seudoideológicos, con referentes emocionales constantes, donde la racionalidad queda aparcada, *fake news* a montones, sin la complejidad que se requiere para entender este mundo globalizado. La única nostalgia que vende y cautiva a los jóvenes ya solo puede ser el sentido de pertenencia a una nación y los valores que encarna. Así pues, apela al sentimiento ultranacionalista en la política, como lo hace en el tradicionalismo en lo que a la religión se refiere.

Steve Bannon ha sabido captar de manera muy inteligente la falta de referencias del mundo actual, la banalidad del pensamiento, el vacío espiritual de una sociedad que ha aprendido a sufrir en la incertidumbre y la precariedad laboral, a acomodarse en el día a día sin derecho a soñar con el futuro. Ha sido capaz de detectar que hay un espacio donde poder convencer. Ha creado un nuevo lenguaje cargado de persuasión, lleno de caricaturas, personalismos, simplificaciones, esquematismos y gags. Un lenguaje que conecta con la necesidad de la gente de escuchar lo que quieren oír. Todo con un registro coloquial, breve, efectista, humorístico… El registro, sobre todo visual, que domina las redes sociales, donde encuentran el campo abonado para manipular y conseguir adeptos a base de todo tipo de imágenes triviales y parodias.

Bannon, por último, también ha conseguido robar a la izquierda tradicional, perdida en disquisiciones dialécticas y divisiones, las palabras y los conceptos que siempre han provocado emociones y que utilizaba un mundo progresista que las llenaba de valores y humanismo. Los ultras del siglo XXI hablan de libertad, de democracia, de justicia… sin reflexión alguna, y lo hacen para decirnos que son ellos los defensores de esa libertad, de la democracia y de las causas justas. A la vez, acusan de nazis y fascistas a los que no piensan como ellos, apropiándose de esos conceptos que banalizan sin problema alguno. Eso sí, calificando de mentira la existencia del Holocausto nazi y alabando a los dictadores de derechas de la historia de una manera absolutamente desacomplejada.

El fabricante de la nueva ultraderecha en el mundo cuenta con psicólogos de masas, especialistas en *marketing*, expertos en redes sociales y analistas políticos muy jóvenes y eficaces para llevar a cabo un trabajo que está cambiando la mentalidad de gran parte de las sociedades occidentales. No duden de que avanza a buen ritmo y ya puede celebrar muchas victorias.

¿Quién financia al estratega?

Si uno se puede pagar una larga estancia en una *suite* que cuesta cada día treinta y dos mil dólares en el hotel Bristol de París, seguro que, o bien es un potentado, o bien alguien se la paga. Bannon, que se estableció en ese lujoso alojamiento de la capital francesa cuando dejó la Casa Blanca, obviamente siempre ha tenido tras él un importante apoyo financiero.

El multimillonario Robert Mercer es su principal mecenas. Es un norteamericano muy aficionado a las armas de fuego, que posee una impresionante colección de metralletas y fusiles. Se siente muy orgulloso de haber comprado el arma que utilizó el actor Arnold Schwarzenegger en la película *Terminator*. Se trata de uno de los principales donantes del Partido Republicano y de todas las causas que defiende la derecha populista en el mundo. Su intervención, financiando la campaña a favor del Brexit que lideraba el ultraderechista Nigel Farage, resultó determinante para la salida del Reino Unido de la Unión Europea. Él y Bannon se conocen desde hace años, cuando Mercer invirtió en el portal de noticias de la derecha radical norteamericana Breitbat News. Después el magnate fundó, junto con Bannon y el analista del MI6 Alastair MacWillson, la compañía de análisis de datos Cambridge Analytica (SCL Group). Esta empresa, con sede en Londres y con una actividad siempre oculta, fue el origen de diversos escándalos políticos. Se encontraron indicios que la conectaban con la Rusia de Putin. De todos modos, el principal escándalo estalló cuando se supo que Cambridge Analytica había recogido y procesado entre cincuenta y cien millones de datos de usuarios principalmente de Facebook, con el consentimiento de esta red social. Estos datos se emplearon para perfilar campañas políticas de la derecha radical en todo el mundo.

Mercer, un fundamentalista cristiano que viaja siempre acompañado de un mayordomo y un médico, aparte de tener una fortuna que utiliza para financiar las causas más ultraconservadoras, es un experto lingüista computacional que cree que las palabras no son más que datos. De este modo, ha sido capaz de fabricar un discurso alternativo a la realidad que ahora los especialistas ya denominan «la posverdad». Bannon ha aprendido de él el lanzamiento de mensajes engañosos que se hacen virales gracias a los «me gusta» y a los comentarios de millones de usuarios, sobre todo muy jóvenes, de las redes sociales.

Otros patrocinadores de Bannon, que le ofrecen, eso sí, unas donaciones menos importantes que Mercer, son los

103

hermanos Charles y David Koch, dos multimillonarios patrocinadores también de los proyectos y grupos más ultra-conservadores de Estados Unidos. Y finalmente no podemos olvidar a Erik Prince, el fundador de Blackwater, la empresa que entrena y organiza ejércitos privados que nutre a base de mercenarios. En la invasión de Irak, esta empresa, contratada por el Pentágono y que ahora se llama Academi, fue acusada de asesinatos y numerosas atrocidades perpetradas contra la población civil. Prince, que sigue pagando la actividad de Bannon, vive ahora en los Emiratos Árabes, y también es amigo personal de Donald Trump.

Todos estos amigos de Bannon habrían hecho importantes donaciones para que el estratega pudiera financiar tanto los laboratorios de Roma como el que situó en Bruselas, la capital de la Unión Europea que él quiere contribuir a destruir. Ahora parece que el Dignitatis Humanae Institute ha dejado a un lado toda actividad pública, pero en la *dark web* se encuentran operaciones de *lobby* efectuadas en los últimos años en el Parlamento y la Comisión Europea. En Bruselas, en la calle Wiertz, el director de operaciones en Europa del Dignitatis Humanae Institute era hasta hace poco Leo van Doesburg, actual director de Asuntos Europeos del European Christian Political Movement (ECPM); y Nirj Deva, antiguo eurodiputado del Partido Conservador británico, ocupaba el cargo de presidente del comité internacional de la entidad. Ahora queda todo mucho más oculto. Fuera de los focos mediáticos. Saben que lo que mueven provoca recelos, y han decidido actuar con mucha más discreción.

El papa que molesta

El domingo 12 de mayo de 2019, un grupo de militantes de la organización neofascista Forza Nuova desplegó una enorme pancarta cuando el papa rezaba el ángelus en la plaza de San Pedro, en el Vaticano. En ella se podía leer en grandes letras: «Bergoglio como Badoglio. Basta de inmigración». Pietro Badoglio fue el mariscal que llevó a cabo un golpe de Estado para destituir a Benito Mussolini en julio de 1943. Los ultras lo consideran desde siempre un traidor. Era la primera vez que en Roma se producía una contestación de tipo político contra el pontífice. En otras ocasiones habían sido sobre todo víctimas de sacerdotes pedófilos los que habían manifestado su ira contra Bergoglio, a quien acusaban de no hacer lo suficiente contra los abusos sexuales en la Iglesia. También estos fueron convenientemente manipulados hasta el punto de hacerles creer que Francisco es «el encubridor de todos esos delitos».

La acusación de traición por parte de Forza Nuova es muy similar a la que esgrime Steve Bannon contra el argentino. Considera que Francisco ya ha ido demasiado lejos en materia política, y que su mensaje rompe con la doctrina tradicional que conformaba la identidad de la cultura occidental. «El papa está al lado de las élites, y no de los pobres», pregonó en una entrevista en 2018 al semanario británico *The Spectator*. «Francisco es menospreciado por la gente. Tendría que ser un pilar de Occidente y no lo es. Está intentando demonizar el movimiento populista.»

Es obvio que para Bannon el pontífice argentino supone una piedra en el zapato, que obstaculiza el camino hacia su sueño delirante de un mundo más autoritario, insolidario e injusto. De la misma manera que le molesta un presidente del Partido Demócrata, o la Constitución norteamericana, que desearía cambiar, hay que deshacerse de Bergoglio a su estilo. No se mete demasiado en las cuestiones morales o doctrinales, que desconoce, pero sí que lo hace en aspectos más terrenales, que han convertido a Francisco en un líder escuchado en todo el mundo. En la misma entrevista proclama que «entre los fracasos más grandes fuera del campo espiritual y teológico» del argentino está «haberse puesto al lado de las élites globalistas contra los ciudadanos del mundo». En un breve correo electrónico a *The Times* se mostraba furioso, diciendo que los partidarios del papa «me encienden».

Desde un primer momento, Bannon se dio cuenta de que con la elección en 2013 del pontífice argentino nacía un Vaticano diferente, y un incómodo rival de proyección internacional. Sorprende mucho la insólita conferencia que dio en la Santa Sede promocionada por el Dignitatis Humanae Institute en junio de 2014. Un desafío inaudito en casa del enemigo. En aquella ocasión habría conocido al cardenal Raymond Leo Burke, que ha sido su mejor enlace con el Vaticano hasta 2019, cuando el purpurado norteamericano proclamó la ruptura de sus vínculos con el estratega. Un distanciamiento que a mi modo de ver sería temporal, y que en la actualidad se habría disipado. Los dos se necesitan.

Bannon insistió en su intervención en la Santa Sede en lo que él ve como una batalla entre la civilización occidental y el islam. «Creo que el mundo, y en particular el Occidente judeocristiano, está en crisis.» En un artículo que se publicó en la prestigiosa revista de los jesuitas *La Civiltà Cattolica*, su director, Antonio Spadaro, junto con Marcelo Figueroa analizaban el nexo entre los cristianos evangélicos fundamentalistas y los católicos conservadores americanos. Citaban a Steve Bannon entre los exponentes de una doctrina «dominionista» que «somete el Estado a la Biblia con una lógica que no es diferente de la que inspira el fundamentalista islámico». Bannon no puede estar más de acuerdo con el populista holandés Geert Wilder, que ha proclamado que «nuestra cultura judeocristiana es muy superior a la islámica… Te puedo dar un millón de razones».

The New York Times, en un artículo firmado por el periodista Jason Horowitz, publicado en 2017, hablaba de un papa más solitario después del relevo en la Casa Blanca de Obama para dar paso a Donald Trump. Para el jefe de la oficina en Roma del reputado periódico, «muchos comparten la sospecha del señor Bannon de que el papa Francisco es un pontífice peligrosamente equivocado, y probablemente socialista». El mismo Bannon defiende que el «marxismo cultural» se ha infiltrado en la Iglesia de la mano de Bergoglio, y que este es «el administrador de la Iglesia y también un político». Utilizar al papa como argumento político se ha generalizado entre los partidos de extrema derecha europeos desde abril de 2016, cuando en Roma, en una reunión, Bannon aleccionó al líder de la Lega, Matteo Salvini, diciéndole que a partir de aquel momento había que describir a Francisco como «el enemigo».

Para muchos católicos conservadores, especialmente en Estados Unidos, el verdadero demonio de la Iglesia es la homosexualidad, y esto, argumentan, está detrás de la crisis de abusos sexuales clericales. Bannon ha aprovechado esta dura realidad de los abusos para abonar esa absurda tesis y presentar siempre a Francisco como un pontífice que ha hecho poco o nada contra esa lacra de la institución. Insinúa la complicidad del papa. Un argumento que, obviamente, no se sostiene por ningún lado, porque Bergoglio es el primer pontífice que está llevando a cabo una auténtica cruzada para erradicar los abusos sexuales de la Iglesia.

El antiguo estratega de Trump quiere difundir, finalmente, una imagen apocalíptica del pontificado del argentino, y publicita a los cuatro vientos los supuestos peligros que comporta su continuidad al frente de la Iglesia. «El papa anda por el filo de una navaja. Si esto sigue así, vamos camino de un cisma importante en la Iglesia», le dijo a Edward Pentin, corresponsal en Roma del *National Catholic Register*, con sede en Estados Unidos. Este periódico forma parte de la cadena Eternal Word Television Network, el potente consorcio privado de comunicación católico y tradicionalista que está entre los medios más hostiles a Francisco. Bannon aparece regularmente como entrevistado o tertuliano en sus plataformas.

La batalla de Steve Bannon contra el papa y todos sus proyectos de unificar la derecha radical populista en el mundo, sus esfuerzos por hacerla digerible por parte del electorado, podrían tener un punto final. A sus sesenta y ocho años, podría poner fin a su carrera de personaje intrigante, y también (hay que reconocerlo) de brillante genio manipulador de la opinión pública internacional. Su poder y la impunidad con la cual lo ejercía se acabarían diluyendo si fuera a prisión. Todo depende de si prosperan las acusaciones y procesos judiciales que tiene pendientes en Estados Unidos. Él habla de «caza de brujas», pero se le acusa de corrupción en la recaudación de fondos para construir el muro de la frontera con México, así como de conspiración en el dramático intento de golpe de Estado que supuso el asalto al Capitolio de Washington el 6 de enero de 2021.

Según me dice el analista político Massimo Micucci, «Steve Bannon por ahora está en prisión, y no creo que coordine mucho más. No es la primera vez. Creo que los que le invitaron a Italia ya no lo invitarían. Aunque Trump no ha perdido la partida, el radicalismo de derechas está dividiendo al país, pero obtiene más posibilidades por la superficialidad de los demócratas que por la fuerza y notable agresividad de los "trumpistas". Fratelli d'Italia intenta más bien cancelar este juego, y al mismo tiempo también las molestias debidas a su alineación con las fuerzas más anacrónicas de la "Rusia eterna", de Putin a Kirill». Desde Washington, otra voz calificada que me habla del estratega norteamericano es la del buen amigo y asesor del papa Francisco Juan Carlos Cruz. «Con los juicios que tiene en perspectiva por corrupto se ve la calidad humana de Bannon. El problema es que la gente cree a esos personajes. Hay gente que los sigue. Yo no entiendo a los que se tragan cosas como que nos ponen chips con las vacunas. Parece esa serie de Netflix, *El cuento de la criada*. Se me ponen los pelos de punta. En la serie, veo el mundo hacia el cual nos quieren llevar estos fanáticos. Un mundo donde no cabemos todos. La única manera que tienen de imponer su fanatismo es eliminando al otro. Incluso con el crimen. Esto hay que pararlo. Los que tenemos una visión normal del mundo hemos de levantar la voz. Lo que pasa es lo mismo que ocurrió con Trump cuando decíamos que era un loco y nos reíamos afirmando que nunca sería presidente. Lo acabó siendo, y mira lo que ha dejado. Nos tenemos que tomar las cosas en serio y luchar por el mundo que queremos.» Es cierto que el todopoderoso Bannon puede desaparecer del mapa de las intrigas y complots, pero su peligroso legado puede cambiar el destino del mundo y poner fin a la era del papa Francisco. Por ahora continúa bien vivo y no tiene por qué quedar demasiado afectado.

108

7

Un exgeneral enemigo del papa

*H*ablar con el general español en la reserva Gonzalo Pérez Alvarado (nombre inventado que él mismo me da, y que me veo obligado a utilizar) no es fácil. Unos amigos abogados, que me han ayudado mucho a conseguir documentos y datos para este libro, me lo presentan una calurosa tarde de agosto en Madrid. Nos encontramos en una cafetería del paseo de la Castellana, donde nos refugiamos del sol abrasador del *Ferragosto* madrileño. A pesar de la canícula, él lleva americana y corbata. Es un hombre de unos setenta años, más bien bajo y con sobrepeso. Lleva gafas de sol, que no se quita en ningún momento, y un bigotito que es más parecido al de Errol Flynn que al de Hitler. Pronto me daré cuenta de que está más cerca del genocida que del actor. De hecho, en un momento dado de la conversación, se muestra admirador del artífice del Tercer Reich. «Se dicen muchas mentiras sobre Hitler —afirma—, pero él sí que supo defender nuestra civilización cristiana.» Una vez hechas las presentaciones protocolarias, exige que tanto el buen amigo abogado que me acompaña como yo apaguemos nuestros teléfonos móviles. Llama a un camarero y le ordena, como si fuese un recluta, que guarde los aparatos. Me quedo solo con un bolígrafo y el bloc de notas. Se impone un silencio inquietante, que solo rompen algunos grupos de señoras enjoyadas que cada tarde se reúnen en el local a cotillear y tomar un café con leche. Ahora, en agosto, no están los grupos de caballeros habituales con traje y corbata que reviven la nostalgia de los tiempos pasados, cuando había «ley y orden». Abundan los turistas despistados con chanclas y pantalón corto que preguntan a los camareros la mejor forma de llegar al Museo del Prado o al templo de Debod.

Rompo el mutismo con una broma sobre los turistas medio desnudos, y la conversación empieza de una manera muy desordenada, hablando de lo que el general califica como «pérdida del decoro más esencial». Pronto entra a saco con unas opiniones que no me sorprenden en relación con el «Gobierno comunista que ahora lleva España al desastre», sobre la «decadencia» que supone que «maricones, putas y degenerados» sean ahora ministros… Habla de Franco como del «caudillo que sigue inspirando mi vida». Cuando intento centrar las cosas, se vuelve a dispersar, y no sé si me encuentro delante de un facha nostálgico solamente, o bien de un facha que cree con convicción que él y los suyos son capaces de cambiar las cosas para propiciar un nuevo régimen totalitario. En cualquier caso estoy en presencia de un hombre leído y con cultura, un personaje que a pesar de su elocuencia y del uso de términos que pueden parecer decimonónicos, desgrana su hilo argumental con racionalidad.

Se nota que como oficial del ejército está acostumbrado al «ordeno y mando», y se muestra no solo taxativo con el camarero, sino también conmigo. No lo noto nada incómodo, porque probablemente cree que cuando convenga me puede aplastar como a un escarabajo. De hecho, en un momento dado, para marcar territorio y dejar bien claro quién lleva la batuta, se abre la chaqueta y me enseña la pistola que lleva con orgullo. No hace falta decir nada más. He recibido el mensaje.

Yo prácticamente no sé quién es. Solo he encontrado en Internet algunos documentos oficiales de su pase a la reserva, y alguna cosa muy breve relacionada con el apellido familiar. No tiene ningún tipo de perfil público y se muestra muy discreto en ese sentido. «Si explicase lo que sé en televisión, o participase en algún acto, probablemente ya me habrían silenciado. Hay mucho traidor hoy en día. Mucha politiquería en manos de la sedición.» Quiere hacerme partícipe de que de mí sí que sabe mucho más, y no porque haya sido él quien haya hecho las indagaciones. Probablemente no sepa moverse por Internet ni tenga cuentas en ninguna red social. No obstante, el general Pérez Alvarado tiene unos contactos excelentes donde hay que tenerlos. «Está claro que tengo buenos amigos en la policía, y también en el CNI. Buenos patriotas y cristianos. Sé perfectamente quién es usted», me dice con un tono amenazador, aunque por primera vez le veo esbozar una sonrisa, probablemente de triunfador. Es muy consciente de que yo estoy en inferioridad de condiciones en este inquietante encuentro. Quien se siente incómodo y expectante soy yo. Intento desprenderme de esa actitud amenazadora a base de repetirme a mí mismo que estoy haciendo de periodista, y que no soy el primero en entrevistar a un personaje inquietante de la ultraderecha. Su talante seco aunque educado (siempre me habla de usted) y las afirmaciones categóricas que expone no me permiten augurar una excesiva empatía. Me propongo ser hábil si quiero cumplir el objetivo de saber cómo se mueve la extrema derecha internacionalmente y cómo se articula el complot para volver a tener en el Vaticano a un pontífice ultraconservador.

111

Y llega el momento de hacer la pregunta del millón: ¿por qué ha accedido a hablar conmigo? Lo argumenta de una manera bastante convincente. «Veo que usted conoce algunos movimientos que estamos haciendo para devolver a la Iglesia adonde tiene que estar, pero en realidad no sabe casi nada. Yo quiero hablar con usted para que publique que hay gente en España y en el mundo que trabaja con convicción y eficacia. Son patriotas como yo, gente seria que se juega la piel por un mundo al cual vuelva la ley, el orden y también la fe en Dios. Deseo que usted entienda que hay mucha gente dispuesta a sacrificarse por un ideal en defensa de la civilización que hemos heredado de nuestros antepasados, y que ahora se está estropeando de una manera ignominiosa. No hay respeto alguno por figuras que dedicaron su obra a hacer posible un mundo sin comunistas, ateos y enemigos de la patria y del cristianismo. Así, estamos condenados como personas, y el futuro de la sociedad está muy negro. Usted, que no piensa como yo, quizá no lo entienda, pero esto nos revuelve las tripas y nos obliga a reaccionar.»

Una vez aclarado el motivo que le mueve a conversar conmigo, una mezcla de orgullo y de necesidad de que se conozca todo lo que hace, aunque sea desde el anonimato, ya estoy más tranquilo y puedo empezar a indagar cómo se mueven los hilos más ocultos de la conjura. Su copa de brandy se va vaciando, igual que mi vaso de whisky. Él pide una copa más de Gran Duque de Alba. «Tiene que comprender —me dice— que derrotamos al comunismo, y que eso debe tener consecuencias. No podemos tolerar que gente que hace el juego a esta peligrosa ideología ponga en peligro los valores que tenemos como raza, como religión, como naciones soberanas. La llegada del papa Francisco, además de ser ilegítima, como lo fue la manipulación en Estados Unidos para que Donald Trump perdiese las elecciones, supone la destrucción de todos los ideales por los cuales hemos luchado.»

El general Pérez Alvarado se empieza a centrar en lo que he venido a buscar. El buen amigo abogado que asiste a la conversación es pariente lejano del personaje, y en privado le había oído explicar algunas cosas que ahora me podría revelar. Él, y me consta que no le fue nada fácil, le convenció para que me viera y hablara conmigo, y ahora hay que aprovechar este testigo de excepción. A medida que avanza la conversación estoy cada vez más convencido de que no es un francotirador aislado, un fabulador o un fantasma que quiere ir de héroe. Sabe lo que hace, dónde se mueve, lo que puede decir y lo que debe callar.

Recuperar la Europa cristiana

Hemos estado casi una hora divagando, y hay que concretar poco a poco aspectos que me interesan. Vamos por partes. «Europa —me dijo— ha perdido sus raíces. España se ha convertido en una nación que, de estar consagrada al Sagrado Corazón de Jesús por Alfonso XIII, hace más de cien años, ha pasado ahora a burlarse de la Iglesia. Tengo un buen amigo alemán que dice, con toda la razón, que de la certeza de creer en Dios se ha pasado a la incertidumbre de no creer ni en nosotros mismos. Y con esto quiero decir que quedarnos solo dentro de nuestras fronteras a luchar por unos valores no tiene sentido. En primer lugar, soy español, la nación que juré defender con mi vida como militar, pero la crisis que vivimos es universal. Estamos en guerra contra el globalismo masónico y relativista.»

Cuando le pregunto cómo han trabajado para unirse, me demuestra que detrás hay una labor que no empezó ayer: «Recuperar España como nación cristiana nosotros solos no tiene sentido en el mundo en que vivimos, que es de vasos comunicantes en todos los aspectos. Hace falta organización, establecer complicidades, diseñar estrategias conjuntas. Teníamos que empezar por Europa. Hace nueve años, en 2013, cuando todavía no había llegado el desastre absoluto del papa Francisco al Vaticano, nos reunimos en Madrid mucha gente preocupada por la deriva que ya estaba tomando la Iglesia católica, sometida a casos de corrupción y de abusos sexuales. En aquella reunión en un hotel donde había dos cardenales, cinco obispos, una decena de sacerdotes, algunos diputados del Partido Popular y líderes de organizaciones de la Iglesia, además de unos cuantos oficiales del Ejército como yo, nos conjuramos para intentar arreglar las cosas».

113

Quiero que especifique qué organizaciones de la Iglesia estaban presentes. Creo que es importante, y lo hace. «Ha pasado mucho tiempo, y muchos nos seguimos viendo a menudo, pero si no recuerdo mal en aquella primera reunión había gente de El Yunque, los Legionarios de Cristo, el Opus Dei, los neocatecumenales Kikos, miembros del Sodalicio de Vida Cristiana, HazteOír, de la Asociación Española de Abogados Cristianos, del Centro de Estudios Tomás Moro, los catalanes de E-Cristians, miembros de la Asociación Católica de Propagandistas, Heraldos del Evangelio... Todos ellos personas muy honradas y preocupadas por el futuro de la Iglesia. Ahora, desde hace ocho o nueve años, nos encontramos a menudo y tenemos relaciones muy estrechas con representantes de estas organizaciones a nivel europeo, latinoamericano y de Estados Unidos. De Latinoamérica hemos recibido también a muchos mexicanos, peruanos y argentinos.»

Cuando ahora repaso la entrevista y me habla de argentinos, me viene a la cabeza la historia que me explicó sor Lucía Caram de cuando el arzobispo de Buenos Aires fue elegido como jefe de la Iglesia católica. En aquel momento, la presidenta Cristina Fernández de Kirchner estaba dando una conferencia y le comunicaron la noticia. Sencillamente dijo, de manera despectiva, que acababan de elegir a «un papa latinoamericano». Cuando salió tenía una reunión con su equipo, y, visiblemente alterada, soltó: «Han hecho papa al hijo de puta ese de Bergoglio». Siempre según la monja argentina, un asesor suyo, un tal Moreno, le dijo: «Apúntate al caballo ganador, porque aquí saldrás perdiendo». Entonces cambió el discurso, cogió el rosario y fue a verlo para hacerse la fotografía con él en el Vaticano. Cristina siempre le había calificado de jefe de la oposición, y no soportaba que Bergoglio recriminase al Gobierno su menosprecio por los pobres de las villas miseria. Un pequeño apunte para entender cómo consideran algunos argentinos al papa argentino.

Reuniones en Italia

«En Europa —me empieza a detallar el general—, empezamos por establecer vínculos con gente y organizaciones sobre todo de Francia, Italia, Alemania, Austria y también Polonia. Compartíamos los mismos ideales. Desde la muerte de san Juan Pablo II las cosas no iban bien. Él sí que es cierto que se apoyó en muchas de las organizaciones que he citado, y las ayudó desde el Vaticano. Recuerdo un primer viaje a Roma donde fui recibido por el papa polaco. Allí, miembros importantes de la potente y muy extendida y popular organización Comunión y Liberación italiana siempre me han hecho de anfitriones. Aquel primer contacto me sirvió mucho a la hora de organizarnos. Ahora tengo buenos amigos muy enfadados y rabiosos porque el actual los quiere anular o incluso eliminar, como quiere hacer con el Opus Dei. Aquel argentino no tiene escrúpulo alguno a la hora de quitarse de encima a gente piadosa y ejemplar que le puede obstaculizar el camino para llevar a la práctica su obsesión de destruir la Iglesia de Dios.»

Se ha puesto el sol y el general quiere salir a la terraza. Teóricamente ya no hace tanto calor. En la cafetería de la cual es cliente respetado y apreciado desde hace años, nos preparan una mesa donde él encenderá un buen habano; yo puedo hacer lo mismo con mi pipa. Le hace gracia que fume en pipa. Creo que ya no me tiene tanta manía, solo por ese pequeño detalle. «Mi padre fumaba en pipa, como usted, pero él era un buen cristiano, aunque reconociera antes de morir que había pecado con unas cuantas mujeres», me confesó, no sé si guiñándome el ojo, pues no se quitó en ningún momento las gafas de sol.

No quiero que pierda el hilo e insisto en preguntar cómo se organizaron en Europa las fuerzas ultraconservadoras católicas. Además, le pido si me puede dar algún nombre de los personajes con los que se ve. «Le diré los nombres que yo quiera. Comprenda que no quiero implicar y poner al descubierto a gente con la que me une la confianza, y por qué no decirlo, también la militancia. ¿Queda claro? No estoy aquí para traicionar a mi gente.» Nuevamente le ha salido la vena más autoritaria y severa. Lo tranquilizo diciéndole que hace bien en ser discreto, porque yo mismo también intento respetar mucho a mis contactos y fuentes informativas como periodista. Finalmente me dirá algunos nombres, la mayoría *off the record*, con el juramento, casi sobre la Biblia, de que no los revelaré. Y no lo hago.

«En Italia —detalla Pérez Alvarado—, he tenido la suerte de asistir a reuniones con gente muy importante. Recuerdo especialmente un encuentro a mediados de mayo de 2021 en una villa preciosa cerca de Ostia. La mansión es una propiedad fastuosa de un reputado empresario. Fueron tres días y dormimos allí mismo. Y piense que éramos unas veinte personas. Nos trataron con una exquisitez increíble. Había muchas habitaciones, y mucha gente de servicio. Era como un hotel de lujo. Lo importante es que conocí a cuatro cardenales italianos que trabajan en el Vaticano, y uno norteamericano que se ha hecho muy famoso. También establecí una bonita amistad con un compañero oficial del Ejército italiano que hace unos días invité a venir aquí a Madrid. También tendría la oportunidad de compartir conversaciones con Silvio Berlusconi, Matteo Salvini y Georgia Meloni, que pasaron por allí en distintos momentos. Ya puede suponer que las opiniones que fueron surgiendo sobre el papa Francisco coincidían todas con la mía.

»A Italia he ido muchas veces en los últimos años. Tenemos una buena coordinación entre los grupos de allí y los españoles, para hacer cosas. A ellos el Vaticano les toca más de cerca, y tienen mucha gente infiltrada en la curia, en los dicasterios y congregaciones, y también en los servicios de seguridad, tanto de la Santa Sede como del Estado italiano. Nosotros también tenemos en España a un buen grupo de agentes que trabajan por la causa, y están haciendo un buen trabajo.» Cuando le pregunto qué entiende por buen trabajo, se sulfura un poco. «Buen trabajo significa recabar mucha información sobre movimientos y personajes, crear una red de adeptos cada vez más numerosa, gente capaz de actuar cuando llegue el momento.»

¿Y cuándo será ese momento? ¿Quién dará la orden de actuar? En este punto me doy cuenta de que he sido demasiado atrevido. Por primera vez lo veo dubitativo y muy contrariado. «Las guerras, señor Lozano —me dice, poniendo la mano en la pistola que lleva escondida bajo la chaqueta—, se ganan cuando uno tiene la capacidad de escoger el momento idóneo, cuando tiene las armas apropiadas para poder salir victorioso. ¡No lo olvide nunca!»

Se apuntan Francia y Polonia

La coordinación en Europa de los movimientos fundamentalistas católicos en connivencia con la extrema derecha y el populismo no nace en España. Es un fenómeno que se produce de manera independiente y unilateral en cada país. Hay contactos para coordinarse, primero esporádicos, pero que acaban por convertirse en frecuentes y después en programados. Francia y Polonia se unieron con celeridad, en cuanto hubo una confluencia italoespañola. Después vendrían Portugal, Alemania, Hungría, Austria…

En París y en Marsella (el feudo del Frente Nacional de Le Pen) se establecieron dos núcleos importantes. En las elecciones presidenciales de abril de 2022, el voto católico fue mayoritariamente para las opciones de extrema derecha. Marine Le Pen y Éric Zemmour recogían un alto porcentaje del voto católico, un hecho que obligaba a reflexionar sobre la posición ultraconservadora de los practicantes en una Iglesia católica que, a pesar de la profunda crisis por los casos de abusos sexuales y el carácter secular de la sociedad francesa, continúa ejerciendo un inmenso poder en ella. A pesar de la victoria de Emmanuel Macron, que revalidaba la presidencia en la segunda vuelta, la extrema derecha consiguió unos resultados que espolearon a sus partidarios. Ya hacía años que iban creciendo.

En 2018, en medio de esta euforia, Marion Maréchal (Le Pen), sobrina de Marine Le Pen, decidió impulsar el ISSEP, una universidad alternativa con sede en Lyon (y con una delegación en Madrid). Su objetivo era idéntico al de Steve Bannon: formar a los futuros líderes de lo que ellos llaman «la derecha verdadera». Entre el profesorado de Madrid destacan la misma Marion Maréchal, el presidente de la Liga de fútbol, Javier Tebas, y Jaime Mayor Oreja. En los últimos años, el exministro del Partido Popular se ha implicado de manera muy activa en la lucha contra el aborto y la eutanasia en toda Europa. El ISSEP de Lyon, según publicaba *Le Monde* en 2022, ha formado a centenares de «nuevos líderes», aunque se afirma que financieramente ha sido un fracaso.

El general Pérez Alvarado, que asegura tener buenos contactos con Marion Maréchal, habla de diversas reuniones a las que ha asistido, tanto en París como en Marsella o Lyon. En todas ellas ha habido una presencia importante del episcopado, juntamente con personajes vinculados a grupos de debate parroquial y cargos electos de la extrema derecha del Frente Nacional, ahora rebautizado por Marine Le Pen como Rassemblement National. Eran muy activos en él los miembros de Cité Catholique, un grupo tradicionalista muy importante y muy implantado creado en 1946 por el escritor y filósofo católico Jean Ousset, nunca reconocido oficialmente por el Vaticano. Su objetivo era conseguir adeptos bien situados y formar a las élites políticas y económicas, para intentar transformar la República en un Estado católico nacional. Su modelo era el nacional-catolicismo que implantó el régimen franquista.

El arzobispo Marcel Lefebvre (1905-1991), buen amigo de Ousset, había formado parte de Cité Catholique. Él sería el responsable de crear en 1970 la Hermandad de Pío X, una organización internacional que renegaba de las reformas del Concilio Vaticano II. Tuve el privilegio de hacer una entrevista a Lefebvre en exclusiva mundial el día 30 de junio de 1988 en el Seminario de Ecône, en Suiza, pocas horas después de desafiar la prohibición del papa Juan Pablo II y consagrar a cuatro obispos. Fue excomulgado por tal hecho, y de alguna manera perdonado por Benedicto XVI. ¿Quién se podía imaginar que el cisma del siglo XX se produciría a la derecha del ultraconservador Wojtyla? En Ecône asistí con el equipo de TV3 a muchas manifestaciones de cabezas rapadas que se reunieron para acompañarlo. Centenares de ultras franceses y españoles, neonazis alemanes y norteamericanos, con símbolos fascistas y alzando el brazo, hacían el saludo romano. Los lefebvristas, algunos de los cuales siguen desafiando el control de Roma y niegan el Holocausto y hacen proclamas contra el papa argentino, están presentes en Francia y son muy activos en las reuniones donde participa mi interlocutor, el general.

118 «Los lefebvristas llevan muchos años batallando por la esencia del catolicismo y contra las modernidades —me dice—. Conozco a muchos jóvenes que saben muy bien cómo actuar contra el Vaticano. Desde la época de Juan Pablo II lo han hecho. Imagínese ahora cómo se esfuerzan con este papa que quiere destruir la Iglesia. Han eludido muy bien el intervencionismo del Vaticano, y saben pactar y atacar al mismo tiempo. Una estrategia admirable. Además, tienen la capacidad de aportar muchas ideas para contrarrestar las reformas que quiere hacer el argentino. Todo el mundo los escucha en estas reuniones, porque todo el mundo es consciente de la persecución que han padecido.»

Una reunión bilateral entre grupos españoles y franceses en un hotel de París, en el mes de julio de 2022, puso el énfasis sobre todo en la «persecución» del papa Francisco contra los grupos ultraconservadores, que según mi interlocutor le molestan. Este es el caso de la comunidad de origen francés Verbe de Vie, con implantación en Francia, Bélgica, Suiza, Brasil y Mali. El Vaticano, el 25 de junio de 2022, había ordenado, después de diversos informes, que la organización fuera disuelta. Las investigaciones de la Santa Sede dejaban clara una actividad sectaria y hasta criminal, con manipulación de la conciencia de sus miembros y abusos sexuales incluidos. El argumento a favor de la abolición habla de «abusos espirituales, espiritualización excesiva, fenómenos de influencia, falta de realismo y abusos de poder». «Todo eso son excusas. El Verbe de Vie molestaba porque ponía en evidencia que hay una Iglesia pura y espiritual, carismática, ante el concepto mundano y herético de un papa que quiere eliminar cualquier vestigio de la tradición que da sentido al reino de Dios. Los colegas franceses, en la reunión a la que asistí hace unas semanas, estaban perplejos. Dispuestos a presentar batalla. Nosotros los ayudaremos», afirma el general.

No sé si fruto de esta ayuda, o probablemente más bien de una estrategia que seguía el ejemplo de Italia, la ultraderecha francesa ha renovado la imagen de cara a las presidenciales de 2027. Ya tiene un nuevo líder joven, de tan solo veintisiete años. Se trata de Jordan Bardella, elegido en noviembre de 2022 para sustituir a Marine Le Pen como nuevo líder del Rassemblement National. Presenta un perfil moderno, simpático, feroz si hace falta y educado cuando toca, pero en cualquier caso más radical y euroescéptico que su predecesora. Ha sido acusado de racista por definir como «República islámica» las «*banlieues*», los barrios periféricos de París donde viven los inmigrantes. Así se va ganando adeptos, y se le augura un gran futuro.

Dejamos Francia y le explico que yo conocí la Polonia comunista del general Jaruzelski y la posterior del católico y buen amigo del papa Juan Pablo II Lech Walesa. Quiere saber cómo es el premio Nobel de la Paz que consiguió derrocar el régimen socialista con la ayuda del Vaticano y el presidente norteamericano Ronald Reagan. Se entusiasma cuando le hablo de aquel momento. «Si ellos consiguieron una cosa que parecía imposible, derrotar al régimen más criminal de la historia, nosotros podemos acabar con los que pretenden resucitar el comunismo ateo. No dude de que ganaremos», sentencia.

«Walesa —me dice complacido— abrió el camino de una Polonia que es un país con unas raíces cristianas indiscutibles, con muchos mártires religiosos del comunismo. Los hermanos gemelos Kaczyński, exmilitantes de Solidaridad, con el partido Ley y Justicia, continuaron una lucha que llega hasta ahora, honrando la figura del gran papa san Juan Pablo II y sus enseñanzas.» Estamos hablando de una Polonia que practica la represión contra los homosexuales, que tiene duras políticas antinmigración y que legisla contra los derechos humanos más fundamentales. Incluso en agosto de 2022, el vicepresidente del Gobierno, Zbigniew Ziobro, impulsó una recogida de firmas para que se modifique el Código Penal y se castigue con dos años de prisión «hacer bromas» o «ridiculizar» a la Iglesia católica. El general se pone violento cuando habla de las condenas constantes que hace la Unión Europea a la gestión del régimen de Varsovia, unas reprobaciones similares a las que ejerce Bruselas contra el Gobierno húngaro, a manos del ultraderechista Viktor Orbán. Me comenta las reuniones en Polonia con dirigentes de Ley y Justicia, y con grupos católicos parroquiales de carácter xenófobo y homófobo.

«Europa Christi es un partido que participa muy activamente en Varsovia en nuestras reuniones a nivel europeo. Surgió de Ley y Justicia, y está dirigido por el director de Radio María en Polonia, el sacerdote Tadeusz Rydzyk. Se trata de un hombre con mucha influencia en el país. Un cristiano sin tonterías ni dudas.» Es el brazo político de los sectores más reaccionarios de la Iglesia polaca. El único partido político con representación parlamentaria en Europa que se declara abiertamente católico. Rydzyk (esto mi interlocutor no lo explica) se ha convertido en un magnate que controla un imperio comercial denominado Lux Veritatis. Cuenta con una universidad privada, un canal de televisión y un periódico. Su potencial económico le permite incluso financiar la construcción de una planta energética. El objetivo final del partido, creado en 2019, es «forjar una nueva constitución europea basada en el Evangelio».

La Hungría de Orbán como modelo

En Europa hay un régimen político que se ha convertido en los últimos años en la fuente de inspiración, ejemplo y modelo para las fuerzas involucionistas del Viejo Continente. Se trata de la Hungría de Viktor Orbán, un cristiano calvinista que tiene el sueño de un país fundamentado en los valores cristianos más tradicionales.

Cuando introduzco el tema de Hungría y su primer ministro, el general se muestra satisfecho. Sonríe con orgullo y también con cierta envidia: «Hay que escuchar con atención a Orbán cuando defiende como nadie la identidad nacional y cristiana de Hungría. Él ha sabido construir un relato que para muchos de nosotros resulta fascinante, y que es claro, sin ambigüedades ni dudas. Sin concesiones. Por eso ha sido elegido por su pueblo en cuatro elecciones consecutivas, la última en abril (2022). Por esos motivos lleva doce años en el poder. Siento admiración por lo que está haciendo».

Lo que no explica el general Pérez Alvarado es que el mandatario húngaro ha diseñado el sistema electoral y legal de su país para no perder nunca. Desde que llegó al poder en 2010, Orbán llenó los tribunales de amigos y acólitos, y reformó la Constitución a su medida. El mismo Donald Trump, durante su mandato presidencial en Estados Unidos, copió el plan del presidente magiar en el terreno de la política para impedir la llegada de inmigrantes y refugiados. Orbán había limitado las condiciones de asilo y construido una barrera con alambrada en la frontera sur, en 2015. Trump haría lo mismo con el muro que delimita los confines de Estados Unidos y México. El presidente se comparó con él: «Viktor Orbán ha hecho un trabajo impresionante en muchos aspectos…, es respetado en toda Europa. Probablemente un poco como yo, un poco controvertido, pero eso está bien».

«El primer ministro actúa con sus propias reglas, al margen de la Unión Europea, con la que está enfrentado continuamente. No podemos olvidar —dice el general— que él defiende como nadie en Europa la moral cristiana, las raíces cristianas de Europa. Ha hablado con claridad de la tendencia de las naciones europeas a convertirse poco a poco en pueblos de raza mixta, combate la ideología de género, las aberraciones morales que representan los homosexuales…, el aborto, el divorcio…, la inmigración musulmana.» Este discurso nazi sobre la «raza mixta» y la represión de los homosexuales, de acuerdo con un supuesto mandato bíblico, son obsesiones compartidas por la ultraderecha internacional. Si a eso sumamos las nuevas leyes que anulan derechos fundamentales, las limitaciones a la libertad de expresión, las modificaciones del Estado de derecho…, todo junto conforma un régimen húngaro que ha destruido los principales valores democráticos. El Parlamento europeo condenaba en septiembre de 2022 «los esfuerzos deliberados y sistemáticos del Gobierno húngaro» contra los valores de la Unión Europea.

Muchos analistas consideran a Viktor Orbán uno de los máximos representantes de la nueva extrema derecha que está propiciando el asalto al poder en todo el mundo. El primer ministro ha acogido como propia la definición de Hungría como una «democracia liberal», donde la separación de poderes es una entelequia, la concentración de poder en él, una evidencia, y el término democracia solo se justifica por el hecho de que cada cuatro años se convocan elecciones. El mismo mes de septiembre entró en vigor un decreto gubernamental que obliga a los médicos a proporcionar a la embarazada que desea abortar «una indicación de los signos vitales del feto, de manera claramente identificable», es decir, hacerle escuchar los latidos de su corazón. «Las cifras sobre el descenso del aborto y el divorcio son evidentes —recalca mi interlocutor—. Se incrementa el número de matrimonios y la natalidad. La política cristiana provida de Orbán está consiguiendo resultados admirables. Todo eso, sumado al apoyo económico a las familias y, como ya hemos dicho, a la protección contra el liberalismo, contra el llamado multiculturalismo y la ideología LGTB, le ha procurado la estima de la gran mayoría de la población.»

El general me relata una visita a Budapest para una reunión con representantes ultraconservadores europeos y norteamericanos a principios de 2022. «Allí constaté que, como afirma el mismo Orbán, Hungría es un ejemplo de cómo un país con valores tradicionales y cristianos puede tener más éxito que el liberalismo de izquierdas. Entre los presentes en la reunión había políticos húngaros, italianos, franceses, alemanes, españoles. También republicanos de Estados Unidos y sacerdotes católicos y de otras confesiones cristianas. Todos elogiaron la acción del Gobierno. Y no solo eso, también ratificaron que Hungría es un modelo en muchas cosas. Han abierto un camino muy interesante.» En este sentido, la líder de la formación neofascista Fratelli d'Italia, Giorgia Meloni, proclamó durante la campaña electoral de septiembre de 2022 que «Hungría es democrática porque existe el instrumento del voto», el mismo argumento de Orbán, y defendió sus políticas. Una vez al frente del Gobierno italiano no ha dudado en reiterar que muchos aspectos de la manera de gobernar del primer ministro húngaro son útiles como ejemplo.

Orbán es miembro de la Iglesia reformada de Hungría, que forma parte del Consejo Mundial de las Iglesias y está afiliada a la Iglesia Presbiteriana de Estados Unidos. Pero el país, como su esposa, es fundamentalmente católico. Según el Eurobarometer de 2019, el 62 % de los húngaros se declaran católicos, el 20 % no tiene religión, el 5 % pertenece a una Iglesia protestante, y un 8 % son cristianos de otras denominaciones. Esta mayoría cristiana es la base sustancial del voto a Orbán. La mayor parte de los húngaros echan pestes de la Unión Europea, de su compatriota George Soros, de los inmigrantes musulmanes y de las Naciones Unidas.

El papa Francisco está en las antípodas de este modelo, aunque nunca ha querido criticar directamente al polémico Orbán, como sí ha hecho el presidente norteamericano Joe Biden, que lo ha calificado de «matón totalitario», tras reunirse con el presidente húngaro en Budapest y en el Vaticano. «Le he pedido al papa que no deje que muera la Hungría cristiana», declaró el presidente, mientras Francisco le recordaba con moderación que «el cristianismo…, la savia de esta nación, tiene que levantar y abrir sus brazos a todo el mundo; que mantenga las raíces, pero sin cerrarse; que recurra a las fuentes, pero abriéndose a los sedientos de nuestro tiempo». Una controversia que se ha ido diluyendo a partir de la agresión rusa contra Ucrania. El Vaticano se ha acercado a Hungría y considera a Orbán, buen aliado de Vladímir Putin, un socio incómodo pero necesario para suavizar la violencia del inquilino del Kremlin. ¡La diplomacia manda!

El sueño del general coincide con el de Viktor Orbán: «Si España y toda Europa hicieran como hace el criticado Orbán, los valores cristianos estarían a salvo y el mundo iría mucho mejor».

La internacional fascista

Recuerdo en los años ochenta y noventa los aquelarres de Giorgio Almirante en la Piazza del Popolo de Roma, llena a reventar de cabezas rapadas y símbolos fascistas. Una exhibición de camisas negras, viejos nostálgicos y jóvenes violentos y amenazadores. Muchas veces, con el equipo de televisión, habíamos recibido muestras de hostilidad de aquellos bárbaros que querían darnos una paliza y romper la cámara. Al lado del líder del MSI, heredero del partido de Mussolini, estaba siempre la nieta del Duce, Alessandra Mussolini, que sigue reivindicando en Italia el recuerdo de su abuelo. Como invitados del elocuente y visceral almirante, siempre estaban en la tribuna Jean-Marie Le Pen y Blas Piñar, el líder del grupo ultra español Fuerza Nueva.

124

Ahora los neofascistas ya no son así. Los cabezas rapadas y militantes descerebrados son una minoría, que en Italia se agrupan en torno a un partido llamado Casa Pound, creado en 2003. Los fascistas que triunfan en las urnas son Fratelli d'Italia, de Giorgia Meloni (herederos del MSI y el FN), así como la populista y también ultraderechista Lega de Matteo Salvini. Ambas formaciones cuentan con militantes cultos y hasta intelectuales. Se han reciclado, en imagen y en discurso. Utilizan, con muchos recursos, las redes sociales, y han elaborado un lenguaje a partir de copiar y hacer suyos unos conceptos que la izquierda, en horas bajas, ha dejado que se apropiasen. Se hacen así mucho más populares y también más peligrosos que nunca. En España ha pasado lo mismo con la creación de Vox; en todo el mundo la estrategia de los neofascistas aplica criterios similares. ¡Se impone el método Bannon!

El general interlocutor se muestra muy convencido de que el camino que hacen es el correcto. «Nosotros no engañamos a nadie. El poder lo tenemos ante nosotros, a cuatro pasos solamente. De eso hablamos y mucho en las reuniones de Madrid, pero también en Washington, Roma, París, Budapest, Varsovia o Tokio. Cuando lleguemos al objetivo, tocaremos las trompetas de Jericó. Las murallas de la democracia corrupta caerán, y se impondrá el orden de una manera natural.»

«Quería nombres y los tendrá —sigue diciéndome, con una pose desafiante—. Nombres de gente heroica y comprometida en todo el mundo, que quiere construir una sociedad nueva. Donald Trump en Estados Unidos es una apuesta segura, y cuenta con todo un imperio para imponerse. Le Pen, Orbán y los polacos ponen en graves dificultades a la Unión Europea, Vox acabará gobernando en España; Meloni y Salvini llegarán al poder en Italia.» Estos nombres ya los conocemos, y se lo digo. Calla y hace un gesto de desprecio con la mano, bastante evidente. Sigue negándose a ir más allá, a dar las identidades ocultas de los artífices de este desafío, de los cerebros escondidos que trabajan entre bastidores.

Me relata una reunión en Washington, justo antes de que estallase la pandemia del covid, en 2019. Fue auspiciada por gente de la Administración Trump. «El concepto "nuevo orden mundial" fue el más citado por todos los ponentes. Había obispos católicos norteamericanos y pastores cristianos de la Iglesia evangélica, militares de distintos países aliados, representantes de organizaciones políticas y religiosas de todo el mundo (también de Rusia y de Israel), gente muy importante del mundo de las finanzas internacionales… Allí se definieron estrategias y se puso en común el diseño de una sociedad basada en los valores cristianos. Sí, también se habló del Vaticano controlado por el papa argentino. Fue muy aplaudido un discurso de un importante banquero que lo señaló como uno de los principales enemigos del capitalismo.»

Cuando le pregunto por dónde va esa estrategia, y si Steve Bannon está detrás, sonríe. «No puedo revelar la estrategia o estaríamos muertos. Seguro que usted lo entiende. Sí que le puedo decir que conozco a Bannon y es un hombre que sabe lo que hace. He coincidido con él en diversas reuniones. No hay duda de que nos ayuda mucho. Tiene una gran capacidad estratégica y un poder de convicción a prueba de bombas. Ha asistido a reuniones y seminarios que se han organizado en toda

Europa, y sabe sobre todo captar para la causa a mucha gente joven y preparada. Sin él, no habríamos llegado adonde estamos. Ha obtenido éxitos espectaculares, sobre todo en Italia, y va de camino de que en España el Partido Popular recupere el poder con la ayuda de Vox. El problema ahora es que Bannon está perseguido por la justicia de Estados Unidos por el heroico asalto al Capitolio, y podría acabar en prisión. Espero que salga. ¡Lo necesitamos!»

Cuando utilizo el término «internacional fascista», me mira y sonríe. «Hubo una internacional fascista hasta los años noventa, que diluyeron las luchas internas. No triunfaron más allá de Hispanoamérica, donde Videla o Pinochet pusieron orden para acabar con los marxistas. En Europa no consiguieron absolutamente nada. Eran grupos fundamentalmente nostálgicos, menospreciados por la mayoría de la gente. Sí, eran patriotas dignos, buenos cristianos y personas como es debido, con muy buenas intenciones, pero nada efectivos. Ahora todo ha cambiado y tenemos un concepto nuevo que ofrecer para llegar al poder. Somos los defensores de la democracia y la libertad, y eso la gente lo empieza a entender así. La izquierda es marxista y moralmente corrupta. Nosotros ofrecemos un orden basado en principios cristianos, justicia y orden. Los valores de nuestros padres, de las generaciones que nos han precedido, las raíces de toda nuestra tradición cultural.»

El control de las redes sociales

Durante la conversación me fijo en dos hombres de unos cuarenta años, bien vestidos, que consultan constantemente sus teléfonos. Están sentados a unos diez metros, en una mesa próxima a la misma terraza donde mantenemos esta conversación. No sé quiénes son, pero de vez en cuando nos miran de reojo. Clavo la mirada más desafiante que puedo en mi interlocutor, al que en ningún momento veo los ojos, escondidos tras las gafas de sol. Le pregunto si sabe quiénes son. Sonríe y solamente dice: «Yo nunca estoy solo». No le saco nada más. ¿Espías, policías, militares…? No lo sé, y me inquieta.

Intento rehacerme con rapidez de la respuesta lacónica pero bastante explícita del general, intentando olvidar que nos están vigilando, o, mejor dicho, que me vigilan. Quiero que me explique cómo se capta a gente joven para lo que él llama «la causa». Aunque es un hombre chapado a la antigua, que no controla el mundo de las redes y las nuevas tecnologías, se nota que ha asistido a seminarios a puerta cerrada organizados en secreto para gente con invitación personal, personajes que ocupan posiciones clave en la sociedad. En estas reuniones se ha explicado, para que se aplique en todos los ámbitos, una estrategia que está dando sus frutos rápidamente. «Yo no entiendo nada de todo ese mundo de locos que es Internet. Ya me ha cogido demasiado mayor, pero me han explicado cosas como que controlar el mundo de Internet es dominar lo que piensa la gente. Sobre todo la gente joven, que está pegada al móvil todo el día. Eso hay que hacerlo de forma divertida, y hay que ser muy constante. Hay gente que lo sabe hacer. Que conoce las claves para que el mensaje penetre y se extienda. Son expertos que trabajan para nosotros con mucha eficacia. La campaña que empezó hace unos años para desenmascarar las herejías del papa Francisco continúa y se está haciendo muy bien, según me han dicho. Han convencido a mucha gente joven y también a gente de la Iglesia que dudaba, que estaba muy confusa con el mensaje ambiguo o a veces delirante del argentino. Estoy harto de visitar a amigos oficiales en cuarteles, en el casino militar de la Gran Vía, en la Dehesa o en sus domicilios, que me dicen que hay que salir a la calle a tiros. Yo siempre les digo que hay toda una batalla previa por ganar, sin armas, de otra manera. Antes de sacar los tanques, que quizás al final habrá que hacerlo algún día, tenemos que crear las condiciones, y elegir el momento propicio. Se trata de la batalla para ganar las conciencias, que resulta que ahora tiene como escenario Internet. Victor Hugo decía que no hay nada más estúpido que vencer, y que la auténtica gloria es convencer. Y eso no se enseña en las academias militares.»

La extrema derecha internacional, efectivamente, ya tiene el control de las redes sociales. Twitter, Facebook, Instagram, TikTok... censuran y tienen la sartén por el mango a la hora de

127

bloquear cuentas de usuarios que se muestran políticamente incorrectos o se manifiestan beligerantes contra determinados personajes, organizaciones e instituciones, habitualmente conservadoras. La libertad de expresión se ve coartada cada vez más de una manera preocupante, con la complicidad de los propietarios de estas redes. Todo tipo de troles, eso sí, se pueden permitir desprestigiar al papa Francisco e instigar desde esas redes al odio. La campaña de la que habla el general contra el pontífice se hace a base de *fake news*, creadas en laboratorios donde además de expertos en redes hay creadores de contenidos especializados en psicología de masas. Desde el Vaticano, nadie, de momento, sabe contrarrestar tal alud de mensajes con intenciones ocultas, que los medios de comunicación replican en sus plataformas, sobre todo en televisión, usando argumentos que defienden una presunta equidistancia y que al final se convierten en complicidad y blanqueo del fascismo. Y lo hacen con una incomprensible irresponsabilidad democrática.

He visto masivamente por Internet «memes» con una fotografía del pontífice argentino acariciando a un niño en el que se le acusa de favorecer los abusos sexuales a menores. Otra recibiendo un obsequio de indígenas del Amazonas que afirmaba que el papa fomenta el culto a los ídolos paganos.

Los líderes de la extrema derecha internacional aparecen, sobre todo en TikTok e Instagram (las redes más seguidas por los jóvenes), como héroes, supermanes divertidos e ingeniosos que salvan al mundo y denuncian injusticias, abusos y corrupción. Se muestran con sentido del humor y utilizando los mismos recursos de vídeo y escenificación que usan los adolescentes. Se presentan como líderes nuevos antisistema que provienen de la calle, de la gente sencilla. Cercanos a las personas que sufren los abusos y la mala administración de los políticos. Se burlan también con humor y sarcasmo de los gobernantes u opositores que fomentan la inmigración, la lucha ecologista, las políticas favorables a los LGTB, y quieren combatir la discriminación contra la mujer. Califican de «casta» a los políticos de siempre, a los que tildan de corruptos y aprovechados. Como si ellos no fuesen sistema, como si ellos no perteneciesen al sistema al que afirman combatir. El control del «relato» se puede afirmar, sin ningún género de duda, que ya está en manos de la ultraderecha. Y no solo eso. Los partidos involucionistas, hoy en la oposición, que preparan el asalto al poder en el mundo marcan también la agenda de los temas que a ellos les interesa destacar. Lo hemos podido constatar en la campaña por las elecciones legislativas del 25 de septiembre de 2022 en Italia.

Lo mismo pasa en el Vaticano, donde los enemigos del papa Francisco lo presentan como un *outsider*, un pobre hombre, amigo de todos los dirigentes de izquierdas, que, con una visión «marxista», combate la tradición secular de la Iglesia y el libre mercado. Como un antagonista que «menosprecia la libertad» y las esencias del cristianismo. Una cuenta de Twitter que parece inactiva desde 2020, @Vericatholici, creada en Italia, agrupa a miles de seguidores que consideraban que Benedicto XVI era el único papa legítimo, hasta que este murió el 31 de diciembre de 2022. Es un buen ejemplo del uso de las redes para aglutinar a los partidarios del tradicionalismo, enemigos acérrimos de Francisco, al que presentan como un ignorante de la teología y un «peligro para la humanidad y la Iglesia». Otros ejemplos de cuentas similares, de las muchas que hay, serían: @ CatholicArena, @OnePeterFive o @Lepantolnst.

«Ya soy viejo para estas guerras de Internet, que entiendo poco y me agobian, pero intento colaborar», me dice el general Gonzalo Pérez Alvarado antes de despedirse. Se hace tarde y tengo que ir a la estación de Atocha a pillar el AVE que me devolverá a casa. Cuando él se levanta, lo hacen también los dos hombres de la otra mesa. Una vez de pie, se vuelve a llevar la mano a la pistola. Nos saludamos de una manera educada y me repite que no se me ocurra dar su nombre ni ninguna pista de quién es, o lo lamentaré. Hace mucho calor en Madrid, pero noto un sudor frío en todo mi cuerpo.

8

La curia que boicotea a Francisco

Aquella tarde de octubre de 2019, en la plaza de San Pedro del Vaticano, no se veían demasiados turistas. La audiencia de los miércoles había finalizado hacía ya un par de horas, y el cielo amenazaba lluvia. Acababa de salir en compañía de un viejo cardenal latinoamericano, a quien llamaremos Roberto Jesús, del restaurante Arlu'a San Pietro. Un local donde se nota la pasión que propietarios, cocineros y camareros ponen en su trabajo. No lo conocía y fue el purpurado quien me invitó, asegurando que hacían la mejor pasta de Roma. Y no iba equivocado. Pedí unos *fettucini a l'amatriciana attratta dal guanciale di Norcia* sublimes, seguidos de un *agnello scalzato e la sua polpetta con verdure caramellate* para chuparse los dedos. Todo coronado con el que quizá sea el mejor tiramisú que he comido nunca, y regado por un más que correcto Barbi, Brunello di Montalcino. Tradición e innovación en un restaurante que abrió en 1959 y se ha reformado en todos los sentidos. Todo un descubrimiento a cuatro pasos de la Via della Conciliazione. Acabada la comida, acompañé al cardenal hasta la puerta de Sant'Anna, que da acceso al territorio vaticano. El purpurado, durante la comida, había creado un clima simpático y agradable, explicando entre bromas cómo se las arregla el papa Francisco para convivir con los enemigos todopoderosos que tiene siempre a su alrededor, dentro de la propia Santa Sede.

«El santo padre —me relataba— lo vive con sentido del humor, y mira que se lo ponen difícil. Nunca lo he visto abatido, pero sí preocupado. No es fácil estar rodeado de gente que te quiere mal, que genera desconfianza y maquina contra ti.» No hace falta decir que mi interlocutor dio apoyo incondicional a Bergoglio desde que puso los pies en la Santa Sede como jefe de la Iglesia. Él me ha insinuado varias veces que esto ha provocado que muchos le hagan el vacío y también se muestren hostiles a todo lo que tiene relación con su trabajo. «Ponerse al lado del santo padre hoy y aquí —me decía— es significarse, y, curiosamente, manifestarse en su contra se ve como algo normal. Muchas veces la discreción en el Vaticano se guarda para cuando sales fuera de la muralla.»

«En la curia, que el papa definió, recordémoslo, como la lepra de la Iglesia, se frenan muchas reformas que él impulsa», me reveló Roberto Jesús. La curia romana que conforman los responsables de las instituciones administrativas de la Santa Sede, que tiene como misión principal ayudar al pontífice en el gobierno de la Iglesia, en toda la época contemporánea no había exhibido nunca una hostilidad tan elocuente contra un papa como ahora. Se ha convertido en un contrapoder, dentro mismo de la Santa Sede. «Desde el primer día de este pontificado —seguía el cardenal—, muchos empezaron a recelar, a sentirse amenazados…, a ver en nuestro santo padre a un enemigo que intentaba abolir privilegios seculares que siempre se han considerado justos y normales.»

El excelente vaticanista y escritor italiano Marco Politti, siempre atento a mis requerimientos y dudas durante los treinta y cinco años que trabajé para TV3 en el Vaticano, hizo unas declaraciones en septiembre de 2022 al portal de la Iglesia católica alemana Katholisch.de, donde señalaba el porcentaje de la correlación de fuerzas en la curia en relación con el papa argentino. «Hoy en día, en la curia, el veinte por ciento está abiertamente a favor del papa; el diez por ciento, en contra, y el setenta por ciento restante espera al próximo papa.» Una reflexión preocupante, pues este beligerante diez por ciento se moviliza y muchas veces arrastra a los expectantes y a los dubitativos, mientras que el veinte por ciento que es netamente favorable a Francisco no hace nada.

Son muchos los que dicen siempre que sí al papa, pero

que después, cuando ya no lo tienen delante, o no hacen caso de nada de lo que les ha comunicado, o, lo que es peor, maniobran contra él. Ya me lo dijo sor Lucía Caram una tarde, sentados en los escalones de la cruz de término de la placita situada delante de la parroquia de Santa Anna, en Barcelona: «Bergoglio siempre me ha dicho que agradece que le digan no lo que creen que quiere oír el papa, sino lo que realmente piensan. Él no quiere cortesanos a su alrededor, y tiene muchos. Sabe perfectamente que hay un obispo que cuando le visita se pone la cruz del Buen Pastor para hacerle la pelota, pero que, cuando sale, se la quita».

Un caso reciente de boicot de la curia al papa lo tenemos en un asunto que implica a la Congregación para la Doctrina de la Fe (CDF). El 15 de marzo de 2021, firmado por el prefecto, el cardenal mallorquín Lluis Ladaria, se hacía público un documento en el que se afirmaba de manera contundente que «Dios no deja de bendecir nunca a sus hijos», pero «ni bendice ni puede bendecir el pecado». Así, desde el organismo encargado de mantener la pureza doctrinal de la Iglesia, se intentaba corregir una opinión de Bergoglio, a la vez que le metía un gol difícil de encajar. Hacía cinco meses, Francisco había asegurado en un documental realizado por la cadena Televisa que «las personas homosexuales tienen derecho a estar dentro de una familia», y que «deberíamos tener una ley de convivencia civil», porque estas personas «tienen derecho a estar cubiertos legalmente». La controversia estaba servida; las palabras de Bergoglio provocaron la ira de los sectores más conservadores, entre ellos diversos obispos y cardenales. Al mismo tiempo, las asociaciones de defensa de los derechos LGTB elogiaron y consideraron histórica aquella postura, por la apertura que significaba. El Vaticano inmediatamente alegó que esas declaraciones se habían sacado de contexto. Intentaban rectificar al pontífice argentino, que no dijo una palabra más sobre el tema. La CDF acabaría de remachar el clavo asegurando que «no hay ningún fundamento para asimilar o establecer analogías, ni tan solo remotas, entre las uniones homosexuales y el designio de Dios sobre el matrimonio y la familia».

132

«El papa está haciendo lo que puede con este tema, incluso por canales extraoficiales, para no enfrentarse con la curia. Lo sé porque lo comentamos él y yo muchas veces», me dice el amigo y asesor de Francisco, Juan Carlos Cruz, también conocido por defender los derechos de la comunidad LGTB, como homosexual que ha sufrido la discriminación. «En este caso, el papa no firmó el documento que sacó la Congregación para la Doctrina de la Fe. Todo fue muy sutil. El papa aceptó que se hiciera, pero dejó bien claro que no lo firmaría. Bergoglio estaba entonces muy preocupado e inmerso en la preparación del difícil viaje a Irak. Cuando lo hicieron público fue un golpe muy duro para la comunidad LGTB. Habíamos adelantado mucho, y todo se fue al garete. Escribí una columna para un periódico de Chile y se la envié al santo padre. Se titulaba: "Este no es el papa Francisco que yo conozco". Es un gol que le metieron los fanáticos de la CDF, que obviamente no son todos. Hablo sobre todo del obispo Giacomo Morandi, entonces secretario. Todo es lento en el Vaticano, pero el papa acabó echando a ese prelado italiano, al que envió a una diócesis de tercera categoría.» De secretario de la Congregación para la Doctrina de la Fe, el homófobo Morandi pasaría a ser nombrado obispo de Regio Emilia-Guastalla, una evidente defenestración y alejamiento del poder que ejercía en la Santa Sede.

El mes de junio de 2018 se había celebrado una cumbre desafiante de cardenales en un hotel de Roma. Asistieron muchos purpurados de la curia y otros repartidos por todo el mundo, todos alineados en el frente ultraconservador. Una conspiración abierta contra Francisco en el corazón mismo de la capital italiana. La reunión fue convocada por el cardenal norteamericano Raymond Burke y el alemán Walter Brandmüller, dos exponentes de la revuelta más activa contra el pontífice argentino. Entre otras amenazas, Burke proclamó que «al papa podemos desobedecerlo. Su autoridad no es mágica, sino que deriva de su obediencia a Dios». «Cualquier acto de un papa —añadió—, dado que es un ser humano, que sea herético o un pecado, en sí mismo es nulo.» Llamaban, como no se había visto nunca, a la «desobediencia», mientras tildaban de herético a Bergoglio. La excusa del encuentro fue el segundo aniversario de la publica-

133

ción de *Amoris Laetitia*, la exhortación papal que, entre otras cosas, abría la puerta a admitir que los divorciados que se habían vuelto a casar por lo civil pudiesen recibir el sacramento de la comunión. No podían admitir que esa realidad, tan normal ya en el mundo, se pudiese oficializar. Después de esta reunión vendrían muchas más, ocultas dentro y fuera de la muralla vaticana.

El papa Francisco decidió no contestar a la rebelión, pero lo que sí hace cada vez que se reúne la curia, en torno a la Navidad, es poner ante el espejo a los prelados que trabajan en la Santa Sede. Les echó en cara, con palabras textuales del 22 de diciembre de 2014, su conducta «poco ejemplar», el hecho de «sentirse inmunes», «indispensables»…, «incapaces de admitir la autocrítica», de «ser inmovilistas mentales y espirituales», de no trabajar colectivamente, de «caer en el mal de la rivalidad y la vanagloria». Francisco fue desgranando la lista de «pecados» de la curia: «El mal de la indiferencia hacia los demás», les acusaba de llevar «una doble vida, fruto de la hipocresía típica de los mediocres», de caer en «el mal del cotilleo», el mal de divinizar a sus jefes y acumular bienes materiales. También les recriminaba el mal de la cara fúnebre y la arrogancia, de los círculos cerrados, y, para terminar, el mal de la vida mundana y el exhibicionismo. Cardenales, obispos y monseñores salieron del encuentro, algunos, cabizbajos, y otros, muy alterados. Un monseñor que trabaja en el dicasterio del Culto Divino me diría que oyó decir a un cardenal: «Es inadmisible que el santo padre nos trate así. El enemigo está fuera. No somos nosotros. ¡Se ha vuelto loco!». Pero el papa argentino es consciente de que el enemigo de la Iglesia también está dentro, y quizá sea el que hace más daño. Ya lo había proclamado en 1972 el papa Pablo VI, que no era en absoluto un hombre tan directo y claro como Bergoglio. Tenía la sensación de que «el humo de Satanás ha entrado por alguna rendija en el templo de Dios».

¿Ratzinger lideraba a los enemigos de Bergoglio en el Vaticano?

Con motivo de la muerte a los noventa y cinco años de Joseph Ratzinger, el 31 de diciembre de 2022, el sector más conservador de la Iglesia católica y los líderes políticos de carácter ultraderechista se movilizaron activamente. No podían desperdiciar aquel evento. En primer lugar, lo harían para rendir homenaje al único papa que consideraban legítimo, para recordar su trayectoria como teólogo y líder tradicionalista, y de paso para lanzar dardos contra su sucesor. Habían perdido el faro que les alumbraba y una referencia sólida que justificaba gran parte de sus teorías reaccionarias y su guerra contra las reformas del pontífice argentino.

Un monseñor claramente anti-Bergoglio que trabaja en el Vaticano, me manifestaba aquellos días su pesar, no sin apuntar contra el pontífice reformista: «Ha muerto uno de los mayores papas de nuestro tiempo junto a Juan Pablo II, una figura histórica de una gran relevancia. Ahora Francisco ya tiene el camino libre para hacer lo que quiera. Sin embargo, que sepa que no se lo vamos a poner fácil. Benedicto XVI será siempre su sombra y la inspiración de millones de católicos en todo el mundo».

Los personajes que, como los cardenales Müller, Sarah o Burke, representan el ala más activa del conservadurismo dentro del Vaticano, de los que hablaremos más adelante, se conjuraron para alabar la figura del que consideran el teólogo más importante desde san Agustín (con más de cien libros publicados). Hablaban de la férrea defensa del tradicionalismo del papa emérito («guardián de la pureza doctrinal») y elogiaban también la custodia de la liturgia en latín y la doctrina inamovible y beligerante contra lo que califican de «relativismo instalado en la sociedad actual que niega a Dios y los principios y la cultura cristiana». La campaña serviría además para exigir que Benedicto XVI fuera proclamado Doctor de la Iglesia, un reconocimiento que solo tienen treinta y seis personalidades, como san Agustín, Teresa de Ávila o santo Tomás de Aquino. La santidad —que podría ponerse en marcha pronto— y la defensa intelectual de la ortodoxia son requisitos imprescindibles para acceder a este honor tan excepcional. Francisco podría hacer más adelante ese gesto hacia Ratzinger, con quien le unía una buena y respetuosa amistad.

El mundo político más ultraderechista, desde la primera ministra italiana, Giorgia Meloni, hasta su homólogo húngaro,

Viktor Orbán, serían los primeros en visitar la capilla ardiente instalada en la basílica de San Pedro. La muerte de un expapa era un hecho inédito en la época contemporánea, y se preparó el ritual de las ceremonias con delicadeza y bastante habilidad.

El papa emérito —por expreso deseo de su sucesor Bergoglio— sería vestido con la indumentaria pontificia roja, blanca y dorada, con la mitra en la cabeza. Eso sí, sin el palio y la estola que, junto con el anillo del Pescador, son los atributos que definen a un papa reinante que acaba de morir.

Las organizaciones más inmovilistas de dentro y fuera de la Iglesia se pusieron en marcha también para reunir a una multitud en el funeral presidido por el papa Francisco el 5 de enero de 2023. Fieles llegados de todo el mundo participaron en este acto sencillo que no tuvo las características de un sepelio de un papa reinante. Consiguieron reunir a unas cincuenta mil personas, muy por debajo de lo previsto. En la homilía, el papa Francisco homenajeó con cariño a Ratzinger, pero lo haría con escasas referencias. Bergoglio obvió también el nombramiento de doctor de la Iglesia que reclamaban los ultraconservadores y los gritos orquestados en la plaza de San Pedro que reclamaban la santidad para el pontífice difunto. El acto solemne tampoco tendría las características de un funeral de Estado, pues a nivel oficial solo fueron invitadas Alemania e Italia. Las delegaciones internacionales, con clamorosas ausencias, tuvieron un carácter privado.

Para contestar a la pregunta que me hago sobre el papel que tuvo el papa emérito en el complot contra Francisco, contacté con diversas personalidades vaticanas de todas las tendencias. Para el que fue su mano derecha en el Vaticano durante el pontificado, el exprefecto de la Congregación de la Fe, Gerhard Müller, el papa Benedicto XVI era «un gran sabio y pensador. Un auténtico doctor de la Iglesia por hoy». «Solo los ignorantes —recalcó— pueden decir que era rígido y conservador.» Müller, al que entrevisté dos meses antes de la muerte de Ratzinger, le visitaba con frecuencia en el Vaticano. Era uno de los personajes que frecuentaban las visitas a Mater Ecclesiae, el antiguo convento reconvertido en residencia por el papa emérito en el interior de los muros de la

Santa Sede. Todos los cardenales de la facción conservadora de la curia le transmitían al alemán sus preocupaciones sobre el futuro de la Iglesia y no ahorraban las críticas contra Francisco. Hay que decir claramente que Benedicto XVI, a pesar de mostrarse de acuerdo con muchos de los planteamientos de este sector, nunca avaló —al menos en público— ninguna campaña contra su sucesor. «Se produjeron intentos de manipulación para que liderara la causa más tradicionalista y siempre se negó», me decía Maurizio, un destacado miembro del Dicasterio para la Evangelización, en enero de 2023. Se trata de un sacerdote italiano de unos sesenta años, fiel como pocos a Francisco y que conoce bien los movimientos que conspiraban alrededor del papa emérito. «Fracasaron en todos los intentos. Ratzinger los escuchaba y hablaba poco. Solo en el asunto del libro que publicó con el cardenal Sarah —del que hablamos más adelante— cayó en el engaño.»

Estos intentos de instrumentalizar la figura de Benedicto XVI por parte de la oposición a Francisco y figuras de la ultraderecha internacional, como Steve Bannon, se hicieron sobre todo patentes a partir de la publicación, en abril de 2019 en la revista alemana *Klerusblatt* de una carta firmada por el expontífice alemán. En el texto se criticaban ciertas interpretaciones progresistas que se han hecho del Concilio Vaticano II, y se atribuían los abusos sexuales a la Revolución de Mayo del 68. Pólvora de gran calidad puesta en manos de los enemigos del papa argentino que no dudaron en difundirla a los cuatro vientos.

«Sin lugar a duda —me recalca Maurizio—, el secretario personal de Benedicto XVI, Georg Gänswein, controlaba los entresijos de todo. Él filtraba las visitas a Ratzinger y conocía las propuestas que se le hacían. Las pocas declaraciones que ha realizado siempre han sido ultraconservadoras. En las memorias que ha publicado, se demuestra bien que, aunque lo niegue, actuaba como un gran conspirador. De ahí que Francisco le dejara sin su apartamento en el Palacio Apostólico y le retirara de su lado. No creo que tenga ahora mismo demasiado futuro dentro del Vaticano. Hay quien dice que Gänswein ahora querrá vengarse e intentará incluso liderar la oposición a Bergoglio. No es cardenal, solo es arzobispo y, por lo tanto, lo tiene bastante difícil. Pero nadie puede dudar de que se trata de un poderoso adversario.» Probablemente oiremos hablar mucho en los próximos años de «Il bello Giorgio», tal y como se le conoce en Italia.

Desde hace poco, Luis Armando es otro buen confidente para mí en la Santa Sede. Forma parte del numeroso grupo de los que he tenido que buscar con insistencia y premura, cuando se cerraban puertas a raíz del primer libro publicado sobre el tema. Este prelado latinoamericano, poco amigo de posicionarse y que trabaja en un dicasterio importante, me sorprende con unas consideraciones que conviene a tener muy en cuenta: «Sin el guía intelectual, el gurú que representaba Benedicto XVI para la oposición conservadora, Francisco tiene el camino más libre para sacar adelante más reformas. Tendrá que dar menos explicaciones. Bergoglio lleva la espina clavada, por poner solo un ejemplo, de la rehabilitación que no pudo otorgar al gran teólogo progresista Hans Küng, que murió en el 2021. Ratzinger le había retirado la licencia en 1979 para enseñar teología, aunque lo continuó haciendo en la Universidad de Tubinga. Francisco, en cualquier caso, nunca se atrevió a desautorizar en este caso la decisión disciplinaria del que ya era el papa emérito.

»Por otra parte, la curia en estos momentos está desconcertada. Benedicto XVI era para muchos de los que no quieren cambios una garantía de que el papa argentino no se atrevería con algunas cosas. Gobernar teniendo en casa al abuelo que critica, aunque sea en privado, muchas de las cosas que haces era difícil para Bergoglio. Ahora hay que ver quién asumirá ese papel en la Santa Sede. Yo creo que el cardenal Gerhard Müller está bien posicionado para convertirse en un líder anti-Francisco de un nivel menos destacable que Ratzinger, pero tan implacable como el que más en el mantenimiento de su legado».

El «directorio oculto»

No tengo ningún indicio para pensar que en la actual curia romana funcione un «directorio oculto» al estilo del que ya hubo hace muchos años, durante el pontificado de Juan Pablo II. Sí que hay, como me diría un buen amigo que trabaja en la Secretaría de Estado, en octubre de 2022, algunas camarillas que «actúan más o menos coordinadas en favor o en contra de las órdenes que provienen del papa Francisco». Nada raro en esta especie de corte monárquica que configura el gobierno de la Iglesia. Una corte para una monarquía que Bergoglio ha intentado abolir, por el simple hecho de que él no se considera un rey.

El sentido tradicional que siempre ha tenido el pontificado ha experimentado cambios importantes durante el mandato del papa argentino. Don Pino Vitrano es un popular sacerdote salesiano que ha creado una red de seis albergues y centros de atención para los pobres y marginados en Palermo y otras poblaciones de Sicilia. Hablar con Vitrano, que conoce de cerca al argentino, me ha ayudado a entender la personalidad de Francisco, que huye como él del lujo, la arrogancia, la parafernalia, el protocolo y las apariencias. «Ahora tenemos un papa cercano. La humanidad que desprende Bergoglio es la singularidad de este papa. No es un papa distante. Antes se veía al pontífice a distancia, con el temor de la sacralidad. Hoy en día tenemos a uno que está con la gente. De todos modos, también quiero recalcar que Benedicto XVI parecía distante, pero era humilde. Francisco, sin embargo, es muy distinto.» Esta proximidad es muy criticada por los tradicionalistas que hablan de la «indignidad del actual pontificado», que permite que los jóvenes se hagan selfis con él, o suban como invitados al papamóvil. Un jefe de la Iglesia que abraza a todo el mundo y besa en la mejilla a las mujeres; detalles que aportan al argentino un carisma y un talante muy alejado de la imagen de un monarca.

Efectivamente, conviene subrayar que muchas de las novedades de Bergoglio son de imagen, pero no se queda ni mucho menos en esta superficialidad, que en el fondo está cargada de simbolismo. Francisco ya ha hecho efectivas reformas y cambios mucho más profundos, como veremos más adelante. Los analistas suelen olvidar que de hecho la Santa Sede se puede definir, según los criterios internacionales por todos conocidos, como la última monarquía absolutista de Europa. Francisco también la ha descrito de esta manera. Dicho esto, y una vez explicado también que el pontífice tiene un concepto de la actual curia, como hemos visto, bastante crítico, trabaja para transformarla lentamente, con ceses y nuevas incorporaciones, pero, aun así, no le gusta. La prueba la tenemos en una realidad muy desaprobada, y en este caso con cierta razón, por los sectores de la oposición conservadora. Según los datos que publica la página web oficial del Vaticano, desde marzo de 2013 a octubre de 2022, Francisco ha promulgado hasta cincuenta y dos decretos papales *motu proprio*. Muchos más que Juan Pablo II o Benedicto XVI juntos. El papa Wojtyla, con casi veintiocho años de pontificado, hizo veintiocho en total, y Ratzinger, tan solo trece. La publicación de tantos decretos papales no encaja demasiado con el hecho de querer abolir la monarquía absoluta, ni con el llamamiento de Bergoglio a hacer una Iglesia más sinodal. Da alas a los que le acusan de «dictador e hipócrita». Pero, como diría santa Teresa, «Dios escribe recto con renglones torcidos», y el papa se ve obligado a planificar e improvisar ante las dificultades haciendo uso de algunas «incoherencias».

140

Gobernar a golpe de decreto nunca está bien visto, pero en este caso hay que decir que Francisco no ve ninguna alternativa viable más para poder sacar adelante las reformas. Es consciente de que someter los cambios a un consenso de la curia implicaría eternizar las discusiones, luchar contra la paquidérmica burocracia vaticana y, al final, probablemente, quedar en nada. Desconfía de la curia, que se define desde siempre como el conjunto de órganos que ayudan al pontífice y que actúan en su nombre. Sabe que en realidad dista mucho de ser así. En muchos casos ha decidido cortar por lo sano e imponer su voluntad. Sabe por experiencia que desde los dicasterios se pueden frenar muchos de los avances que quiere propiciar, y ya no se arriesga. La desconfianza es mutua. Si la curia boicotea al papa, él boicotea a la curia.

Llegados a este punto, es importante recordar aquí que la curia, en algunas ocasiones, ha engañado de una manera bastante vil a Bergoglio, presentándole a personajes para que fueran nombrados para cargos de responsabilidad. Durante los dos primeros años, el argentino, poco conocedor de las intrigas de la Santa Sede, los creyó de una manera inexperta e inocente. Algunos de los elegidos resultaron ser trampas muy bien articuladas. Se trataba de personajes con antecedentes oscuros, y cuando la misma curia filtraba los dosieres de los que disponían a los medios de comunicación, se hacía público un escándalo que dejaba a Francisco en una posición difícil, a la vez que erosionaba su imagen. El papa ha acabado por ignorar muchas de las propuestas que le hacen.

Ciertamente, se puede afirmar que, durante el pontificado de Bergoglio, en algunas ocasiones se ha actuado desde la curia como en aquella época en que, detrás del organigrama oficial de la Santa Sede, se escondía la existencia de un «directorio oculto». Según le relató el sacerdote Mario Marini en los años ochenta al historiador ultraconservador Roberto de Mattei, este organismo secreto actuaba dentro de la curia bajo la coordinación de monseñor Achille Silvestrini, que después sería elegido cardenal por el papa Wojtyla. Se trataba de un directorio progresista en medio del contexto inmovilista del pontificado del polaco. Silvestrini (a quien Marini definía como el Richelieu del Vaticano por el enorme poder que parece que tenía) dirigía a un grupo de miembros del gobierno de la Iglesia que se reunía discretamente en una estancia de la Secretaría de Estado que nadie conocía. Allí custodiaban un archivo muy confidencial donde se cataloga información sensible sobre personajes de toda la Iglesia universal. A la hora de elegir un candidato para acceder a un alto cargo, como un obispo o un nuncio, el nombre salía siempre de allí. Silvestrini y el cardenal Casaroli presentaban la propuesta como si fuese una decisión colegiada, y Juan Pablo II procedía al nombramiento. El «directorio oculto» acumulaba y filtraba toda la información para utilizarla en gran parte de los nombramientos eclesiásticos. En aquel organismo se construían y también se destruían reputaciones. Quiero volver a insistir en que ignoro si en la

141

actual curia funciona o no algún tipo de directorio secreto (que ahora sería, obviamente, de talante ultraconservador). De todos modos, todo indica que al menos algunos miembros bien coordinados de la curia han actuado de manera similar para desgastar el pontificado de Francisco.

La reforma que pocos querían

«Somos muy pocos los que queremos, entendemos y hemos apoyado la constitución apostólica», me dijo en una conversación telefónica después de tres años el cardenal Roberto Jesús, en mayo de 2022. La nueva constitución *Praedicate Evangelium (Predicad el Evangelio)*, que ha costado nueve años de estudio y elaboración, fue presentada el 1 de marzo de 2022 como una de las principales reformas del pontificado de Francisco. Pone en marcha cambios profundos y de un gran calado histórico en la curia.

Los miembros del gobierno de la Iglesia se han sentido amenazados por el pontífice por sus calificativos y la avalancha de pecados en una lista que Bergoglio les ha puesto ante los ojos. Además, se sienten desafiados por las indicaciones de que hace falta que los cardenales abandonen los palacios donde viven de manera tan ostentosa. También porque ya no tienen la impunidad para trapichear con la Banca Vaticana y obtener cuantiosos beneficios. El papa argentino ha dejado claro que estas prácticas se pueden calificar de corruptas.

Cuando Bergoglio fue elegido, la tarde del 13 de marzo de 2013, una vez llegado a la Sala de las Lágrimas de la capilla Sixtina, se negó a ponerse determinados atributos de la vestimenta tradicional de un pontífice y exclamó: «Se ha acabado el carnaval». Con toda seguridad no se refería solo al protocolo, la indumentaria y la pompa tradicionales. La reforma de la curia acaba con muchos hábitos y convenciones seculares de la Iglesia católica, y con muchas incongruencias. Uno de los cambios más significativos es que prevé que cualquier católico pueda dirigir un dicasterio. Así abre la puerta a los laicos y a las mujeres para que formen parte del gobierno de la Iglesia, una cosa mal vista y que pone los pelos de punta a los clericales y a los sectores más fundamentalistas, que piensan que la dirección solo puede estar en manos de religiosos consagrados y que la mujer únicamente es útil para hacer el trabajo doméstico. Un obstáculo que además puede acabar con el «carrerismo», el sistema que propicia que dentro de la Iglesia haya una obsesión por «hacer carrera», por ascender. Si ahora los laicos entran en el organigrama, se acaba todo. Hasta 1917, los laicos hasta podían ser nombrados cardenales. Varias veces a lo largo de la historia ha sido así. También algunos papas fueron elegidos horas después de ser consagrados como sacerdotes y cardenales, el requisito previo para llegar al pontificado. El último cardenal laico fue el ministro de los Estados Pontificios, Teodolfo Mertel, que fue nombrado en 1858 por Pío IX. Pablo VI, haciendo caso omiso de los nuevos reglamentos, también habría propuesto nombrar al conocido filósofo católico francés Jacques Maritain como cardenal laico. Pero, de todos modos, no lo consiguió: la legislación se lo impedía.

Ya en 2015, Francisco dirigió una carta a unas jornadas sobre laicismo que se hacían en la Universidad Pontificia de la Santa Croce. El papa escribía de manera bien explícita que «los laicos no son miembros de segunda clase al servicio de la jerarquía». En 2022 eliminaría las trabas para que los laicos puedan participar con responsabilidad en el gobierno de la Iglesia. Las mujeres ya ocupan por deseo del papa lugares de responsabilidad en diversos dicasterios. La paridad que piden algunas organizaciones de mujeres de la Iglesia queda aún muy lejos, pero Bergoglio ha roto un tabú. Ahora bien, se plantea una pregunta que de momento no tiene respuesta: ¿están dispuestos los sacerdotes y obispos a recibir órdenes de un laico o de una mujer? Más de uno ya ha puesto el grito en el cielo ante este planteamiento que tanto perturba a los defensores de la tradición y la ortodoxia.

La reforma de la curia, a través de la constitución apostólica *Praedicate Evangelium* ha sido trabajada por el sector de más confianza de Francisco. Un proceso tan lento como delicado que saben que rompe muchas normas y tradiciones que hasta ahora parecían inamovibles. Dos personajes han sido señalados

143

como los redactores del texto definitivo: monseñor Marco Mellino y el cardenal Gianfranco Ghirlanda. La web italiana ultra Silere non possum los ha calificado de «tan incompetentes… que hacen dudar de que tengan preparación teológica y canónica». Acusan al papa de los mismos déficits. Fundamentalmente, estos dos personajes han recogido las propuestas hechas por el Consejo de Cardenales, el organismo consultivo de confianza con ocho cardenales (ahora son seis) que Bergoglio creó al cabo de solo dos meses de llegar al pontificado.

El jesuita italiano Ghirlanda fue nombrado cardenal por el papa en el consistorio de agosto de 2022. Tiene ochenta años, y por lo tanto no podrá participar en un futuro cónclave para la elección del sucesor de Francisco. De todos modos, Bergoglio lo quiso premiar por su trabajo como canonista de prestigio en la Santa Sede. Él ha sido el experto que ha asesorado y redactado gran parte de la reforma de la curia según las directrices que el papa le ha ido dando desde el inicio del pontificado. Es criticado con dureza por los sectores más tradicionalistas porque sería el hombre que, según afirman, hace creer al pontífice que está por encima de cualquier ley y puede gobernar a golpe de decreto.

Además de la disposición para que laicos y mujeres puedan participar en el gobierno de la Iglesia, cabe destacar otros aspectos de esta esperada reforma que concreta la curia que Francisco quiere lograr para cerrar su pontificado. Se limitan los cargos a cinco años prorrogables una sola vez, para evitar el «carrerismo» del que ya hemos hablado, y que el papa argentino tantas veces ha denunciado. Al mismo tiempo, se otorga más poder a los obispos, que han de ser ayudados y no mandados por la curia vaticana. También se crean dos nuevos dicasterios, uno dedicado a la evangelización y otro a la caridad. En total serán dieciséis los dicasterios o ministerios de la Iglesia. Finalmente, desaparece la denominación de congregaciones o consejos pontificios, que pasan a llamarse también dicasterios. Reformas todas ellas de gran profundidad, ya que reducen el poder centralista y regulan, incluso hasta eliminar algunas, tradiciones que parecían inamovibles y que provocaban constantes anomalías y corruptelas impropias de la institución.

Todos cesados

«El Vaticano necesita acciones enérgicas y contundentes. Decisiones que serían como si se rompiese un jarrón de Sevres, pero que ayudarían a avanzar. No vale, como hizo alguna vez en privado Benedicto XVI, quejarse de que las cosas no funcionan por incompetencia. Él no ha hecho nada para solucionarlo. Hay que actuar, pero este papa alemán no lo hará. Prefiere dejar hacer y que pase el tiempo. La administración de la Santa Sede se le ha escapado de las manos, como les pasa a casi todos los papas, y si no controlas eso, el pontificado no tiene nada que hacer.» Rescato esta contundente frase de una libreta de 2011 donde apunté algunas reflexiones que me hizo confidencialmente un cardenal latinoamericano de los que tienen un fuerte peso en la curia. Comimos en una dependencia muy cerca de la Sala de los Claroscuros, situada en el antiguo núcleo medieval del Palacio Apostólico, el palacio del papa, una salita que es una especie de vestíbulo cerrado a las visitas de los turistas. El espacio, elegante, con frescos renacentistas en las paredes, no es ni mucho menos tan espectacular como la denominada Sala de los Claroscuros, donde se pueden apreciar los muros decorados con una técnica de arquitectura pintada. Entre las columnas destacan unos cuantos apóstoles realizados por Rafael por encargo del papa León X. Accedemos a través de una pequeña pero espectacular escalera, pues se encuentra en el segundo piso del palacio, unas dependencias que están reservadas para el uso interno de la curia, que la utiliza para recibir visitas o invitar a algún huésped, como es mi caso. Una mesa muy bien puesta para dos personas, con cubertería, vajilla de porcelana con decoraciones florales y copas de cristal de museo. La comida no fue apoteósica, como en otras ocasiones. Una ensalada con salmón y, creo recordar, una insulsa lubina al horno con verduras. Un vino de Burdeos nada espectacular y una panacota de postre, tirando a industrial, completaban la comida. Lo importante era conocer a aquel cardenal que ni se podía imaginar que dos años después un latinoamericano como él sería el relevo del pontífice alemán. Era un hombre muy simpático y amable, y nos reímos mucho hablando de muchas cosas, sobre todo de fútbol o de la colonización española de las Américas, y hasta me contó varios chistes sobre argentinos psicoanalistas y bailarines de tango, como dice el tópico. ¿Quién podía prever entonces que un apasionado del tango, como Bergoglio, acabaría siendo el nuevo jefe de la Iglesia católica? Hablando de temas más serios, el cardenal estaba preocupado por la pederastia y apostaba por la necesidad de una reforma radical de la Iglesia, empezando por la Santa Sede, que, según me dijo, «nadie limpia de gente corrupta y aprovechada, y que se perpetúa en el poder».

Durante la comida me prometió que me llevaría a los apartamentos Borgia, y cumplió su promesa cuando nos levantamos de la mesa. Todavía quedaban algunos turistas, pero la visita, acompañado de un guía como él, fue muy provechosa. Las seis salas que me enseñó, explicándome todos los detalles, habían sido escenario de asesinatos, todo tipo de relaciones sexuales morbosas, alianzas e intrigas de gran alcance. Pero no nos perdamos en la historia del siglo xv ni en detalles como los frescos donde se observa la primera imagen de un indígena del continente americano en Europa.

En diversas ocasiones, Francisco ha manifestado en público que quiere evitar que los cargos se eternicen en el Vaticano. Así lo ha establecido, como ya hemos precisado, en la reforma de la curia. Quiere que los cargos sean temporales para prevenir comportamientos funcionariales, abusos de autoridad y también mucha corrupción en los responsables de los departamentos. El tsunami llegó en junio de 2022, cuando de una sola tacada Bergoglio echó a ocho de los veinte cardenales de la curia. Se vieron afectados los que tenían más de setenta y cinco años y ya habían presentado la renuncia por razones de edad, como marcan las normas. Era gente de todas las tendencias y posicionamientos; no era una purga, como se ha querido hacer ver. Entre los «jubilados» se encontraba el cardenal conservador canadiense Marc Ouellet, muy cercano al pensamiento de Benedicto XVI, que siempre está en las listas de papables y que desempeñaba la importante misión de ser el responsable de todos los obispos del mundo. También estaba uno de los intelectuales de más prestigio, el purpurado italiano Gianfranco Ravasi, que tuvo que dejar el Consejo Pontificio de la Cultura. Se trata de un gran lector y un comunicador extraordinario, arqueólogo experto (le llaman el Indiana Jones del Vaticano) y un profesor con mucho carisma. Una de las mentes más prodigiosas y más interesantes que he conocido en la Santa Sede. Si me preguntan si puede optar a ser papa, siempre digo que creo que nadie se puede descartar. No obstante, probablemente tiene una imagen demasiado europea, y no cuenta con el apoyo del Colegio Cardenalicio, que sería imprescindible para resultar elegido.

El objetivo del pontífice argentino es fundamentalmente rejuvenecer el gobierno de la Iglesia. Hacerlo más dinámico, menos arterioesclerótico. Cambiar la gerontocracia que ha imperado desde siempre. Ya no tiene enemigos en la curia de la talla del cardenal alemán Gerhard Müller, que presidió la Congregación para la Doctrina de la Fe, y del cardenal nigeriano Robert Sarah, que estaba al frente del Culto Divino. Bergoglio se los quitó de encima en cuanto pudo. Ambos ejercían de halcones, con una dureza fuera de lo común. Eso no quiere decir que aún no haya algunos que tengan capacidad para poner muchos obstáculos a los cambios que propugna el argentino. Sin duda los irá cambiando, para acabar transformando una curia que, ahora mismo, ejerce de anómalo contrapoder al mismo pontífice. El estilo monárquico y repleto de atribuciones y privilegios, que Francisco rechaza, tiene que dar paso a un instrumento más adaptado a los tiempos actuales. La curia romana o vaticana, o como la queramos llamar, se creó paradójicamente con el objetivo de ayudar al papa en su tarea, aunque durante el pontificado de Francisco se ha convertido en la institución que ha puesto más palos en las ruedas a sus proyectos.

147

Clericales contra eclesiales

Conocí al prestigioso periodista Giorgio Bocca en 2009. Todo un honor visitarlo en su casa de Milán para entrevistarlo. Fue uno de los buenos regalos que puedo agradecer a mi profesión. Siempre había sido una referencia sólida como analista de la política italiana e internacional. El viejo partisano, a pesar de algunos comentarios de tipo racista y homófobo al final de su vida, me había obsequiado durante décadas con una visión única y profunda de Italia, primero desde el periódico *La Repubblica*, y más tarde en el semanario *L'Espresso*. Ya estaba enfermo y nos abrió la puerta al equipo de televisión y a mí la enfermera que lo cuidaba; Bocca tenía ochenta y nueve años. Era obvio que se cansaba hablando, pero pronto conectamos. Los quince minutos pactados para la entrevista se convirtieron en casi una hora de conversación fluida y apasionante. Nos sentíamos cómodos, y yo, infinitamente agradecido. Como siempre pasa en el mundo de la televisión, solo un par de respuestas que no llegaban al minuto acabarían en pantalla, formando parte de un reportaje más amplio. ¡Una lástima! Habíamos hablado de política, de justicia, de la cultura transformada por Berlusconi en banalidad y grosería, de la Italia meridional en contraste con la del norte. También tocamos de refilón el tema del Vaticano. Bocca se declaraba ateo desde siempre, pero, como les pasa a muchos ateos, el conflicto con la fe había sido un motivo constante de preocupación para él a lo largo de su vida. Repasando una tarde algunas notas de aquel encuentro, me di cuenta de que Bocca había mencionado para referirse a los males de la Iglesia un término entonces poco utilizado y que ahora el papa argentino ha puesto de relieve: el clericalismo. Bocca, aun siendo ateo declarado, no era un «comecuras», y se esforzaba por matizar un fenómeno que con el abuso de poder económico y sexual del clero provocaba cada vez más rechazo entre los fieles católicos. El veterano periodista murió dos años después de aquel magnífico encuentro que guardo en el recuerdo.

Una parte importante del descontento que hay actualmente en la curia romana proviene de dos conceptos diferentes de entender la gobernanza de la Iglesia. Los clericales, siempre rígidos, temen fundamentalmente que el llamado «pueblo de Dios», formado por laicos y mujeres, acabe teniendo en sus manos el poder de dirigir la institución. Esperan que el sucesor de Francisco detenga la reforma de la curia que está en marcha. Esperan, y también algunos se han conjurado para conseguirlo, que renuncie pronto. El papa argentino los tiene en el punto de mira. Ha llegado a decir: «Si me encuentro delante de una persona clerical, en un abrir y cerrar de ojos me convierto en anticlerical. El clericalismo no debería tener nada que ver con el cristianismo». En febrero de 2022, Bergoglio ofreció una interesante entrevista a la Rai 3, el tercer canal de la televisión pública italiana. Entre las muchas cosas que dijo tenía la intención de poner mucho énfasis en que «el clericalismo es una perversión de la Iglesia. Es el clericalismo el que crea la rigidez. Y bajo todo tipo de rigidez se encuentra la podredumbre. Siempre». Visto esto, queda claro que la lucha contra el clericalismo ocupa un lugar importante en su agenda. Según él, «es el peor mal que puede tener la Iglesia hoy en día».

Francisco, un hombre que proviene de Latinoamérica, donde viven un sesenta y dos por ciento de los católicos del planeta, ha vivido en Argentina y los países de su entorno un proceso lento, pero único, donde el gobierno de los obispos se está transformando y camina desde hace años desde una tradición clerical a una eclesial. La América Latina cada vez se rebela más contra el clericalismo del centro, del Vaticano, para dotar a la periferia de la Iglesia de un espíritu participativo heredero del Concilio Vaticano II. La Conferencia Eclesial de la Amazonia (CEAMA) y la reforma del CELAM (Consejo Espicopal Latinoamericano) amenazan la tradición clerical con la inclusión de la población indígena, laicos, mujeres…, y la condena de la especulación que destruye la naturaleza. El aval del papa Francisco para esta concepción de la Iglesia fue la celebración del Sínodo de la Amazonia en 2019. El ocaso de la cultura clerical está en marcha de la mano de Bergoglio. No será nada fácil erradicarla. El papa ha sabido captar las señales que provienen de los fieles, cansados del autoritarismo, la arrogancia y la impunidad que rodean los abusos de poder, tanto económicos como sexuales, por parte de clérigos sin escrúpulos. Hay que abrir la Iglesia, convertirla, como él dice, «en salida». El clero se ve cada vez más como un estamento privilegiado. La jerarquía es la que ostenta la autoridad, la que toma decisiones, la que celebra las ceremonias, la que garantiza la doctrina, la que pretende organizar no solo la vida de la Iglesia, sino también dirigir la vida de la gente. Al otro lado queda

149

la gran masa de fieles, los laicos. La jerarquía manda y el pueblo obedece. Para Francisco esta situación no puede continuar. No hay ningún mandato divino que así lo justifique.

Robert Sarah, el africano mimado por la extrema derecha

Hasta hace bien poco, en la curia vaticana del papa Francisco había tres pesos pesados de la ortodoxia y el conservadurismo más extremo: los cardenales Gerhard Müller, Raymond Burke y Robert Sarah. Los tres hicieron desde dentro, y siguen ahora protagonizando desde fuera, una guerra abierta contra el pontífice argentino. Bergoglio los ha apartado del Vaticano, pero el hecho de que ya no pertenezcan al «gobierno de la Iglesia» no significa en absoluto que no mantengan una enorme influencia y poder sobre la colosal y compleja maquinaria de la Santa Sede. Siguen siendo tres referentes no solo para el sector más inmovilista intramuros, sino también para muchos obispos de todo el mundo, y también para las organizaciones políticas que podemos definir como de derecha radical o ultraderecha en Europa y el resto del mundo occidental. Al teólogo cardenal Müller le dedicamos un capítulo, y ahora nos centraremos en Sarah y Burke.

El caso de Robert Sarah (Ourous, Guinea, 1945) es paradigmático. Quizá nunca un purpurado africano había tenido la acogida y el entusiasmo que él genera en los círculos más conservadores de Europa, un continente que él ve desnaturalizado por una secularización que ignora las raíces cristianas. Los mismos valores que ahora «se han arrinconado», y que los misioneros franceses le inculcaron de joven en su poblado de Guinea. Esta batalla personal contra una cultura que no asume que se haya «alejado de Dios» le lleva a escribir libros y artículos y dar conferencias donde los divorciados, las mujeres que abortan, las feministas y los homosexuales son los nuevos «demonios» del siglo XXI.

Todo el mundo le reconoce el hecho de que es un orador y un escritor brillante, que, como guardián de la liturgia, desde la Congregación para el Culto Divino, defendió la misa tridentina en latín a capa y espada, al mismo tiempo que repudiaba la decisión defendida por Francisco de poder dar la comunión a los divorciados y vueltos a casar. «Los que me colocan en oposición al santo padre no pueden presentar ni una sola palabra mía, una sola frase o una sola actitud que dé apoyo a sus absurdas y yo diría que diabólicas afirmaciones», dijo Sarah en 2019. Un mensaje de fidelidad que, como veremos, resulta bastante engañoso.

El africano no ha dejado de criticar nunca «la deriva ideológica» del catolicismo, el concepto de Iglesia abierta hacia las periferias, así como el papel importante, que defiende Francisco, que mujeres y laicos tienen que asumir en la institución. También rechaza la acogida de inmigrantes y refugiados. Según Sarah, la Iglesia tiene que hablar de Dios, y no de emigrantes, porque «no es una ONG». Cuando el cardenal ultraconservador organizó una operación intramuros, no sabemos si orquestada o no, para intentar que el papa emérito Benedicto XVI se situase a la cabeza del sector más reaccionario estalló el escándalo. El alemán era la pieza clave que necesitaban los ultras para abatir al «enemigo Francisco». Colocar ante el mundo a Ratzinger, el único pontífice legítimo que ellos reconocían, como un anti-Bergoglio fue recibido como una victoria inapelable por los estrategas que maquinan el complot. Lo consiguieron a medias. No del todo como pretendían. La bomba se activaba con la aparición del libro escrito a cuatro manos por el cardenal guineano y el pontífice emérito, *Desde lo más hondo de nuestros corazones*, publicado en 2020, que provocaría un auténtico terremoto en el Vaticano. En el texto cargaban sin tapujos contra la posible apertura del pontífice a la ordenación sacerdotal de hombres casados en zonas remotas de la Amazonia, una recomendación aprobada por los participantes al sínodo celebrado en octubre en la Santa Sede.

Sarah siempre ha negado que engañase a Ratzinger, pero lo que es evidente es que el mal ya se había sembrado. La crisis estaba servida, y la respetuosa cohabitación entre Francisco y su predecesor saltaba por los aires. Con lo que no contaba la facción ultra era con la reacción indignada de Bergoglio, que pidió al papa emérito que negase la coautoría del libro y ordenó al cardenal que se retirase la firma del pontífice dimisio-

151

nario. Finalmente accedió. El argentino hablaba en privado de
que Ratzinger había sufrido aquella manipulación por culpa
sobre todo de su secretario personal, Georg Gänswein, a quien
relegó como jefe de la Casa Pontificia, la que organiza el día a
día del papa Francisco.

En febrero de 2021, Robert Sarah recibió indignado la rá-
pida aceptación por parte de Bergoglio de su renuncia como
miembro de la curia al cumplir los setenta y cinco años. Cuando conviene, el papa no espera demasiado en prescindir de
quien se le enfrenta. Sarah tuvo que dejar el importante cargo
de prefecto de la Congregación para el Culto Divino, aunque
no ha vuelto a Guinea Conakri. Ya no podía disponer de la
atalaya más adecuada, que él utilizó para lanzar intramuros los
dardos más envenenados contra Francisco, pero aun así sigue
en Roma y viaja por todo el mundo, invitado por fundaciones e institutos conservadores que le compran satisfechos las
cuestiones dogmáticas, a la vez que ignoran algunas posiciones
progresistas suyas en temas como el medio ambiente o la ética
necesaria en la economía global, dos argumentos que le acer-
can más a Francisco.

El que han reconocido algunos periodistas especializados
en religión (como Jesús Bastante, de *elDiario.es* como «papable
de Vox, Salvini y Trump» ha abandonado el palacio vaticano,
junto a la plaza de San Pedro, pero no se ha ido. Mantiene una
influencia crucial en la Santa Sede y entre los sectores más
tradicionalistas de la Iglesia universal. Para muchos continúa
siendo el papa deseado e ideal para recuperar el estilo y el fondo de los pontificados de Wojtyla y Ratzinger.

Raymond Burke, el enemigo número 1 del papa

En una ocasión, en 2014, intenté entrevistar al cardenal norteamericano Raymond Leo Burke ante la puerta de Santa Marta, que da acceso al Vaticano. Le pregunté si podíamos hacer la
entrevista para la televisión y accedió. La conversación duró
escasos segundos. Me dejó con el micrófono en la mano, se
dio la vuelta y se marchó, haciendo un gesto de desprecio. Yo
«solo» le había preguntado qué le parecía que todos los medios

del mundo le tildasen de «enemigo número 1 del papa en la Santa Sede». Quizá no fui lo bastante hábil. Con una mirada y una sonrisa burlona me dejó con la palabra en la boca.

Si bien Robert Sarah disponía hasta hace poco del cargo más importante del Vaticano para atacar con ventaja el pontificado de Francisco desde dentro, nunca ha sido el conspirador jefe contra Bergoglio. Este papel lo ostentaba y lo sigue teniendo reservado Raymond Leo Burke. Forman un tándem perfecto, como ya hemos comentado, con el gran maquinador Steve Bannon. Eran muy amigos. Después rompieron oficialmente y de una manera pública sus relaciones, pero diversas fuentes consultadas de una gran fiabilidad dentro del Vaticano los siguen situando como socios imprescindibles. «Burke es en el Vaticano —me dice en junio de 2022 un monseñor que trabaja en una institución importante de la Santa Sede— quien mueve más hilos que nadie en el complot contra el santo padre. Tiene gente bien situada en todos los estamentos, contactos que le otorgan un gran poder, y eso no se disuelve de un día para otro. Muchas de las influencias las ha cultivado en la Santa Sede y en organizaciones políticas y económicas a base de favores, recomendaciones y obsequios. Bannon desde fuera y Burke desde dentro constituyen una sociedad muy peligrosa, llena de intrigas y actuaciones muy turbias. No se puede ignorar esta realidad como hacen muchos dentro del Vaticano, dispuestos a minimizar el impacto de las operaciones en marcha.»

153

Raymond Leo Burke (1948, Richland Center, Wisconsin, Estados Unidos) se dio a conocer mediáticamente en 2016 por un acto hasta entonces insólito en la Iglesia católica. Publicó una carta abierta, firmada también por los cardenales Walter Brandmüller, Carlo Caffarra y Joachim Meisner, donde se exigía que el papa Francisco corrigiese su posición sobre el derecho de los divorciados que se habían vuelto a casar a recibir los sacramentos. Una rebeldía jamás vista contra un pontífice al que acusaban de generar confusión entre los fieles y de querer subvertir la posición tradicional del catolicismo, que no admite el divorcio. Por este hecho, la Iglesia (según proclaman) ha de negar sí o sí la comunión a los que se apartan de los principios sagrados de la moral cristiana. Y eso no sería más que el principio.

El cardenal Burke tuvo el dudoso honor de ser quizá la primera personalidad con un alto cargo en la Santa Sede a la que el papa quiso alejar del Vaticano, ya en los inicios de su pontificado. Francisco, que aguantó los desafíos internos del norteamericano solo durante un año, lo destituyó en 2014 como prefecto de la Signatura Apostólica, es decir, como «ministro de Justicia» del Vaticano. Lo degradó a patrón de la Orden de Malta, y Burke organizó de inmediato una rebelión de la Soberana Orden contra Francisco. Bergoglio actuó de manera contundente, echó al gran maestre y acabó designando a un «delegado apostólico» que enviaría a Burke al ostracismo. Ahora solo le queda el título, sin ninguna función.

El cardenal tradicionalista, que entró en colisión con el papa en los Sínodos de la Familia de 2014 y 2015 por la cuestión de los católicos divorciados y vueltos a casar por lo civil, no se detuvo ahí. Declaró una vez que la Iglesia es «un barco sin timón», y hace constantes críticas a la apertura que propicia Francisco sobre la sexualidad y la familia, así como la presencia de la mujer en la liturgia. Tampoco se ha contenido a la hora de reiterar los llamamientos a desobedecer al pontífice, al que ha calificado directamente de hereje. «Si el papa profesa una herejía, formalmente deja, por ese acto, de ser el papa. Es automático.» De todos modos, el cardenal norteamericano ha puesto el acento sobre todo en la homosexualidad, que califica de «enfermedad». Burke ha advertido sobre la «plaga de la agenda gay» que promueven determinados miembros de la jerarquía de la Iglesia, y acusa a los homosexuales de ser los responsables de los abusos a menores practicados por sacerdotes.

Siempre me ha hecho gracia cómo llaman a Burke los cardenales y prelados más cercanos a Bergoglio: «*drama queen*». Creo que a él mismo le gusta tal apelativo. El calificativo de diva viene sobre todo de los sombreros extravagantes que lleva y de la capa magna que luce siempre que puede en las ceremonias litúrgicas, una indumentaria que los cardenales no utilizaban desde hacía más de quinientos años. A todo esto hay que añadir unos modales y maneras que suelen ser siempre delicados, a excepción quizá de la entrevista que le intenté hacer. Habla con voz muy baja y con un aire siempre arrogante. Las declaraciones homófobas que hace constantemente contra la comunidad LGTB incomodan a Bergoglio a la vez que causan la hilaridad del Vaticano. En la Santa Sede muchos murmuran sobre el círculo más íntimo del cardenal, formado por jóvenes seminaristas altos, musculosos y atractivos. Hasta Francisco dijo, en una referencia apenas disimulada a Burke, que «detrás de la rigidez siempre hay algo oculto; en muchos casos, una doble vida».

Después de que el papa lo enviara al exilio en la isla de Guam, donde solo estuvo tres días, Burke volvió a intentar dejar bien claro algo, sin conseguirlo: «No soy enemigo del papa». Los hechos demuestran lo contrario. No solo critica al pontificado, sino que organiza reuniones y mueve constantemente los hilos de la conspiración interna. Finalmente, Bergoglio lo volvería a acoger en el Vaticano siguiendo quizá la norma de oro de la estrategia: al adversario vale más tenerlo cerca y controlado. En septiembre de 2017, lo nombraría miembro del Tribunal Supremo de la Signatura Apostólica, donde había sido prefecto. Vive en su lujoso apartamento del espléndido palacio del Santo Oficio, a pocos pasos de Santa Marta, la residencia intramuros de Francisco. En Roma celebra habitualmente la misa tridentina en latín en diferentes parroquias, desafiando, también en esto, la restricción de Francisco a ese tipo de liturgia preconciliar.

El cardenal, que ha llegado a proclamar que se siente orgulloso de ser fundamentalista, probó su propia medicina con motivo de la pandemia de covid. Después de criticar las medidas de distanciamiento social y el cierre de las parroquias durante el confinamiento, habló públicamente contra las vacunas. Llegó hasta el punto de estigmatizar a los católicos que no creían que la fe en Jesucristo los protegería del virus. En agosto de 2021 sería ingresado, afectado de coronavirus y en estado grave, en un hospital de Wisconsin, en Estados Unidos, donde le aplicaron asistencia respiratoria. Allí se debatió durante siete semanas entre la vida y la muerte. Finalmente se salvó, pero, sin pasaporte covid que demostrase que se había vacunado, se le impidió incluso la entrada en el Vaticano. El negacionismo del coronavirus, que compartía con su buen amigo y admirado Donald Trump, le acabó pasando factura. Francisco, que había dicho que «vacunarse es un acto de amor», añadió con tono sarcástico, refiriéndose a Burke: «También en el Colegio Cardenalicio hay algunos negacionistas, y uno de ellos, pobre, fue hospitalizado con el virus. Ironías de la vida».

En síntesis, podemos decir que el tándem Bannon-Burke ha conseguido desde el primer día un fuerte consenso en el universo ultraconservador internacional. Juntos o por separado, pero bien cohesionados, los dos personajes mantienen una línea estratégica eficaz y bien coordinada. El papa es consciente, y aunque tiene al cardenal muy cerca, no ha conseguido erosionar su fuerte influencia ni evitar que siga moviendo los hilos de la conspiración. Los poderes en la sombra contra Bergoglio continúan intactos, y se sienten más fuertes que nunca.

9

El cardenal Müller me habla de Bergoglio

*H*ay personajes que son clave en el Vaticano para profundizar en el tema que nos ocupa. He tenido el privilegio de hablar con algunos de ellos, para así poder construir nuestro relato. En este caso, por más esfuerzos que había hecho en los últimos años para acercarme a este importante cardenal de la Santa Sede, parecía imposible poder mantener una conversación. Las constantes negativas, problemas de agenda, viajes… lo habían convertido en una quimera. Finalmente tuve que ir a reunirme con él a Madrid, donde, a finales de octubre de 2022, fue el invitado estrella de una cumbre calificada por la prensa progresista de la capital española como «aquelarre fascista contra el papa Francisco».

Si Joseph Ratzinger, al frente de la Congregación para la Doctrina de la Fe (la antigua Inquisición), fue implacable contra los teólogos progresistas y las propuestas de reformas, el nombrado por Benedicto XVI para ese relevante cargo, el cardenal también alemán Gerhard Müller, siguió la línea dura ultraconservadora sin fisuras. El teólogo Gerhard Ludwig Müller (Maguncia, Alemania, 1947) fue, pues, uno de los hombres con más poder de la Iglesia católica desde 2012 a 2017, momento en que fue cesado por el papa Francisco. El purpurado sería relevado a los sesenta y nueve años, cuando le faltaban más de cinco años para la edad canónica de jubilación (los setenta y cinco años). Bergoglio no le concedió la renovación para un lustro más, como muchos pensaban que pasaría. Se rompía así por primera vez una regla que se había aplicado siempre.

La destitución y la caída en desgracia del todopoderoso cardenal fue calificada de acto autoritario por el sector conservador, que recibía una dolorosa derrota al quedarse sin el control del departamento más crucial de la Santa Sede: el que vela por la pureza doctrinal de la Iglesia católica. El papa Francisco había desafiado la estrategia de los antirreformas que preferían contar con Müller, aunque fuese más callado o moderado, ocupando el cargo, en vez de tenerlo más locuaz pero desposeído de sus funciones.

Personalmente, el cardenal alemán interpretó la destitución como una gran ofensa; a partir de ese momento, ya libre de responsabilidades, apostó por hablar y criticar abiertamente el pontificado de Bergoglio. Así potenciaba el papel que ostenta hoy de líder del sector más ultraconservador de la Iglesia en los cinco continentes, donde es muy admirado y solicitado. Al lado de otros purpurados, como Burke o Sarah, también apartados de la curia por Francisco, hoy en día es un personaje clave del búnker vaticano, que ve al papa argentino como un hereje y se enfrenta directamente a él por las reformas y encíclicas que promulga.

El cardenal Gerhard Ludwig Müller sigue viviendo en Roma, pero no para de viajar y dejarse querer por los círculos internacionales más ultras, tanto religiosos como políticos. Promociona sus ideas por todo el mundo, como hizo en Madrid, a la vez que populariza su figura. Cuando yo le entrevisté acababa de llegar de una gira por Estados Unidos y México donde recibió muestras de entusiasmo de miles de participantes en el Congreso Mundial de las Familias. Poco a poco se construye la imagen de implacable, y se erige en un papable que sería ideal para el sector más conservador de la Iglesia, si no existiesen los candidatos más discretos Peter Erdo y Robert Sarah, dos aspirantes con más posibilidades. En el Vaticano son muchos los que me advierten de que, a pesar de los obstáculos, se prepara a conciencia para el próximo cónclave. Por lo que me dice él mismo, intuyo que es muy consciente de que sus opciones son mínimas, a no ser que cambien mucho las cosas. De hecho, el exprefecto de la Congregación de la Fe mueve muchos hilos, cultiva y refuerza amistades influyentes, y tendría, según me han repetido algunas fuentes acreditadas, «algunos ases escondidos en la manga». Aspira a ser como mínimo, me dicen confidencialmente, uno de los grandes electores de cara a un futuro cónclave. Tampoco tendrá fácil ese papel. En numerosas ocasiones ha utilizado el arma de la descalificación para referirse a Francisco, y eso lo sitúa en un bando con muchos adeptos, pero con una imagen considerada demasiado radical. En el momento actual, la muerte de Benedicto XVI —que actuaba muchas veces como una figura que exigía moderación— puede fortalecer aún más su liderazgo en el sector ultraconservador. En el contexto de una radicalización más visceral de las posiciones y la creación de un ambiente de guerra abierta y cruenta, las opciones crecen para el cardenal alemán.

Müller es un buen teólogo, según los expertos en la materia, y sabe argumentar y comunicar su pensamiento, a la vez que actúa con una innegable inteligencia. Me lo demuestra en la entrevista, donde se explaya en los temas menos polémicos y responde con brevedad a las preguntas más delicadas, sobre las que debo insistir en que sea más explícito. Se nota que domina las técnicas de comunicación y sabe administrar las respuestas. El día antes de nuestra conversación había dado una conferencia en el Casino de Madrid, alabando a Juan Pablo II, y al día siguiente daría otra sobre Benedicto XVI. Dos figuras del conservadurismo católico más radical que le son muy útiles para desplegar su argumentario contra el pontificado de Francisco.

El papa quiere «una nueva doctrina destructiva»

Cuando nos saludamos, el mediodía del 26 de octubre de 2022 en una pequeña sala preparada para entrevistas de la Universidad CEU San Pablo, me impresiona la corpulencia del cardenal de casi dos metros de altura. Me veo bajito y poca cosa al lado de ese gigante que mantiene un aspecto juvenil y ágil, a pesar de sus setenta y seis años. Hay momentos en los que sonríe y otros en los cuales su semblante se pone serio, e incluso amenazador. Se muestra siempre afable, pero al mismo tiempo expectante por las preguntas que le puedo hacer. Los medios, sobre todo ultraconservadores, lo han «secuestrado»

prácticamente toda la mañana y han sacado de él lo que esperaban, con un planteamiento que refuerza sus tesis. Yo voy quizá
más «a saco», con una entrevista menos teológica, menos doctrinal, y sobre todo enfocada en el tema central de este libro.
Sin ningún género de dudas le sorprenden algunas preguntas,
acostumbrado como estaba durante aquellos tres días en Madrid a vivir rodeado de sus acólitos, que lo protegen y le han
obsequiado con un baño de multitudes. Habla de una manera
pausada, midiendo las palabras y muy consciente de que aporta
una visión contraria a los planteamientos de Jorge Mario Bergoglio. Siempre intenta obviar cualquier referencia explícita
al pontífice argentino, pero tampoco oculta la carga crítica que
tienen sus palabras contra Francisco.

Empiezo abordando el tema de la renuncia de Benedicto
XVI, insistiendo en si el papa Francisco tendría que hacer lo
mismo por otros motivos. «Estoy totalmente en contra de las
renuncias, que no se pueden convertir en una rutina. Los obispos, sacerdotes, el papa —me dice, con bastante aplomo— son
instituidos por Jesucristo, y no son funcionarios de un sistema
donde se pueden jubilar después de cierto tiempo.» No quiere
hablar de su cese del cargo que ostentaba y que lo convertía en
una de las máximas autoridades vaticanas.

La segunda pregunta hace que se remueva en su asiento.
¿Son exponentes, Juan Pablo II y Benedicto XVI, de una doctrina tradicional que quiere ahora destruir el papa Francisco?
Hace una pausa: «Este vocabulario de tradicional y no tradicional no lo entiendo. Tenemos la Biblia, la tradición apostólica y
nuestra cultura tradicional cristiana occidental, que conforman
tradiciones eclesiásticas. Vemos también grandes confrontacio-
nes con los totalitarismos contra el cristianismo. Hoy en día
tenemos una civilización creciente anticristiana y un poshu-
manismo que niega la dignidad humana, la personalidad, los
valores del cuerpo masculino y femenino. Con estos totalitarismos no podemos establecer compromisos, y algunos lo hacen». Cuando le pregunto si piensa que el papa argentino ha
llegado a acuerdos inexplicables con Venezuela, Nicaragua o
Cuba, reflexiona unos instantes. «Desde la experiencia puedo
decir que, como Iglesia, hemos de ser más claros. En Alemania

tenemos experiencia con el nacionalsocialismo. Ningún obispo estaba de acuerdo, pero querían proteger a la Iglesia como institución. Con estos poderes totalitarios y anticristianos no se puede negociar. Los socialismos actuales, que dicen ser favorables a los pobres, mienten. Todos los comunistas son superricos, y solo están interesados en sí mismos. Solo hacen propaganda. No creo ni una palabra a los socialistas, y por lo que respecta a los españoles, no necesito que el presidente Pedro Sánchez me interprete la realidad.»

Müller ha recalcado en diversas entrevistas que el papa no puede cambiar la doctrina de la Iglesia. «Algunos piensan que puede cambiar la doctrina como si fuese un presidente o un partido político. Jesús dijo a los doce apóstoles: enseñad a todos los pueblos lo que yo os he enseñado. Eso no se puede cambiar. La doctrina de la Iglesia es la expresión de la verdad revelada. El papa, los obispos, un concilio solo pueden defender, interpretar y explicar la verdad, pero no cambiarla. No podemos ir más allá de la verdad que está presente.» Cuando entramos en el tema de la supuesta herejía cometida por Francisco, al permitir la comunión para los divorciados y vueltos a casar, el cardenal alemán reflexiona por un instante: «El papa quería acercarse a esa gente divorciada, o que viven en uniones no matrimoniales eclesiásticas. Son parejas civiles y no sacramentales. Hemos de pensar en esas personas, pero sin relativizar la doctrina revelada sobre la indisolubilidad del matrimonio. Hemos de hacer una pastoral que no oscurezca este principio. Hay que defender la fe ante las herejías».

Sobre la condena de la homosexualidad y la cultura LGTB, uno de los temas recurrentes en los que se muestra más inflexible, Müller no admite ningún tipo de concesión. «Hemos de presentar la verdad que viene de Dios. Si uno dice: me voy de la Iglesia porque Jesucristo no dice lo que yo quiero, bueno, es una actitud muy cómoda y anticristiana, una moral de fabricación propia. Es la locura de la ideología de género. Ni el papa ni ningún obispo tiene autoridad para bendecir uniones o comportamientos que estén en contra de la voluntad de nuestro creador y redentor. Hay una agenda gay que se ha infiltrado en la Iglesia católica para destruirla. Los temas centrales de la Iglesia no tendrían que ser el cambio climático, la protección del medio ambiente, la política migratoria, los lugares de poder para los laicos, sino el Evangelio de Jesús.»

El papa ha iniciado un Camino Sinodal, que es un proyecto que ha de dibujar la Iglesia del futuro, después de un largo debate con la participación de los católicos de todo el mundo. El cardenal Müller lo ha definido como una especie de Concilio Vaticano III no oficial. Se muestra irónico sobre cómo las propuestas, que llegan a la Santa Sede, discutidas en las parroquias y diócesis de todo el mundo, tienen planteamientos rompedores e innovadores sobre la moral, y pretenden que laicos y mujeres desempeñen un papel relevante en el futuro. «Desde luego, no es técnicamente un concilio, pero se pretende. Pero no olvidemos que un concilio no puede cambiar la doctrina revelada. Podemos llegar a decir que Jesucristo ni tan solo era hombre, y que era un transexual», dice.

Cuando le planteo las críticas recibidas por Bergoglio por gobernar mediante decretos (*motu proprio*) o haciendo reformas sin dejar intervenir a la curia, el cardenal es taxativo. «Se pueden discutir estos comportamientos y el estilo de gobernar la Iglesia. Se puede criticar también a los obispos diocesanos, que no todo lo que hacen es adecuado. Existe un abuso del poder eclesiástico. Vemos cómo se deforma la historia de la Iglesia al estilo de los papas del Renacimiento, que no son precisamente grandes ejemplos.»

Es evidente que el cardenal Müller viaja muy a menudo, se reúne y trabaja con organizaciones católicas vinculadas a la extrema derecha de Estados Unidos y Europa, para defender el conservadurismo. «Yo no trabajo. Estoy siempre invitado», me dice, riendo de una forma irónica. «Conozco la teología católica más que muchos que se presentan como amigos del papa Francisco. Hay que decir la verdad. También en el pasado hubo críticas contra los papas más grandes e importantes que las mías. Cipriano de Cartago o Policarpo de Esmirna han criticado no el magisterio infalible de los papas, pero sí el gobierno de la Iglesia, como el mismo san Agustín, que dijo que la verdad es la verdad, y no podemos hacer diplomacia. Yo en el tema doctrinal no soy amigo de diplomacias. Eso lo hace la Secretaría de

Estado, que por no enemistarse con Macron, por ejemplo, ha de callar las falsas políticas que él hace contra la vida.»

El cardenal Müller no admite ser, como se le califica, un enemigo declarado del papa Francisco. Ninguno de los así considerados lo hace. Sonríe cuando se lo planteo. «Eso solo lo puede decir un loco», proclama, a la defensiva. Si entro a hablar de la existencia de un complot contra Bergoglio, también echa balones fuera. «No existe. ¿Por parte de quién? Mire, los que llaman conservadores son los más fieles al pontificado. Creen en la dimensión revelada del pontificado. Los reformistas en cambio piensan que el pontificado es un instrumento para hacer triunfar sus ideologías. El complot que usted dice existía contra Benedicto XVI y contra Juan Pablo II. Ahora hay una conspiración para imponer una agenda que pretende construir un "nuevo orden mundial" en 2030. Un nuevo orden heredero del Concilio Vaticano II y que va a dividir la Iglesia, un nuevo orden que quiere hacer triunfar el relativismo y un mundo totalitario que deja a Dios a un lado, y se construye en función de la dictadura del nihilismo.» La agenda 2030 de la que habla el cardenal es el proyecto de las Naciones Unidas para intentar conseguir un desarrollo sostenible del planeta a partir de la lucha contra el cambio climático, una economía global sostenible, la erradicación de la pobreza y la extensión del acceso a los derechos humanos. Müller comparte con los líderes y grupos de la extrema derecha internacional la idea de que este plan es una aberración que transformará el mundo en una especie de dictadura socialista donde el hombre, sometido al totalitarismo, formará una masa sin derechos, vacía de la noción de Dios y de los valores cristianos.

Cuando le planteo, para terminar, qué haría si fuese elegido papa, ya no sonríe, sino que lanza una sonora carcajada. «Eso no pasará», dice, con semblante satisfecho, y me acaba explicando que gobernaría según la tradición. Tiene una comida con la plana mayor de la Iglesia española y representantes de las fuerzas políticas más conservadoras. Lo viene a buscar a la sala de entrevistas de la Universidad CEU San Pablo su comitiva de anfitriones, orgullosos de la presencia del purpurado. Nos despedimos con un apretón de manos.

163

Es evidente que al cardenal Müller le encantan los focos mediáticos, que sabe controlar como pocos. Los silencios y las sonrisas irónicas que cultiva como nadie son suficientemente explícitos. Quizá no llegue nunca a ser jefe de la Iglesia católica, pero su influencia dentro y fuera del Vaticano es indiscutible. Estamos ante un crucial peso pesado en el futuro más inmediato de la institución.

10

Los obispos que no quieren cambios

«*L*ejos del Vaticano las cosas se ven muy distintas de cómo se viven dentro. Cada diócesis es un auténtico reino de taifas donde el obispo ejerce muchas veces un poder absoluto, al estilo medieval. Yo intento siempre no actuar así, pero no es fácil. Las diócesis siempre se han gobernado de este modo.» Tenía mucha razón el obispo al que conocí, y así se sinceraría conmigo el año 2016, en el palacio episcopal de una ciudad de la Italia meridional. Y eso que a él el Vaticano no le cogía tan lejos como a la mayoría de sus colegas, repartidos por todo el mundo. Era muy consciente de que un hecho histórico y una anomalía geográfica, que consistían en que Italia tenía un Estado en el corazón de su capital, habían supuesto para la Iglesia católica tener una influencia impresionante en uno de los países clave de Europa.

En Italia, la presencia y la injerencia abrumadora de la Santa Sede en la sociedad, la política y la economía han hecho mucho más fácil para la Iglesia ejercer un control más estricto. Durante siglos, el gobierno de la Iglesia de territorios lejanos al Vaticano hacía mucho más difícil la fiscalización del cumplimiento de las directrices que emanaban del centro de poder. Imperaba cierta anarquía. Hoy en día, en este siglo XXI de comunicación global, la lejanía geográfica no es excusa para simular, como pasaba antes, que las órdenes del papa no habían llegado o se habían interpretado de manera poco apropiada. Aun así, muchos obispos se otorgan la potestad de hacer más o menos caso a un decreto pontificio o a una encíclica.

El obispo italiano (ahora ya retirado, y por tanto obispo emérito) era un hombre que con los años se había vuelto muy escéptico y que no confiaba en que el nuevo pontífice pudiera hacer grandes reformas. «Este papa lo intenta todo, pero lo tiene muy difícil. Luchar contra los poderes ocultos que esconde la Santa Sede y su enrevesada maquinaria burocrática exige un esfuerzo y una determinación que puede acabar destruyendo al más tenaz. Admiro del santo padre Francisco que no se deje abrumar, y que a pesar de los fracasos persista como el primer día.»

Como digo siempre, el papa tiene sobre el papel todos los poderes de un monarca absolutista, el ejecutivo, el legislativo y el judicial, pero todo un batiburrillo de imponderables, intereses, *lobbies* y maniobras son los que acaban configurando realmente el alcance de ese poder. En la cuestión de los nombramientos de nuevos obispos tiene todavía mucho trabajo por delante.

Para analizar la situación del episcopado en el ámbito internacional, contacto con Joseph, un monseñor que trabaja desde hace dos décadas en el dicasterio para los obispos del Vaticano. Como casi todo el mundo en la Santa Sede, no quiere hablar hasta que le ofrezco el anonimato. Aun así, tarda dos meses en darme una respuesta. Es declaradamente «bergogliano» y afirma satisfecho que el pontífice argentino «ha conseguido que ochenta y cinco millones de personas vuelvan a los brazos de la Iglesia católica». Considero muy interesante el análisis que hace: «El papa Francisco se ha encontrado con una gran cantidad de obispos en todo el mundo que desde el primer día se han negado a seguir sus directrices. Personas acomodadas, que se han organizado una vida de confort dentro de sus palacios y sus diócesis. Muchos se oponen a sus opiniones y sus cambios en la manera de acoger a los divorciados, las mujeres que abortan…, los homosexuales…, pero la gran mayoría, más allá de todo esto, se sienten muy incómodos con las interpelaciones que les hace Bergoglio sobre el sistema de vida que llevan. Viven en palacios, frecuentan los círculos del poder político y económico, miran a la gente por encima del hombro e ignoran a los pobres. Para un obispo,

166

que siempre ha interpretado (avalado por el Vaticano) que su misión era esa, es muy difícil enfrentarse a un cambio radical de mentalidad. El santo padre les pide que sean pastores, que vayan a donde hay gente herida, marginada, que integren a mujeres y laicos en sus parroquias. Que practiquen la Iglesia en salida. Pero la mayoría le falla». Cuando le pregunto si hay sanciones para los que desobedecen al pontífice, se ríe. «Desde mi dicasterio no se hace prácticamente nada para adaptar a los obispos y las diócesis a la idea que tiene el papa de lo que tiene que ser un pastor. Nos llegan quejas de feligreses de muchas diócesis que denuncian comportamientos soberbios y despóticos. También actuaciones corruptas, arbitrarias, y abusos de poder escandalosos. Se suelen archivar después de una evaluación muy poco rigurosa. Muchos piensan aquí que la gente que denuncia esas prácticas de un prelado lo hace con la intención de hacer daño a la Iglesia. Es la cantinela de siempre, injusta e hipócrita, que tanto daño ha hecho a la institución.»

El papa Francisco renueva cada semana las conferencias episcopales de todo el mundo. Jubila con rapidez a los elementos más díscolos y los sustituye, muchas veces (sobre todo en las diócesis más polémicas), por prelados que comparten la necesidad de los cambios. Pero con frecuencia también tiene que compensar, equilibrar y ejercer una diplomacia prudente, para evitar más frentes abiertos que le enfrenten a los sectores más tradicionalistas. Un buen ejemplo lo tenemos en España, donde de una cifra de setenta y cuatro obispos en octubre de 2022, cincuenta y tres han sido nombrados por Bergoglio. Eso sí, un setenta por ciento pueden ser calificados de conservadores. España es, pues, quizás el país de Europa donde la orientación de la Iglesia tiene unas características más inmovilistas.

Si consideramos que ese mismo año en el mundo había 5364 obispos católicos, advertiremos que es imposible que el papa conozca el pensamiento y la doctrina de cada uno de ellos. Además, sigue siendo habitual que los que le rodean le presenten perfiles de aspirantes que son auténticos engaños. No puede controlarlo todo ni a todo el mundo. Bergoglio, en vista

167

de esto y de muchas experiencias decepcionantes, se fía cada vez más de los informes de los nuncios que tiene en cada país, y les ordena investigar las listas de aspirantes que proponen las conferencias episcopales. Si es necesario, tienen que rechazar los perfiles inapropiados y proponer otros más idóneos. Por si no bastase con esto, Francisco ha puesto recientemente a tres mujeres en el dicasterio de los obispos. No han sido demasiado bien recibidas. Es un club donde siempre han estado vetadas las mujeres, por lo que se ve como una provocación y una anomalía. Su función, además, es supervisar el nombre de los que aspiran a ser elegidos. La monja francesa Yvonne Reungoat, la franciscana italiana Rafaella Petrini y la doctora laica argentina María Lía Zervino, presidenta de la Unión Mundial de Organizaciones Femeninas Católicas, forman ya parte, con importantes atribuciones, de ese dicasterio. En la Europa actual, Italia y España son los dos países donde Francisco tiene más dificultades para renovar a los componentes de las conferencias episcopales. Se sigue imponiendo la «línea dura».

La herencia de los pontificados conservadores

En julio de 2022, un obispo católico norteamericano retuiteaba un vídeo en el cual se vertían graves descalificaciones e insultos contra el papa Francisco. Se trataba de Joseph Strickland, el titular pro-Trump y ultraconservador de la diócesis de Tyler, en el estado de Texas. Entre los improperios del vídeo destacaba esta frase: «No tengo ninguna tentación de dejar mi Iglesia, por la misma razón que Francisco siempre la ataca, porque es la verdadera Iglesia, y un payaso diabólicamente desorientado como Francisco sabe que es su trabajo destruir esta Iglesia, porque se tiene que deshacer de la verdadera religión». El comentario formaba parte del contenido de un vídeo titulado «El papa Francisco, Nancy Pelosi y la cultura tiránica de la muerte», difundido por la publicación tradicionalista *The Remnant*.

Muchos de los obispos actuales los nombraron Juan Pablo II y Benedicto XVI. Por razones de edad se van jubilando y pasan a ser obispos eméritos, pero, aun así, conservan una enorme influencia. La mayoría son ultraconservadores y ven el pontificado de Bergoglio como una anomalía. En privado, gran parte de ellos manifiesta con claridad el abismo que los separa del pensamiento de Francisco. En público, son muchos menos los que se atreven a expresar sus opiniones y a hacer exhibición de la beligerancia contra el pontífice. Un claro ejemplo de estos últimos lo tenemos en el español Juan Antonio Reig Pla (Cocentaina, 1947), que ha protagonizado constantes críticas al pontificado de Francisco y polémicas homilías y declaraciones. Como obispo de Alcalá de Henares, este prelado, que oficiaba misas en memoria del dictador Francisco Franco, ha lanzado dardos envenenados contra la comunidad LGTB y contra las mujeres. Promovía «curar a los homosexuales» con pseudoterapias y menospreciaba a las feministas. Después de veintiséis años como obispo, en julio de 2022, al cumplir los setenta y cinco años, presentó su renuncia al papa. Francisco tardó exactamente dos meses en relevarlo y demostrar que no quiere más ultras casposos en la Iglesia. Lo mismo haría a finales de año con otro español, en esta ocasión el arzobispo de Valencia y cardenal Antonio Cañizares Llovera (Utiel, 1945). En 2009 este exponente de la ultraortodoxia había afirmado, en relación con los abusos sexuales por parte de clérigos, que «no es comparable lo que haya podido ocurrir en unas cuantas escuelas con los millones de vidas destruidas por el aborto». Homosexualidad, feminismo, eutanasia y aborto han sido los temas sobre los que reiteradamente se ha expresado en términos muy reaccionarios. En España, obispos como José Ignacio Munilla (Alicante), Jesús Sanz (Oviedo), Rafael Zornoza (Cádiz y Ceuta), Demetrio Fernández (Córdoba) o Juan José Asenjo (Sevilla) echarán de menos a Reig Pla y Cañizares.

La revolución de los obispos conservadores, desde la llegada de Francisco al pontificado, ha puesto muchos obstáculos en el camino de la aplicación de las reformas y directrices que promulga el pontífice argentino en el conjunto de la Iglesia. Las investigaciones sobre el encubrimiento de sacerdotes pedófilos en muchas diócesis por parte de prelados ha generado un clima de recelo hacia la Santa Sede. El temor a ser señalado ha avivado la desconfianza. Algunas voces han manifestado,

169

con cualquier excusa, la oposición a Bergoglio. Voces críticas y también muchas otras que, calladamente, optan por esperar la llegada de tiempos más propicios.

Octubre de 2022 en Madrid

«Somos la caverna. Y somos muchos», se decían entre ellos dos monjes benedictinos del Valle de los Caídos, sentados en la fila delantera a la mía. Asistíamos, en la sala de actos de la Universidad CEU San Pablo de Madrid, a la inauguración de un congreso que reunió el 26 y 27 de octubre de 2022 a la plana mayor ultraconservadora de la Iglesia española. Los dos monjes aplicaban la ironía y la autoafirmación que normaliza los términos «fachas», «carcas» o «caverna» entre los seguidores de los movimientos más inmovilistas de la sociedad. Asumen tales conceptos y se enorgullecen de ellos. Una práctica que incluso se ha hecho viral en las redes sociales con vídeos donde los exponentes de la extrema derecha se autoproclaman fachas, franquistas o fascistas con altivez y sin ningún tipo de complejos.

Tenían razón: los asistentes eran la caverna, y eran muchos. Llenaban la sala. «Gente bien» de Madrid de toda la vida, y jóvenes pulcros sin tatuajes ni greñas, algunos sacerdotes con sotanas preconciliares y también políticos vinculados a la derecha española del Partido Popular y la ultraderecha de Vox. Acudían al «congreso con motivo del 95 aniversario de Joseph Ratzinger, Benedicto XVI», un título y una forma perfecta para disimular la auténtica motivación del acto: reunir a todos los sectores contrarios a las reformas de la Iglesia y a los enemigos de Francisco. Parecía un poco tarde para celebrar el aniversario del papa emérito, que había sido seis meses antes. Presidía el escenario un tapiz que lucía el escudo de España con el águila franquista.

El congreso lo organizó la Asociación Católica de Propagandistas a través del Centro de Estudios Universitarios (CEU) que ellos crearon en 1993. Se sumaron rápidamente organizaciones ultraconservadoras católicas que invitaron a pronunciar ponencias a profesores de historia, teología, derecho canónico y también al biógrafo de Benedicto XVI, Peter Seewaldt. Pero las aportaciones más esperadas se harían en la segunda jornada. En un auditorio más grande todavía, subirían a la tribuna los obispos Reig Pla y Munilla, que fueron recibidos como héroes de la resistencia. No decepcionaron a nadie. Hablaron del «necesario» combate espiritual contra la cultura de la teoría de género, contra los «llamados nuevos derechos» de las mujeres y del colectivo LGTB. Contra la ecología y los «ataques a la familia». Una «guerra» que, según coincidieron todos, «hay que hacer para salvar a nuestra civilización de la dictadura del relativismo y del credo del anticristo».

Pero el auténtico protagonista del encuentro fue el cardenal Gerhard Müller, que acaparó muchas de las atenciones y ovaciones de un público entregado. A pesar de oír gran cantidad de conceptos y opiniones que habían expresado ya los ponentes anteriores, los asistentes interrumpían con aplausos entusiastas al purpurado alemán en cada afirmación donde se insinuaba una crítica contra Bergoglio. Todo el mundo era consciente de que estaban ante un personaje clave que se opone al papa sin demasiados miramientos. Era el auténtico ídolo al que veneraban todos los ultraconservadores del mundo católico, y también un sacerdote asistente a quien le oí decir: «Yo aquí sin la sotana no vengo». Acompañaban a Müller el cardenal y arzobispo emérito de Madrid, Antonio María Rouco Varela, y también, por sorpresa, el cardenal arzobispo emérito de Lima (Perú), Juan Luis Cipriani, del que hablaremos más adelante. Dos pesos pesados símbolos del tradicionalismo en Europa y Latinoamérica. Como no podía ser de otra manera, ignorarían significativamente aquel congreso el presidente de la Conferencia Episcopal Española, el cardenal arzobispo de Barcelona, Juan José Omella, y también el arzobispo de Madrid, el cardenal Carlos Osoro. Ambos se ven como próximos a Francisco, y su presencia habría resultado incómoda para todo el mundo.

El congreso acabaría con los selfis y las fotografías que muchos de los asistentes querían hacerse con los protagonistas de una lucha que repite este tipo de actos para fortalecerse. Todo esto es algo que yo pude captar en Madrid esos días, pero ocurre lo mismo en todos los lugares del mundo adonde invitan

171

a Müller, en círculos y fundaciones similares. Ahora bien, a saber de qué se hablaría entre bambalinas, en los encuentros privados en hoteles y restaurantes donde irían. A aquellas reuniones, evidentemente, yo no estaba invitado. Cuando viaja por el mundo, Müller conecta siempre con los representantes más poderosos del ultraconservadurismo de cada país. Los que tienen influencia y forman parte de la conspiración. Conoce a la perfección quién y cómo se mueven los hilos de las intrigas contra Francisco.

11

El arzobispo peruano que podría ser papa

*S*e llama Carlos Castillo Mattasoglio y es la antítesis del cardenal Müller. En julio de 2022 tuvo la osadía de retirar un cuadro de la catedral de Lima que representaba a san Josemaría Escrivá de Balaguer, fundador del Opus Dei. El retrato llevaba diecisiete años en un lugar destacado del templo. Ahora está tapado y lleno de polvo en un rincón de la basílica, escondido detrás de un confesonario. El arzobispo Castillo lo hizo reemplazar por una imagen más pequeña de la Virgen María. Un detalle que no pasó desapercibido, y que en Perú es muy simbólico. Fue una decisión que, como muchas otras suyas, homilías y declaraciones diversas, ha provocado mucha polémica y le ha colocado en la diana de los sectores ultraconservadores que, en connivencia con el poder político, llevan décadas ostentando un dominio abrumador en el país andino.

Tuve el privilegio de compartir con el arzobispo de Lima, Carlos Castillo, cuatro jornadas en la parroquia de Santa Anna de Barcelona, en octubre de 2022, con motivo de unas jornadas internacionales dedicadas a los «hospitales de campaña». Sacerdotes de parroquias europeas y latinoamericanas se reunieron para compartir sus experiencias de iglesias abiertas para acoger a los más desfavorecidos. Un proyecto del papa Francisco que pocas parroquias del mundo han querido hacer suyo. El prelado recibía a todo el mundo con una sonrisa franca y una mirada comprensiva. Hablaba con simpatía y complicidad con los voluntarios de todos los colores y religiones que atienden a los acogidos, para preparar y servir cada día doscientos almuerzos, comidas y cenas. Le regalé un ejemplar de mi primer libro y me lo agradeció. En aquellos días, pude captar el talante de aquel personaje y la profundidad de un mensaje en clara sintonía con el papa Francisco. La concepción, de boca de un gran teólogo, de una Iglesia que tendría que renovarse, abrirse a la gente, escuchar… Era la otra cara de la moneda del cardenal Gerhard Müller. Ambos representan las dos almas distintas que conviven en la Iglesia.

Hacía solo tres años, en 2019, el papa argentino le había nombrado arzobispo de la capital peruana. Una sorpresa, pues, poder conocer y tratar a aquel teólogo, sociólogo, profesor universitario, que deambulaba como un «pastor con olor de oveja» por parroquias de las zonas mineras y barriadas obreras. Nunca se había planteado asumir un cargo de ese nivel. Menos aún ser arzobispo de la capital, sustituyendo al cardenal Juan Luis Cipriani, al que dedicaremos también un capítulo. Dos mundos diferentes, opuestos. Una Iglesia, la del purpurado, que juega al juego del poder mientras encubre a los abusadores, y otra muy diferente que considera a los pobres y los marginados como el centro de su razón de ser. En 2013, Cipriani había suspendido a Castillo como profesor universitario de Teología. Cuando le pregunto si podemos hablar de su antecesor, me dice que no lo puede hacer, pues en Perú la tensión se puede cortar con un cuchillo. Soy consciente de las amenazas que ha recibido por criticar y hacer públicas las actividades delictivas y criminales que el cardenal ha avalado en instituciones católicas del país. Quedamos para hacerle una entrevista a fondo y acepta. Unas horas antes de la conversación, sorprendentemente, suspende los encuentros concertados conmigo y con otros periodistas. Ha pasado algo grave. Parece que un periodista peruano habría tergiversado sus palabras y se empezaba a provocar un nuevo incendio. Él lo justifica diciendo que no puede atender a tantos medios de comunicación y que hablaremos en otra ocasión. Lo fuimos haciendo durante aquellos días de encuentro, y resumiré aquí, brevemente, el ideario de un hombre que desafía a todo un sistema de corrupción y graves abusos sexuales por parte del Sodalicio de Vida Cristiana, una organización que, según el activista contra los clérigos pedófilos y amigo del papa,

Juan Carlos Cruz, «ha actuado de manera criminal. Cipriani es un hombre siniestro que ha encubierto desde su posición de cardenal de Lima las barbaridades del Sodalicio». De esta institución católica hablaremos más adelante, porque es un ejemplo claro de cómo, en algunas ocasiones, el catolicismo integrista y la derecha radical se asocian para delinquir.

Creo que era importante traer aquí a Carlos Castillo porque es el ejemplo de obispo que pretende imponer Francisco en todo el mundo. Un gran teólogo y una gran persona, aún poco conocida internacionalmente. Una nota de optimismo en medio de todo este complot. Un modelo de prelado abierto, dialogante, al lado de los pobres, y que no quiere imponer sino compartir, buscar un futuro menos tenso para Perú. «Un pueblo muy herido necesita hablar mucho y también ser escuchado», ha dicho. La ultraderecha civil y católica le están haciendo, como al mismo papa, la vida imposible. Por otra parte, un último aspecto hace que encuentre muy interesante dar a conocer a este personaje. El futuro lo dirá, pero es un hombre llamado a desempeñar un papel muy destacable en la Iglesia del futuro.

175

Entre cambios y polémicas

El arzobispo Castillo ha ido introduciendo, no sin dificultades, cambios significativos en la Iglesia de su país con el poder que Francisco le confirió, otorgándole también el título de primado del Perú. Había intensos rumores hacía tiempo que auguraban que el papa lo podía nombrar cardenal en el consistorio de verano de 2022, pero no fue así. A Bergoglio probablemente le gustaría incluso tenerlo a su lado en el Vaticano, pero es consciente de que el arzobispo tiene mucho trabajo por delante en el país latinoamericano. Hacerlo cardenal en este momento podría verse también como una imprudencia, algo precipitado. De todos modos, es un candidato claro a purpurado en un próximo consistorio. También soy de los pocos que cree que podría ser perfectamente, en un futuro no demasiado lejano, el nuevo jefe de la Iglesia católica. ¿Un papa peruano? Es difícil que se repita un pontífice de América Latina, pero, como digo siempre, en la Santa Sede nada es imposible. José Luis Pérez

Guadalupe, sociólogo y teólogo peruano, opina que sí que hay una alta probabilidad de que el arzobispo Carlos Castillo pueda ser designado pronto cardenal. «Eso de las sedes cardenalicias es una tradición, no una norma. ¿Puede haber tres cardenales peruanos? Sí, como en Chile, que hay tres, en Argentina, cuatro, en Brasil, cinco. Es altamente probable.» Un buen amigo que conoce a fondo a Bergoglio va más allá y me dice confidencialmente que el papa esperará para nombrar cardenal a Castillo a que el purpurado arzobispo emérito de Lima, Juan Luis Cipriani, haya cumplido los ochenta años (el 28 de diciembre de 2023) y deje de ser elector. «No hay duda de que lo hará y que será un elemento clave en el próximo cónclave.»

Una de las frases que oí de boca de Castillo en Barcelona dice mucho de cómo quieren que sea el futuro de la Iglesia él y Francisco. «Cuando visito los seminarios, les digo a los alumnos que solo continúen estudiando para ser sacerdotes si lo que quieren es ser pastores. Si no es así, más vale que lo dejen. Yo nombraré siempre pastores. Hay que cambiar la teología de la liturgia por la pastoral.» El arzobispo de Lima tiene como referente a su maestro y buen amigo, el sacerdote también peruano Gustavo Gutiérrez Merino, padre de la teología de la liberación, el movimiento que pregona una Iglesia pobre al servicio de los pobres. Sus oponentes acusan a Castillo de haber militado de joven en el Partido Comunista y de dar apoyo durante años a la guerrilla maoísta de Sendero Luminoso. Su hermano, Ismael, murió asesinado con un grupo de policías cuando acudían en auxilio de un amigo atacado por la guerrilla.

Sea como sea, Francisco ha depositado en él toda su confianza. Se han visto en tres ocasiones en Roma, y el papa ha enviado varias veces al monseñor catalán Jordi Bertomeu a visitarlo en la capital peruana. Bertomeu es, juntamente con el arzobispo de Malta, Charles Scicluna, el encargado de investigar, como oficial del ahora llamado Dicasterio para la Doctrina de la Fe, las tramas y casos de abusos por parte de sacerdotes en todo el mundo. Bertomeu y Castillo han analizado la situación, sobre todo la actividad del Sodalicio y otros casos, así como el encubrimiento de la corrupción y los abusos sexuales por parte

de obispos peruanos. Probablemente muy pronto habrá conclusiones, y una actuación contundente del papa argentino. Si
existiese un sexto sentido, el de Castillo sería el de la justicia.

Durante aquellos días en Barcelona, al arzobispo de Lima
le oí hablar de «la corrupción de los partidos tradicionales, la
miseria de las clases populares y el hartazgo de la población de
las triquiñuelas políticas en un Perú que está dividido. La gran
herida de mi país es que es muy difícil ponernos de acuerdo y
emprender un proyecto en común». Es consciente de que hay
demasiados intereses en juego. La Iglesia, ha dicho, «ha de optar por un sentido de la ética y la moral. Hay que buscar el bien
común en la política. Y no puede ser que la política monopolice
la religión. Ya lo dijo el cardenal Parolin, cuando el italiano
Matteo Salvini exhibía un rosario en sus actos electorales».

Sobre cómo ve a la Iglesia actual, Castillo ha dicho que hay
cuatro categorías de católicos: «Los primeros serían los que están en la línea del papa Francisco, los segundos, los que quieren
volver al pasado y no tienen futuro, pues el poder de la Iglesia
ya no se puede imponer. Los terceros, muchos jóvenes sobre
todo, viven la falsa ilusión de encontrar soluciones en la glo-
balización para vivir mejor. Es hora de despertar de ese sueño.
Finalmente, el cuarto grupo es enorme. Lo forma la mayoría
de la población, que sufre y que vive en la marginalidad». Uno
de los aspectos con los que el arzobispo peruano se muestra
más crítico es la imagen que se suele dar de la institución. «El
problema de la Iglesia de hoy no es la fuerza o la debilidad, sino
su credibilidad, una credibilidad que solo será posible si genera
esperanza», asegura.

Escraches en su casa

El arzobispo Castillo nos comentaba en Barcelona una anécdota que vivió en la catedral de Lima hacía poco. Se iba a con-
celebrar una misa, y en la sacristía vio que los sacerdotes que
le acompañaban se ponían el alba, la túnica blanca de algodón
o lino. En aquel caso, la indumentaria iba finamente bordada
y llena de puntillas y brocados. El arzobispo les dijo: «¿Vais a
alguna fiesta que hay por aquí?». Se quedaron todos callados y

177

atónitos. Nos explicaba que él se rio mucho. Conscientemente o no, emuló al papa Francisco cuando lo vestían de pontífice, al cabo de pocos minutos de ser elegido en 2013, y exclamó: «Se ha terminado el carnaval». Castillo huye, como Bergoglio, de la ostentación, de la necesidad que tienen muchos clérigos de mostrar opulencia y, por tanto, poder; del clericalismo que aleja a los clérigos católicos de la gente.

La visita que hizo el arzobispo Castillo al Vaticano, en junio de 2021, generó un alud de protestas del sector más inmovilista del catolicismo peruano. Unas palabras suyas hicieron saltar chispas nuevamente, que acabarían provocando otro incendio. Sería en julio de aquel año cuando, en una conferencia virtual promovida por el arzobispado, dijo que había hablado con el papa Francisco del tema de los laicos: «Estoy propiciando que me den permisos en el Vaticano para diversas cosas que no están permitidas. Por ejemplo, que me den permiso para que familias, o parejas, o grupos de esposos o de personas mayores laicas, asuman parroquias, porque es mejor enviar a los sacerdotes a estudiar un poco, ¿no?». El arzobispo de Lima proponía «que los laicos hagan de rectores o de directores de las iglesias, levanten las comunidades, como lo hacen cuando se van a Europa… En Europa hay cantidad de cosas de iglesias en París, por ejemplo, que las han levantado laicos, y mantienen la comunidad cristiana sin necesidad de que haya curas… Hay que pensar formas más igualitarias, más cercanas».

Las fuerzas más reaccionarias se movilizaron de inmediato. Llevando dos grandes pancartas, una que decía «No al comunismo» y otra con una fotografía de Juan Pablo II que reproducía su frase «No tengáis miedo», un centenar de personas se presentaron delante de la casa donde vive Castillo, en Lima. Un «escrache» para intimidar al arzobispo. Desafiaban las normas de protección por la pandemia del covid, aun manteniendo las distancias, y se pusieron a rezar el rosario. Uno de los organizadores declararía que «… si el mismo arzobispo no protege a la Iglesia católica peruana, entonces ¿quién la defenderá?». Castillo es consciente de que lo que pide se opone radicalmente a las leyes de la Iglesia que sanciona el Código de Derecho Canónico, pero lo ha intentado. Cree firmemente que este debe ser el modelo de futuro de la institución que ha de superar el clericalismo, como suele insistir el papa.

El «escrache» en casa del arzobispo fue seguido de amenazas y acusaciones de ser un comunista infiltrado en la Iglesia. Dos años antes, su sobrino, Dino Castillo, había publicado un libro acusador. Definía a su tío como un hombre distante, frío y resentido. «Un hombre tomado por la teología marxista de la liberación, pero a la vez soberbio y ambicioso.» Relataba anécdotas personales para «desenmascarar» al prelado y presentarlo como una persona incoherente con lo que predica.

En los últimos años, Carlos Castillo se ha enfrentado diversas veces al poder político, fundamentalmente al fujimorismo. Ha tenido que salir al paso de muchas acusaciones de partidismo: «Ante los que intentan hacer una lectura ideológica de mis palabras, yo siempre les digo que no concibo un desarrollo económico del país sin solidaridad y sin justicia social, pero tampoco imagino una justicia social sin reconocer la intervención de la iniciativa privada. El diálogo político y social ha de encontrar un equilibrio justo. ¿Eso es política? Yo creo que es el Evangelio… Cuando hay polarización, como pasa en Perú, salen a la superficie muchas heridas. Y aquí la misión profética de la Iglesia es capital, limpiando lágrimas y curando las heridas».

Con Carlos Castillo, los que no tienen voz han ganado un defensor. Los que ostentan el poder político, económico y también religioso desde siempre lo han declarado enemigo suyo. Un personaje, me gustaría reiterar, que creo que hay que seguir con atención. Sinceramente, estoy convencido de que está llamado a desempeñar un papel fundamental en un futuro no demasiado lejano en la Iglesia, y también en el Vaticano. En opinión de los que le conocen a fondo, podría ser un gran pontífice.

179

12

¿Servicios secretos al servicio de quién?

*E*n el Vaticano he oído decir muchas veces que las paredes tienen oídos, que si quieres que haya alguna cosa que se mantenga en secreto, será mejor que ni siquiera pienses en ella. Lo que justifica esta frase es el descubrimiento, durante el escándalo Vatileaks 2, de micrófonos ocultos en ciertas dependencias durante las reuniones del papa Francisco con los responsables de una comisión que reorganizó el entramado económico y financiero de la Santa Sede. ¡Espiaban al pontífice! Aquel escándalo, que sacó a la luz en 2015 diversos casos poco edificantes de abusos económicos (corrupción) y actividad sexual dentro de los muros vaticanos, puso al descubierto todo un sistema de espionaje interno con grabaciones. También en otros episodios se han detectado escuchas telefónicas, y el uso de inhibidores de señal en ocasiones especiales (cónclave, sínodos, grandes actos de masas en la plaza de San Pedro, etcétera). La pregunta que nos hacemos es quién pone los micrófonos y quién escucha y registra las conversaciones. ¿Trabajan realmente los servicios de seguridad vaticanos a favor del papa?

La Santa Alianza, los servicios secretos del Vaticano, que dependen directamente de la Secretaría de Estado, y la Gendarmería vaticana son, en principio, los únicos organismos autorizados para hacer ese seguimiento. Estamos hablando del servicio secreto más antiguo del mundo, creado en 1566 por el papa Pío V con la idea de asesinar a la reina Isabel de Inglaterra para conseguir que aquel país volviera a abrazar el catolicismo. Además de solera, este organismo cuenta con una profesionalidad contrastada y queda siempre fuera de los focos mediáticos, porque la Santa Sede nunca ha querido reconocer su existencia. Oficialmente no consta en ninguna parte, e incluso se ha querido decir que es un invento, pero en la práctica funciona con la precisión de un reloj suizo.

Es difícil que algo relacionado con el espionaje dentro del territorio de la Ciudad del Vaticano escape al control de la Santa Alianza. No obstante, no se descarta que se puedan producir intervenciones fuera de este ámbito oficial por parte de individuos que pertenecen a estos cuerpos y actúan al servicio de intereses particulares, o bien de organizaciones con objetivos inconfesables y *hackers* foráneos capaces de entrar y violar un sistema que cuenta con un sofisticado blindaje de seguridad. Los aparatos de rastreo con los que cuentan para el ciberespionaje son aportados por el Mossad de Israel y empresas afines. Hablamos de tecnología de última generación. Se ignora si la agencia vaticana cuenta con el programa de escuchas y seguimiento Pegasus, el *software* de espionaje creado por la empresa israelí NSO Group. En cualquier caso, el material que aporta Israel se considera imbatible dentro del panorama de las agencias de seguridad y de inteligencia internacional.

«Aquí, quien quiere se entera de todo. Se producen constantemente fugas y filtraciones. Se elaboran dosieres de todo y de todo el mundo. Sé que me han grabado conversaciones y que estoy en la lista negra», me comentó en 2018 un sacerdote italiano que trabajaba en la Congregación para la Evangelización de los Pueblos, y que podríamos definir como conservador. Algunos próximos a Francisco, e incluso el mismo pontífice, han padecido también importantes violaciones de su intimidad. Después hablaremos de un caso concreto que me alteró mucho.

Hay numerosos antecedentes en la historia que permiten intuir cómo la Santa Alianza ha sido incapaz de evitar desastres, o ha sido muy diestra, por ser la misma organización el instrumento capaz de desencadenarlos. Entre 1869 y 1870, una serie de documentos confidenciales del Primer Concilio Vaticano, que definió la infalibilidad del papa, acabaron publicados en periódicos alemanes. En 1967, se filtró a la prensa un informe de una comisión papal que debatía sobre los preservativos y anticonceptivos (antes de que el papa Pablo VI promulgase la encíclica *Humanae Vitae* que los prohibía). Incluso la privacidad del apartamento del papa, en el año 1958, llegó a ser profanada. El médico del pontífice, Riccardo Galeazzi-Lisi, hizo fotos del papa Pío XII agonizando en su alcoba, y las vendió a diversas revistas en Italia. Tampoco se pudo impedir que el papa Juan Pablo II fuese fotografiado en bañador saliendo de la piscina privada del palacio de Castel Gandolfo, en 1980. Historias del pasado, basadas en intereses de determinados personajes o camarillas, que en la época actual se siguen reproduciendo.

A primeros de agosto de 2022 circularon extraños dosieres que se acabaron distribuyendo a todos los cardenales. Faltaban pocas semanas para la celebración del importante consistorio convocado por el papa para investir a los nuevos cardenales. Del 27 al 30 de agosto se reunieron en el Vaticano prácticamente todos los purpurados del mundo, convocados por el papa para discutir sobre la reforma de la curia. En las pausas de las intervenciones, en las comidas y cenas en Santa Marta, o en los reservados de los restaurantes más reputados de Roma, no se hablaba de otra cosa. La intención de los dosieres era desprestigiar el pontificado de Francisco y denigrar a los cardenales y obispos que le apoyan.

El objetivo de esos memorandos era hacer llegar a los cardenales de países lejanos que ignoran el día a día de la Santa Sede todo un conjunto de información que «necesitaban conocer». El dosier principal se hizo para comprometer al mismo papa, poniendo «en evidencia» sus intenciones. Incorporaba importantes conversaciones privadas del mismo Bergoglio, con la intención de desprestigiarlo y «descubrir su estrategia». La información me la hicieron llegar dos cardenales amigos desde hacía muchos años, uno que es centroeuropeo y otro italiano, que utilizaron correos o el WhatsApp de amigos para comunicarse conmigo. Toda seguridad es poca. ¿Quién confeccionó esos dosieres? ¿Contenían información rigurosa, o formaban parte de la campaña de *fake news* habitual? Mis dos interlocutores fueron sinceros a la hora de dar detalles. El centroeuropeo me dijo brevemente: «Son los mismos liantes de siempre». El italiano fue más locuaz: «He preguntado, y los dosieres, que están llenos de mentiras interesadas, los han elaborado especialistas norteamericanos que trabajan para el sector católico más fundamentalista. Me han dicho que se han preparado con la ayuda de agentes de la CIA y el FBI». Mis preguntas sobre si los servicios secretos vaticanos intentaron abortar la operación y si era posible que la Santa Alianza, aunque fuera a través de algún agente que actuaba por libre, hubiera colaborado, no obtuvieron respuesta. Estos informes confidenciales para los cardenales serían el aperitivo de una misteriosa y trascendente operación de la que más adelante hablaremos: The Red Hat Report.

Infiltrados entre los espías

Los agentes secretos de la Santa Alianza trabajan en muchos campos desde la llegada del papa Francisco. Siempre lo han hecho, pero durante el pontificado del argentino han multiplicado recursos y actividad. El problema es que, aunque oficialmente están al servicio del pontífice, no siempre actúan en esa dirección. El papa Francisco, muy preocupado por la oposición interna, que intenta abortar sus reformas, hace uso en muchas ocasiones de la información que recaban los agentes de espionaje vaticanos sobre sus enemigos. También se investiga, teóricamente a fondo, a los personajes que quiere nombrar para algún cargo. Pero la información que recibe Bergoglio ¿es siempre correcta? Hay bastantes pruebas de que no siempre es así. El caso más significativo (pues hay otros de menor relevancia) es el del cardenal australiano George Pell, nombrado por el papa argentino como el primer secretario de Economía de la Santa Sede en febrero de 2014. Desde 2010 se conocían las acusaciones sobre presuntos abusos sexuales en Australia, y se le ocultó al papa esta información. Pell tuvo que abandonar el cargo, que era el tercero en importancia en el Vaticano después del pontífice y el secretario de Estado. Afrontó el juicio en Melbourne, donde sería finalmente exonerado por falta de pruebas concluyentes, pero las acusaciones de familiares de víctimas no satisfechas por la actuación de los tribunales siguen vivas. Bergoglio quedó muy tocado por el escándalo que supuso todo aquello. Pell, que tenía una gran influencia en el sector conservador, moriría de un infarto en Roma el 10 de enero de 2023. Su residencia de Roma se había convertido en numerosas ocasiones en un lugar de encuentro de los más recalcitrantes enemigos de Francisco. Él conservaba muchos contactos en el organigrama de la Santa Sede y conocía los mecanismos para sabotear muchas intenciones reformistas del papa Francisco.

Una buena fuente vaticana, que conservo desde hace prácticamente dos décadas, en una congregación que tiene la sede junto a la plaza de San Pedro, fue muy clara en el otoño de 2022 al advertirme de que algunos funcionarios y agentes reman en sentido contrario al que Bergoglio quiere conducir el barco de la iglesia. «No pienses que todo el mundo obedece las órdenes que vienen de arriba. Hay quien aún trabaja para encubrir a importantes obispos y también cardenales afectados por las investigaciones judiciales sobre pederastia, sobre todo en Latinoamérica. Hay quien filtra interesadamente rumores sobre la salud del santo padre, quien ayuda a servicios secretos internacionales en manos de dictadores u organizaciones involucionistas de la Iglesia para poder hundir a gente de la Santa Sede que muestra afinidad con Francisco. En los últimos meses, gente de la confianza más íntima del papa, que esperaba ser nombrada por este para cargos de responsabilidad en congregaciones y dicasterios (nombramientos que todo el mundo daba por hechos), ha visto que no se acababan de concretar. Se ha engañado al papa con dosieres y presuntas investigaciones llenas de datos falsos y prejuicios contra personajes que siempre se habían mostrado fieles y se han conseguido desacreditar incluso a ojos del pontífice. También se ha lavado la cara a muchos otros aspirantes, para que el papa cayese en la trampa de designarlos para algún cargo. Cuando se descubre, una vez nombrados, que estos individuos esconden episodios oscuros de sus vidas, ya es demasiado tarde y el mismo Bergoglio queda salpicado.»

Esta información nos lleva a reflexionar sobre el papel actual de los servicios de inteligencia vaticanos, la colaboración con otros organismos del espionaje internacional y también las fuerzas más oscuras que mueven el poder político y económico. Los agentes dobles, como en la Segunda Guerra Mundial y el periodo posterior a la Guerra Fría, están muy activos en el actual momento de incertidumbre que se vive en la Santa Sede.

Vínculos poco decorosos

Un militar de la película *Bananas,* de Woody Allen, dice: «La CIA no se la juega. Parte de sus hombres luchan con el presidente, y otros luchan contra él». Como agencia, este es su talante histórico y su concepto perverso de equidistancia. En el Vaticano las cosas también podrían ser similares.

Que la extrema derecha internacional está infiltrada en los servicios secretos de las grandes superpotencias internacionales y en importantes países de la órbita occidental no es ningún secreto. Los centros del poder neurálgico de un Estado siempre son apetitosos para los que quieren controlarlo. El alto funcionariado, la policía, el ejército y los servicios secretos forman parte de esos aparatos estatales claves para el asalto al poder. Los centros de inteligencia acumulan un ingente caudal de información, sobre todo y sobre todo el mundo. Estar dentro es tener las claves para dominar el curso de los acontecimientos.

A lo largo de la historia, el espionaje ha jugado al contraespionaje reclutando miembros de agencias rivales y también amigas. Desconocemos si el Vaticano en alguna ocasión, en los años ochenta, consiguió reclutar a algún agente durante la época soviética, por la guerra cruel que libró Juan Pablo II contra la teología de la liberación en Latinoamérica. No se puede descartar. Que se hizo una «guerra sucia» contra los sacerdotes y los teólogos que formaban parte de ese movimiento no cabe ninguna duda. Vínculos poco decorosos y colaboraciones inconfesables con la policía torturadora y las agencias de espionaje al servicio de los dictadores más sanguinarios de Latinoamérica constituyen una página negra para la Iglesia de la que se ha hablado poco.

Hay que recordar también que exespías del KGB han dicho en más de una ocasión que la Santa Alianza era «infinitamente más peligrosa y estaba mejor organizada» que la misma CIA. William Casey, director de la CIA durante la Administración Reagan, declaró que «el servicio secreto del Vaticano es la red de espionaje mejor informada del mundo». Más recientemente, el director del Mossad israelí añadía que, a pesar del gran prestigio que tiene su propia agencia, el Vaticano siempre los supera. Elogios notables, sobre todo por venir de donde vienen. Los sacerdotes y religiosos católicos con sotana siempre han podido abrir puertas de lugares impenetrables y acceder a personas a las que no pueden llegar el común de los mortales. Lo que tampoco es ningún secreto es que en la Santa Alianza vaticana trabajan analistas y agentes de campo, formados en la CIA norteamericana o en el Mossad de Israel. La mayoría son cristianos y católicos, pero también hay judíos y algunos musulmanes. Estos últimos son imprescindibles a la hora de prevenir acciones de grupos yihadistas.

Por lo que respecta a los vínculos exteriores, básicos en cualquier agencia de inteligencia, los servicios secretos del Vaticano han establecido a lo largo de la historia fuertes vinculaciones con todos los organismos encargados del espionaje en los países occidentales. La vinculación es especialmente estrecha con el SISDE y el SISMI italianos, y lo fue también con el CESID español, que desde 2002 se reconvirtió en el actual CNI. Dos países eminentemente católicos, que siempre han puesto sus agencias de inteligencia al servicio de los intereses de la Santa Sede y sus representantes territoriales.

El CNI, dependiente del Ministerio de Defensa español, ha colaborado en el seguimiento de periodistas, teólogos, profesores, políticos y religiosos (muchos de ellos curas obreros) críticos con los estamentos más reaccionarios de la Iglesia. Sobre todo en la época de Pablo VI y Juan Pablo II se incrementó esa cooperación. La Segunda Bis y el Servicio de Inteligencia Militar durante el franquismo, el antiguo CESID en la transición y el más actual CNI en la democracia han coincidido en objetivos con la Santa Alianza y han compartido numerosa información. Asimismo, en Italia, históricamente, el SISMI ha colaborado siempre con el Vaticano para favorecer los intereses de la Democracia Cristiana y ocultar sus vinculaciones con la mafia siciliana. También para intentar evitar que la ley del divorcio, la del aborto o, más recientemente, la de la unión de parejas homosexuales llegasen a buen puerto en el Parlamento. Batallas ganadas y perdidas en esta simbiosis secular que hay entre la política italiana (de todos los colores) y la Iglesia católica.

Simultáneamente, la CIA y la NSA norteamericanas, el MI6 británico, la DGSE francesa o el BND alemán colaboran también de manera habitual con la Santa Alianza. Lo hacen en operaciones puntuales, donde la reciprocidad es el método. Yo te ayudo a ti, tú haces lo mismo conmigo. En casos de corrupción y de abusos sexuales por parte de sacerdotes, ha habido una fluidez de información destacable. Estas agencias occidentales comparten también información con la vaticana sobre los enemigos comunes, que son, entre otros, el FSB y el SVR de Rusia, el MSS de China, el Mois o Vaja de Irán, el ISI de Pakistán, la MIT de Turquía, la GIP de Arabia Saudí, el NIS de Corea del Norte, etc. Ahora bien, el Vaticano, sin embargo, mantiene algunos acuerdos de colaboración con algunas de estas agencias de inteligencia antagónicas para cuestiones puntuales. Es la ventaja que tiene la Santa Sede, tener un estatus de agente clave de la geopolítica internacional que se puede permitir no actuar oficialmente como enemigo de nadie.

187

Una estrecha y oscura colaboración

En el año 2020, el servicio de inteligencia militar alemán tenía detectada una cifra de quinientos cincuenta ultras de ideología totalitaria en el interior del ejército del país. Una veintena de sospechosos de ser neonazis pertenecían a los Comandos de Fuerzas Especiales (KSK). Era la constatación de que el fascismo avanza y se infiltra en los centros de poder. La mayoría de los servicios secretos internacionales ocultan, para que solo se conozca en el ámbito interno, la presencia de elementos extremistas en sus filas. De todos modos, nos encontramos con un fenómeno común en las democracias más avanzadas, y sobre el cual no suele actuarse. Este hecho supone una grave irresponsabilidad, que implica permitir que, desde las llamadas «cloacas de los Estados», estos elementos generen actividades y operaciones para socavar los cimientos democráticos de la sociedad. Así pues, la extrema derecha se está apropiando de sectores clave que tiene la sociedad en el ejército, la policía, el funcionariado…, en los centros de inteligencia. La Santa Alianza vaticana no supone una excepción. Si los máximos mandatarios del mundo no son capaces de controlar a sus servicios secretos, tampoco lo puede hacer el papa argentino. La autonomía con la que actúan estos organismos pone en duda que muchas veces el poder esté en manos de quien parece ostentarlo.

Como en todos estos centros neurálgicos de seguridad, la Santa Alianza cuenta también con personal radical infiltrado en sus filas, que sigue su propia agenda, al margen de las órdenes oficiales. Actúan con objetivos bien definidos e ignoran o interpretan a su aire las disposiciones que emanan de su prefecto, la máxima autoridad del organismo. El prefecto sería el director jefe de la agencia, que remite un informe semanal al secretario de Estado, que a su vez lo hace llegar a manos del pontífice.

Como son alto secreto, se conoce muy poco de las operaciones recientes para desmantelar, con la ayuda de otras agencias internacionales, intentos de atentados directamente para asesinar al mismo papa, y también otros que iban destinados a provocar una masacre y un caos sangriento durante ceremonias multitudinarias en la plaza o en el interior de la basílica de San Pedro. Intentos de magnicidio y atentados (al menos cuatro) de dos signos bien diversos: yihadismo radical y extrema derecha.

De este último, el que lleva el sello de los ultras neofascistas, solo puedo decir que en el otoño de 2017 me llegaron indicios muy preocupantes por parte de tres fuentes muy contrastadas. Mis confidentes me hablaron de una operación que estaba ya en su fase de ejecución final para asesinar al pontífice. La seguridad vaticana, con la ayuda de la CIA y el SISMI italiano, consiguieron frustrar la acción criminal. Los inductores habían contratado los servicios de un francotirador norteamericano, un exveterano de Afganistán, que había viajado desde Portland hasta Roma hacía un mes. El objetivo era acabar con la vida del papa Francisco durante una ceremonia en la gran plaza. El rifle de precisión con el que actuaría le tenía que llegar al cabo de pocos días. Nunca lo detuvieron y tampoco se hizo pública ninguna información. En la supuesta trama podían haber estado implicados poderosos empresarios fundamentalistas cristianos de Estados Unidos, que contaban con colegas italianos y españoles, algunos de ellos sacerdotes católicos. Desconocemos los nombres de todos ellos.

En el imaginario colectivo todavía perviven las imágenes del atentado contra el papa Juan Pablo II, el 13 de mayo de 1981. Era otra época muy distinta de la actual, con otras convulsiones. En mi primer libro ofrezco datos suficientes para alimentar la teoría de que la antigua URSS quería borrar del mapa a Wojtyla, que, como se acabó demostrando, fue un actor clave en la destrucción del bloque comunista.

El caso de Juan Pablo I

El 4 de septiembre de 2022, el papa Francisco abrió una caja de Pandora que nadie creía que fuese capaz de destapar. Beatificó a Juan Pablo I, el pontífice que fue jefe de la Iglesia católica solo durante treinta y tres días. Un acto valiente y un claro aviso para los que ocultan información de aquel episodio histórico, y también para los que desean un cambio fulminante al frente del gobierno de la Iglesia. La mayoría de los altos cargos que trabajan en la Santa Sede siguen viendo con malos ojos hablar del papa Luciani. Se prefiere no comentar nada, cambiar de tema cuando alguien pregunta…, fingir que ni siquiera existió. De hecho, las menciones a Juan Pablo I por parte de sus sucesores, el polaco Wojtyla y el alemán Ratzinger, fueron escasas. Nunca se mostraron interesados en conocer a fondo ni mucho menos divulgar las circunstancias que rodearon su defunción. Al menos oficialmente, no consta ninguna gestión en ese sentido. Tampoco durante el acto de beatificación se mencionó nada sobre el misterio que envuelve la muerte del pontífice italiano. Sin embargo, Francisco sí que mostró una gran sintonía con Luciani: «Con su sonrisa, el papa Luciani consiguió transmitir la bondad del Señor. Es una Iglesia con el rostro alegre, el rostro sereno, el rostro sonriente. Una Iglesia que nunca cierra las puertas, que no endurece los corazones, que no se queja ni alberga resentimientos, que no está enfadada. Una Iglesia que no está enfadada».

En el libro anterior descubro aspectos poco conocidos relacionados con la muerte de Albino Luciani el 28-29 de septiembre de 1978. Más allá de la nota oficial, que certificaba las «causas naturales» de la defunción del «papa de la sonrisa», un testigo de excepción, uno de sus médicos, rompía el silencio de uno de los secretos mejor guardados de la historia contemporánea.

Con Juan Pablo I murió una figura que quiso cambiar las estructuras morales, políticas y económicas de la Iglesia, algo que le impidió hacer su muerte prematura. Un pontífice que treinta y cinco años antes de la llegada de Bergoglio intentó hacer algunas de las cosas que pretende el argentino. «El papa Luciani —me dijo en 2001 una monja muy cercana a una de las religiosas que atendían al pontífice en el apartamento privado del Palacio Apostólico— preparaba una profunda reforma de la Iglesia, y cambios importantes en el Vaticano. En los pocos días que gobernó, había tomado ya decisiones importantes. Quería revisar toda la estructura de la curia, destituir al presidente de la Banca Vaticana y reformarla a fondo. También pretendía imponer normas y protocolos para que la mafia y la masonería no tuvieran las vinculaciones históricas que siempre han enfangado a la Santa Sede.»

Desafiando a los sectores más inmovilistas, con el gesto de la beatificación de Juan Pablo I, Francisco llevaba a cabo un acto de justicia y una aportación inédita a la transparencia vaticana. Un acto que cogía por sorpresa a los pocos testigos aún vivos de aquel momento en que la Iglesia se puso una venda en los ojos para no mirar. Ni una sola investigación, ni un documento clarificador, nada que decir. Solo descalificaciones y maniobras para encubrir las circunstancias de la muerte de un papa que resultaba incómodo y no respondía a los criterios que llevaron a su elección. Los que pensaban que la personalidad de Luciani, en principio débil, se doblegaría rápidamente al poder del arzobispo Paul Marcinkus y sus acólitos se habían equivocado. La drástica solución utilizada para enmendar el error los señalará para siempre.

En aquel momento (1978) se hicieron algunos intentos de investigar, aunque solo fuera a título personal, las vicisitudes de la muerte de Juan Pablo I. La idea fue de un pequeño grupo de agentes de la Santa Alianza y de la Gendarmería, pero se lo prohibieron taxativamente. Intramuros existía una gran trama con vínculos indiscutibles con personalidades y grupos de extrema derecha, la mafia y la logia masónica Propaganda Due, que se supieron proteger. El Vaticano ya había publicado la nota sobre su defunción, y ese sería el argumento inamovible para siempre. Los resultados de la autopsia (existen dudas de que llegara a practicarse, ya que la Santa Sede lo niega) nunca se han publicado. La manipulación y la contaminación de pruebas sobre el escenario de su alcoba (donde lo encontraron muerto), las presiones sobre las monjas que lo cuidaban para que guardasen silencio, la ocultación de lo que leía en el momento de morir (era un informe sobre una posible reforma de la Banca Vaticana, y no el Kempis, el devocionario cristiano, como se dijo…) llevan a pensar que se mintió deliberadamente. El papa, según afirmaba el informe oficial, había fallecido «de muerte natural», de un infarto, y punto. No se podían sembrar dudas.

El teólogo y periodista Gianni Gennari, amigo personal de Luciani, calificó de «estupidez» la negativa de la Santa Sede a informar o investigar. «La maldita costumbre de no querer informar nunca de los hechos», sentenció el sacerdote, tildado de «rojo» y que colgó los hábitos para casarse en 1984. El profesor Gennari sostiene la tesis de que una sobredosis de somníferos, que el propio pontífice se tomó por error, sería la causa de su muerte. Hay teorías para todos los gustos. Un buen amigo, sacerdote catalán, que trabajó muchos años en el Vaticano, estaba muy alterado una mañana cuando nos encontramos en la terraza del café Domiziano, en la Piazza Navona. Yo contemplaba distraído la armónica y fastuosa Fontana del Quattro Fiumi, de Bernini, cuando él hizo una pausa en la conversación que sosteníamos sobre la Banca Vaticana. Se acababa de enterar de que la Santa Sede, en 1988, había hecho analizar con un

191

escáner, por parte de un grupo de expertos, el cadáver del papa Celestino V, ante la sospecha de que murió de manera poco clara en 1296. «¿Por qué no lo hicieron nunca con Juan Pablo I, que hacía solo diez años que había muerto, y sí con el cadáver de un santo padre del siglo XIII?», se preguntaba. Interesado en todos los misterios vaticanos, aquel cura se negaba a aceptar tal paradoja.

Celestino V, de nombre Pietro Angeleri di Murrone, era un austero fraile benedictino que vivía retirado como eremita en una cueva de la región de los Abruzzo, en el centro de Italia. Sorprendentemente fue elegido papa por aclamación, en contra de su voluntad, en el año 1294. Era partidario de que la Santa Sede profesase un estilo de vida pobre, e hizo cambios en la curia romana, al nombrar a doce nuevos cardenales y dar relevancia a las órdenes monásticas. Se instaló en Nápoles, donde pronto quedó aislado por aquellos que rechazaban las reformas. Al cabo de cinco meses y nueve días de ser elegido, presentaba la renuncia al pontificado con estas palabras: «*Fit monachus qui Pontifex fuit*» («Se convierte en monje quien fue pontífice»). Su argumento para abdicar era que estaba enfermo, que ya no controlaba el gobierno de la Iglesia y que sentía «el anhelo de volver a la tranquila vida anterior», llena de sencillez y austeridad. No pudo ser así. Su sucesor, Bonifacio VIII, ante la intuición de que Celestino V fuese aún venerado por muchos y se pudiese producir un cisma, lo hizo apresar y lo encerró en una celda en una torre del castillo de Fumone. Allí moriría en mayo de 1296, dieciocho meses después de su renuncia. Ha pasado a la historia como el primer papa que hacía semejante gesto. Lo seguiría, según algunos historiadores, Gregorio XII, que abandonaría obligado el trono de san Pedro en 1415. Según esta versión, Benedicto XVI, en 2013, sería el tercer pontífice en renunciar. En la investigación encargada por el Vaticano para analizar los restos de aquel pontífice, se encontró un pequeño agujero en el cráneo, probablemente causado por un clavo de plomo. El doctor Luca Ventura, patólogo quirúrgico y anatómico del hospital San Salvatore de l'Aquila, donde se venera el cuerpo de san Celestino V, certificaría que esa no fue la causa de su muerte, ya que la perforación es *post mortem.* Las conclusiones nos llevan a decir que se excluye que fuese asesinado de aquella manera, pero no que fuese ejecutado por orden de Bonifacio VIII, un papa al que Dante situó en el octavo círculo del infierno en la *Divina comedia.*

Mientras las investigaciones se centren en hechos de un pasado remoto, no habrá ninguna peligrosa consecuencia para nadie. Ninguna amenaza para los intrigantes contemporáneos. Explorar el pasado es necesario y actualiza creencias históricas que todo el mundo daba por plausibles, pero, si no se quiere indagar en el presente, la duda se ha de cernir sobre una institución que con ese veto jamás podrá presumir de transparencia. Solo la apertura en un futuro de los documentos que se guardan en el Archivo Secreto (hoy denominado Archivo Apostólico) sobre la muerte de Luciani podrá ofrecer datos concluyentes.

El espía agradecido

En el primer libro, *Intrigas y poder en el Vaticano*, relato la historia de cómo conocí en 2017 a un agente de la Santa Alianza y lo que me explicó en diversos encuentros que intentamos mantener de manera discreta y secreta. A aquel hombre le perdí la pista cuando él temió que lo hubieran descubierto. Desapareció de mi vida de la misma manera que había aparecido, no sé aún si por casualidad o por interés propio o de alguien más. Pues bien, no sé aún cómo, pero mi libro llegó a sus manos y consiguió hacerme saber que vive retirado y que pudo mantener en secreto hasta su jubilación que había hablado conmigo en un momento tan delicado. ¡Menuda sorpresa me llevé!

Supe de él en septiembre de 2022 a través de un buen amigo también vaticanista, que recibió un misterioso mensaje de WhatsApp de un número no italiano, que en principio provenía de las islas Seychelles. Simplemente, el exagente decía que quería que me hiciese saber que el libro le había gustado mucho: lo había devorado en tres días. Daba detalles sobre mí que le habían pasado colegas espías, quizá del CNI, con los que probablemente había trabajado hacía tiempo en una operación conjunta. Todo muy inquietante y perturbador. Finalmente afirmaba que ahora era un hombre dedicado a cuidar de sus nietos y a disfrutar de la vida después de muchas décadas de sacrificio.

De todo aquel asunto, lo que más me afectó es que confesaba que había sido muy bueno para su salud mental hablar conmigo. Me quería agradecer las horas que pasamos entre vasos de whisky e interesantes confidencias. No me lo dice en el mensaje, pero creo que agradecía sobre todo haber podido compartir algunos de sus secretos, no tener que ocultar, aunque fuese por una sola vez en su vida, cuál era su auténtico trabajo. Haber encontrado a alguien que comprendía su soledad y el sacrificio que puede suponer para una persona no poder socializar, vivir en el engaño y engañar. Un malvivir, adoptando papeles y actitudes que chocan frontalmente contra los principios que rigen la actividad y las relaciones sociales con familiares y amigos.

La vida del espía no es fácil, y siempre resulta desagradecida y llena de conflictos morales. Hacer cosas que sobrepasan los límites de la decencia humana, teóricamente por un bien superior, no resulta nada cómodo. Hay que ser de una pasta muy especial para renunciar a la familia, los amigos, la vida que transcurre a tu alrededor, para conseguir el objetivo que te han fijado, y que muchas veces no compartes en absoluto. Nada que ver, en conjunto, con el romanticismo que transpiran las novelas y películas sobre James Bond. Ser espía, lo han dicho todos lo que han hablado de ello, que no han sido muchos, es sobre todo hacer fichas de personas, un trabajo muy burocrático y aburrido, alejado de la épica que nos han hecho creer. El ciberespionaje, algo que también se practica desde hace tiempo en la Santa Sede, y que cada vez entraña más dedicación, aún resulta más sedentario. Horas y más horas de trabajo ante la pantalla de un ordenador, para recabar todo tipo de datos. Ahí las operaciones clandestinas se hacen con un teclado.

Mi interlocutor espía me refirió diversas operaciones conjuntas realizadas por la Santa Alianza en conflictos de una extraordinaria complejidad. Me habló del plan de paz para Irlanda del Norte, que pondría fin a la actuación del IRA, de las intervenciones para que callasen las armas de ETA en el País Vasco, del restablecimiento de relaciones diplomáticas entre Cuba y

Estados Unidos (el papa Francisco y el secretario de Estado, Pietro Parolin, actuaron como mediadores), del proceso de pacificación en Colombia o de los complicados acuerdos entre la Santa Sede y China. Hoy en día añadiríamos las actuaciones de los agentes vaticanos en la guerra provocada por Rusia con la invasión de Ucrania, donde el Vaticano intenta conseguir un acuerdo. También el conflicto que padece la Iglesia católica en Nicaragua, a causa de la violenta represión que ejerce el régimen de Daniel Ortega sobre sacerdotes y obispos.

He llamado en diversas ocasiones a aquel número de teléfono de las islas Seychelles de manera ingenua, esperando que alguien me contestase. Ya no existe. Obviamente, mi interlocutor no es tan necio como para dejar rastro. El mensaje ya me ha llegado, y desde aquí me atrevo a transmitirle otro a él. Agradezco su confianza y le deseo sinceramente que su nueva etapa, ahora alejada de todos los quebraderos de cabeza y frustraciones de su vida anterior, le sea propicia y le haga feliz. Si nuestras conversaciones le ayudaron en su equilibrio emocional, ya me doy por satisfecho.

195

13

Una *suite* con micrófonos

*I*nsistamos algo más en la cuestión del espionaje y en las dificultades que existen para hablar discretamente con ciertas personalidades o, incluso, con cualquier trabajador del Vaticano, con cualquier trabajador del Vaticano, para abordar una anécdota bastante inquietante. La guerra abierta de la que hablamos entre conservadores y reformistas en la Iglesia cuenta con la intervención y la ayuda de los servicios secretos tanto de la Santa Sede como de sus aliados. Como ya hemos visto, el objetivo es poner en graves dificultades sobre todo al sector reformista, empezando por el mismo papa Francisco, a base de filtraciones, dosieres personales y *fake news*. Hay una frase de León Tolstói que resume claramente el fondo del que hablamos: «La finalidad de la guerra es el homicidio; sus instrumentos, el espionaje, la traición…, el engaño y la mentira, llamadas astucias militares», dice el gran escritor ruso autor de *Guerra y paz* y *Anna Karenina*.

«Es difícil vivir así», me dijo en 2018 un alto responsable de la Secretaría de Estado vaticana, consciente de que era constantemente observado, fotografiado y grabado allá donde iba, tanto para actividades oficiales como privadas. «Reunirme con mi familia para comer se ha convertido en un calvario, ya que, si me hacen una pregunta delicada, una respuesta espontánea o quizás atrevida por mi parte puede convertirse en un arma para desacreditarme y ensuciar mi expediente.» A lo largo de estas décadas de trabajo profesional en el Vaticano, me he encontrado con gente despreocupada por el espionaje, pero también con muchos trabajadores de todos los rangos de la Santa Sede intranquilos hasta el límite de la obsesión. Cuando hablo de este tema, suele venirme a la memoria una frase de un exanalista de la CIA, el perseguido Edward Snowden. En una entrevista concedida desde Moscú, donde vive exiliado, acusado por Estados Unidos de alta traición por haber filtrado documentos de alto secreto donde se demostraba que la CIA y la NSA espían a los ciudadanos, afirmaba: «No quiero vivir en un mundo donde todo lo que digo, todo lo que hago y todo lo que hablo, toda expresión de creatividad, o amor, o amistad, queda grabado».

El hotel del cardenal

En 2017 viví un episodio que ahora por primera vez me animo a explicar; tiene como protagonista a un cardenal latinoamericano que moriría pocos años más tarde. El escenario era el Grand Hotel Plaza, en la Via del Corso, la popular calle comercial de Roma que hace el recorrido entre la Piazza Venezia y la Piazza del Popolo. Este establecimiento, que siempre me ha hecho gracia porque está situado en el palacio Lozzano, que se identifica con mi apellido, es uno de los más antiguos y prestigiosos de la capital italiana. Se trata de un cinco estrellas que antes se llamaba Albergo Roma y que ofrece todo el lujo que ha de contemplar un hotel internacional: amplios salones para fiestas de la alta sociedad, todo tipo de reservados, un restaurante que impresiona y dos grandes terrazas panorámicas ajardinadas, desde las cuales se puede disfrutar de la vista de los monumentos más significativos del centro histórico a vista de pájaro.

El cardenal que me citó una tarde soleada del mes de mayo era un hombre de salud delicada. A pesar de sus afecciones y de superar los ochenta años, no ofrecía un aspecto nada demacrado. Era un personaje al que conocía desde hacía tiempo y que tenía por prudente y contenido como pocos. Aquel día, sin embargo, me pareció muy valiente a la hora de comentar el pontificado de Bergoglio, con quien afirmaba tener una sintonía y una relación bastante fluidas. Me diría que era la primera vez que se reunía con un periodista para charlar sin que fuese una entrevista formal, pues desconfiaba de todos. «Sobre todo

197

de los italianos, que muchas veces tergiversan mis palabras», añadió, según veo apuntado en una de mis antiguas libretas, felizmente recuperadas. Le agradecí mucho su afecto, mucho más allá de lo que se puede calificar como deferencia.

No había elegido el Grand Hotel Plaza por casualidad. Para él era como su casa. Muchas noches las pasaba allí desde que un día, me explicó, había descubierto aquel establecimiento gracias a un viejo amigo italiano que le contó una bonita historia, diciendo que en el bar del hotel se enamoró de una camarera, la que era su esposa desde hacía más de sesenta años. El purpurado quedó impactado por aquello, se sentía cómodo en aquel hotel y así homenajeaba a su buen amigo, ya desaparecido. El encuentro no lo haríamos en el restaurante ni el bar ni tampoco en ningún salón reservado.

Subí hasta la planta que me dijo. Un agente de seguridad alto y corpulento, vestido de manera elegante, custodiaba una puerta que me abrió con la tarjeta magnética, y me invitó a pasar. Entré en el salón de una espaciosa *suite* decorada con un gusto clásico exquisito, con un balcón que se abría a una amplia terraza privada donde las vistas eran impresionantes. Allí, en el exterior, encontré de pie al cardenal, que me dio la mano y me señaló una mesa donde se había dispuesto una botella de vino, dos copas y una bandeja con unos canapés que tenían un aspecto sabroso. Nos sentamos en dos cómodas butacas a contemplar y paladear a nuestros pies una Roma fascinante, que te roba el corazón cuando cae el sol y los tonos ocres de las casas convierten la querida ciudad en un festival de luz cálida y vida. Corría una suave brisa que convertía la temperatura en ideal. Empezaríamos hablando de la Città Eterna y de la magnífica exposición que casualmente los dos habíamos visitado en las *scuderie* del palacio del Quirinal, una muestra que recogía las obras maestras del *seicento* italiano, desde Caravaggio a Bernini. A continuación, ambos hicimos un breve repaso de la actualidad vaticana.

Él tenía encima de la mesa el paquete de Winston abierto, y probablemente no se atrevía a coger un cigarrillo. Puse al lado mi pipa y la petaca de tabaco, como una clara invitación a dejarnos de formulismos. Nuestro humo y, por qué no decirlo, el extraordinario vino de nuestras copas acabaron por disipar cualquier prevención. El cardenal me explicaría que había oído conversaciones en los palacios vaticanos que evidenciaban un supuesto complot para asesinar a Bergoglio. Algunas voces lo condenaban y otras no decían nada, pero se horrorizaban ante la posibilidad de que la Iglesia volviera a caer en un desprestigio similar al generado por la misteriosa muerte de Juan Pablo I. Finalmente, otros aseguraban haber oído decir que el magnicidio ya estaba en marcha y que los promotores del asesinato no se detendrían hasta acabar con la vida del pontífice argentino, dando detalles inequívocos e incluso algunos nombres. El cardenal me comentó que, asimismo, en otra reunión, diversos purpurados y miembros de la curia, de total confianza de Bergoglio, le mostraron su preocupación al pontífice. El papa les riñó. No soporta los rumores y los cotilleos. Les dijo que él estaba tranquilo, y que se dejasen de bobadas. Que se quitaran de encima esas absurdas preocupaciones y se dedicaran a trabajar, que había mucho por hacer. Ya pasados unos cuantos años, aún no sé si aquel proyecto del que me habló para acabar con la vida del pontífice formaba parte de alguna de las operaciones mencionadas antes, que los servicios de seguridad vaticanos pudieron frustrar.

199

Todo son oídos

La conversación con el anciano cardenal continuaría analizando los obstáculos que tenía el papa para implementar sus reformas y hablando de los escándalos de la Banca Vaticana y la pederastia. «La maldad, *dottore* Lozano —insistió—, se ha instalado en el Vaticano. Quizá siempre ha vivido dentro. No lo sé. El diablo adopta formas diversas y se camufla muy bien. Cada vez estoy más convencido de que Lucifer nunca ha abandonado aquellos palacios, pero ahora se está revelando como una realidad dolorosa e implacable. El santo padre no es consciente, y me angustia lo que le pueda pasar.»

Dicho esto, el purpurado hizo una pausa para dar un trago a la copa. El color rojo brillante del Biondi Santi Brunello di Montalcino de 2009 aportaba aromas y sabores a cerezas, flores, tabaco y minerales. Yo hice lo mismo con aquel vino procedente de la Toscana, elaborado con uvas de la variedad Sangiovese: me pareció majestuoso. La pausa que hizo me inquietó un poco. Era como un punto de reflexión. Conozco los silencios de algunos cardenales, que a veces hacen para buscar la palabra justa, para no contestar preguntas incómodas o para hacer hincapié, como era el caso en aquella ocasión, en lo que acaban de decir. De repente, sin embargo, noté que algo no iba bien. El purpurado buscaba algo bajo el elegante mantel de lino blanco. Ni él ni yo podíamos intuir lo que nos esperaba.

Cuando retiró la mano de debajo de la mesa, la puso encima con un puñetazo. Me asusté y di un salto en mi butaca. Él abrió la mano y lanzó al suelo un pequeño artefacto redondo con un hilo que sobresalía. Se levantó y lo pisó con rabia, con la suela del zapato, como si fuera un insecto repugnante. Era un micrófono minúsculo con una antena que acababa de hacer trizas. Alguien había espiado, escuchado y probablemente grabado toda nuestra conversación. Estaba furioso y empezó a proferir algunos insultos en italiano. No los reproduciré. El diálogo había terminado de una manera abrupta. El color del cielo se iba volviendo rojo; de repente, aquel inolvidable espectáculo panorámico de Roma se había terminado para nosotros. El cardenal, muy nervioso y con la cara desencajada, habló unos instantes con el responsable de su seguridad. Después me quiso acompañar hasta el *hall* del hotel. Bajamos en el ascensor y atravesamos el vestíbulo en completo silencio. Ya en la calle, mucho más calmado, se volvió a disculpar. No era culpa suya, y así se lo dije. Cuando le pregunté quién podía ser el responsable de las escuchas, se encogió de hombros. «Seguro que hay más malditos micrófonos por toda la habitación. Ahora lo mirarán. No sé quién me espía o le espía a usted, ni por qué lo hacen. ¿El Vaticano? ¿La CIA? ¿El FSB ruso? ¿Los italianos? Nunca lo sabré. Jamás me había encontrado nada parecido, ni tenía ningún indicio de que me estuviesen siguiendo. Hay mucha guerra sucia interna en marcha en la Santa Sede, y también externa. Presentaré una denuncia o una protesta formal en la Gendarmería vaticana, y en la policía italiana. Esto es inadmisible.»

Cuando nos volvimos a ver al cabo de unos tres meses, en un encuentro fortuito en el barrio del Borgo Pio, a pocos metros de la muralla vaticana, me comentó que nadie le había informado del incidente. Habían encontrado tres micrófonos más en el salón y en el dormitorio de la *suite*. Prácticamente aquello fue lo único que pudo saber. El purpurado no tenía siquiera la certeza de que el caso se hubiese investigado. Alguien le comunicó que se había descartado hacerlo. Una señal bien clara que daría a entender que los rusos del FSB (la antigua KGB soviética) se podían dar por descartados. O se trataba del mismo Vaticano quien colocó las escuchas a través de sus servicios de espionaje, o bien lo había hecho alguna agencia amiga occidental.

La guerra sucia continúa y se ha incrementado de manera implacable en los últimos años. Todo el mundo espía y todo el mundo es espiado. Los ataques a la privacidad de políticos rivales, celebridades, periodistas y religiosos, como al fin y al cabo sucede con la de todos los ciudadanos, es una realidad muy preocupante del siglo XXI. Como dice Snowden, «la privacidad es el grifo para todos los demás derechos. De la privacidad emanan los derechos, porque es el derecho al yo. La privacidad es el derecho a una mente libre».

201

14

El pontífice al que quieren eliminar

Mehmet Ali Agca, que en 1981 intentó asesinar al papa Juan Pablo II en la plaza de San Pedro del Vaticano, dejó muy claro en una entrevista que también sería sencillo disparar contra el papa Francisco. Lo dijo en julio de 2013 en el programa *La Zanzara*, de Radio 24; un espacio de humor de la emisora que pertenece al grupo Il Sole 24 Ore, propiedad de Confindustria, la patronal italiana. El enigmático y siempre sorprendente Ali Agca diría: «Es fácil dispararle, incluso a este papa, pero a nadie le interesa hacerlo. El papa Francisco es solo el rector de una parroquia».

Al margen del comentario despectivo del turco, que aclaró que no lo pensaba matar, hay episodios de amenazas e intentos de asesinar a Bergoglio que han pasado muy inadvertidos para la opinión pública. Hemos citado ya unos cuantos en el capítulo sobre los servicios secretos, y todavía añadiremos el episodio del 12 y 13 de julio de 2017 durante la visita de Francisco al santuario portugués de Fátima. La seguridad asignada al pontífice detuvo a un hombre de nacionalidad marroquí que había comprado materiales sospechosos, como, por ejemplo, nitratos que se utilizan regularmente en la fabricación de bombas artesanales. Convenció a su esposa portuguesa y de profesión bombera para que se infiltrase en la ambulancia que tenía que formar parte del séquito del papa. El sospechoso estaba vigilado, y el probable intento de hacer estallar una bomba fracasó con la detención del matrimonio.

En agosto de 2021, una nueva amenaza volvió a poner en

alerta máxima a los servicios de seguridad del Vaticano. Se había interceptado en Milán un sobre con tres balas de nueve milímetros en su interior. Escrito a mano figuraba el destinatario: «Papa. Ciudad del Vaticano. Plaza de San Pedro. Roma». Acompañaba a las balas un breve comunicado donde se aludía al escándalo económico protagonizado por el cardenal Angelo Becciu, que sería juzgado en el otoño de 2022 en el Vaticano. El papa Francisco expulsó del cargo a ese purpurado. El motivo fue la compra de un inmueble en Londres por valor de unos doscientos millones de euros que se sacaron del fondo de la Santa Sede destinado a los pobres. En relación con esta grave amenaza, solo se supo que el sobre con las tres balas lo enviaron desde Francia. Al margen de este detalle, nuevamente el Vaticano sigue guardando un clamoroso silencio sobre las hipotéticas investigaciones que se iniciaron.

Por la *dark web* corren todo tipo de amenazas directas contra el papa Francisco por parte de yihadistas y ultras que transpiran odio por todos los poros. A poco que uno se esfuerza, se encuentran vídeos con gente armada que dispara a una diana donde está la fotografía de Bergoglio. Otros tapados con pasamontañas y exhibiendo cuchillos amenazan con degollarlo, e incluso lo simulan con maniquíes con la cara del pontífice argentino. Acompañan siempre estas amenazas discursos incendiarios de todo tipo que intentan justificar el asesinato. Los yihadistas hablan siempre del «líder de los cruzados» al que hay que eliminar. Los ultras proclaman que es un hereje, o el anticristo, o un ser diabólico. Nada nuevo, nada que no hayamos visto ya hace mucho tiempo. Aparte de todo esto, lo más curioso son las conspiraciones y los planes diseñados que se van descubriendo en esa Internet oscura y cuyo objetivo es asesinar al papa. Muchos de ellos resultan poco creíbles, porque parecen surgidos de la mente de un guionista fantasioso de una serie o una película apocalíptica.

Uno de los proyectos de atentado más espantosos que he descubierto para golpear al papa Francisco y el Vaticano se refiere a una operación que «se está preparando», según pude leer en octubre de 2022 en una página de la *dark web*. Debía ejecutarse el día del funeral de Benedicto XVI, presidido por el papa argentino en la basílica de San Pedro. Se hablaba de lanzar una bomba termobárica de alto impulso que se puede comprar en la misma *dark web*, probablemente a alguna empresa rusa propiedad de mafiosos. Ese artefacto, que se afirma que Rusia ha utilizado en la guerra para invadir Ucrania, también se conoce como bomba de vacío o de combustible. Tiene un alto poder destructivo e incendiario. El 5 de enero de 2023, el funeral de Benedicto XVI transcurrió sin ningún susto, eso sí bajo un impresionante despliegue policial. No cabe duda de que la detonación de una bomba de estas características habría generado una gran explosión y centenares de muertos y heridos, en una zona de varios kilómetros. Según el proyecto, que aún podría adaptarse a otra ceremonia, se hablaba de lanzarla desde un helicóptero por parte de «sacerdotes y laicos vinculados al FSSP Rad Trads». La Fraternidad Sacerdotal de San Pedro (FSSP) es una sociedad clerical que surgió de los lefebvristas cismáticos y cuyo principal objetivo es continuar con la liturgia antigua preconciliar. Con esta fraternidad, Bergoglio ha hecho una excepción en las restricciones que ha decretado para celebrar la misa en latín. Sí, son tradicionalistas, ultraconservadores, pero difícilmente se les puede vincular con la preparación de un atentado en el Vaticano. Fantasías de los teóricos de la conspiración, con escasa o nula credibilidad.

Marco, un experto en seguridad que trabaja en Milán, donde ha creado una empresa de protección de ámbito europeo, me comentaría que todas estas amenazas e intentos de asesinar a Bergoglio «no parecen demasiado coordinados ni preparados por profesionales. Algunos forman parte más bien de los deseos que de la realidad». Aun así, «en la mayoría de los casos, todo indica que los kamikazes serían los que llamamos lobos solitarios, imbuidos de fanatismo, peligrosos, impredecibles y que algunas veces, pocas, llegan al objetivo de una manera sorprendente. Si existe alguna coordinación, por lo poco que sabemos y comentamos en los sectores de la seguridad que frecuento, no hay indicios en absoluto de una conspiración internacional. Se trataría de pequeños grupos formados por gente que cree erróneamente que hoy en día acercarse a una personalidad es fácil. El papa, por más que tenga una tendencia indisciplinada a acercarse a la gente y a descuidar su seguridad, está rodeado de una nube de profesionales muy preparados que saben cómo actuar ante una emergencia».

Ciertamente, no parece, por más intenciones y vileza que pongan los que querrían acelerar la desaparición física del papa, que exista un proyecto que sea serio y bien planificado. Los sectores y las personalidades ultraconservadores de la Iglesia tienen muy asumido que en este mundo de comunicación global es difícil ocultar nada. Tarde o temprano se acaba sabiendo prácticamente todo. Sin embargo, el magnicidio iría mucho más allá de la muerte del pontífice y afectaría irremisiblemente la credibilidad de toda la Iglesia universal. Tanto los reformistas como los tradicionalistas quedarían muy tocados. Ahora bien, obviamente, en este ámbito nunca se puede descartar nada.

La renuncia que tiene in mente

«Si no hay renuncia ni la posibilidad de una muerte inducida, que Dios no lo quiera, solo hay que esperar a que la naturaleza siga su curso», me dijo en 2014 un reconocido purpurado ultraconservador, refiriéndose a Bergoglio. Fue durante una fiesta de cumpleaños en un ostentoso palacio de un compañero suyo cardenal, que hizo una entrada en escena espectacular y teatral ante los invitados, luciendo la capa magna que sostenían cuatro jóvenes, esa capa aparatosa, de seis a doce metros de largo, que se remonta al siglo xv. Se trata de la misma vestimenta pomposa que algunos cardenales, como el norteamericano Raymond Burke o el español Antonio Cañizares, lucen en algunas ceremonias tradicionalistas.

El purpurado interlocutor, con una copa de champán francés en la mano, deseaba el fin del pontificado del argentino como el que más, pero estaba dispuesto a esperar. Sin embargo, con el pasar de los años, su paciencia ha acabado en exasperación. Al final se ha decidido a intentar hacer la vida imposible a Francisco, esforzándose para ridiculizar y abortar sus reformas. La desesperación le ha llevado, en última instancia, a colaborar en los años recientes con los que trabajan para que su sucesor no siga la línea de cambios que Bergoglio ha intentado marcar.

Ahora, después de la renuncia en 2013 de Benedicto XVI, se considera «normal» para la mayoría de los mortales que un papa pueda dimitir por razones de edad y por tener las condiciones físicas o mentales deterioradas (algo que suele estar vinculado a la vejez). Se ha roto una tradición de siglos, y también el tabú de hablar de un posible retiro. En el mundo de la Iglesia no todos lo ven así, y mandan las convenciones. Hasta la muerte de Ratzinger, el 31 de diciembre de 2022, los sectores más involucionistas seguían considerando que el pontífice alemán se equivocó y que era el único legítimo. Intentaban demostrar que su renuncia la realizó sin validez jurídica. Un papa, para ellos, lo es hasta su muerte. La renuncia al pontificado era inconcebible hasta aquel gesto del alemán que sorprendió a todo el mundo y que ha generado tantas especulaciones, opiniones, críticas y controversias. Se ha escrito, y mucho, que solo existía oficialmente el precedente que ya hemos explicado, de hacía quinientos noventa y ocho años, el de Celestino V en el año 1294. La realidad de la historia nos demuestra que al menos una veintena de papas renunciaron en tiempos remotos. Se afirma que la mayoría lo hizo por presiones o amenazas. Al menos en el caso de Celestino V no fue así. Tampoco parece que haya intriga alguna detrás de la trascendental y valiente decisión de Ratzinger, quien dijo que la tomó de manera libre después de una larga reflexión personal.

De todos modos, por regla general, al menos en la época contemporánea, los papas, aunque fuesen viejos y estuviesen enfermos, continuaban reinando hasta el último suspiro. La tenacidad de Juan Pablo II es el exponente más reciente de un papa atormentado por el dolor pero decidido a aguantar hasta el final. Soy testigo de los gestos de angustia que pude percibir bien de cerca en su rostro durante las ceremonias del Jubileo del 2000, y que provocaban espanto en los que le rodeaban. Todavía tenemos un ejemplo más claro en un pontífice que murió en 1903, a los noventa y tres años, después de veinticinco años de ejercer su magisterio en unas condiciones de salud muy precarias. León XIII era ya un hombre enfermizo cuando lo eligieron. Prácticamente era incapaz de hacer nada. Su salud fue empeorando. Sorprendía mucho que su vida durase tanto, hasta el punto de que entre los cardenales empezó a circular un chiste muy viperino: «Pensábamos que habíamos elegido un papa, no un padre eterno». Muchas veces en el Vaticano se ha elegido un jefe de la Iglesia católica de una edad muy avanzada, con el objeto de que los cardenales ganasen tiempo para poder llegar a cierto consenso, que en los momentos del cónclave resultaba imposible.

Francisco sorprende día sí y día también. En una entrevista de septiembre de 2022, cuando la periodista Maria Joao Avillez de la CNN Portugal le dijo que esperarían al papa en Lisboa para la Jornada Mundial de la Juventud, que se celebrará del 1 al 6 de agosto de 2023, él dijo: «Que sea lo que Dios quiera». Sobre su presencia en los actos multitudinarios donde participarán, como siempre en estos encuentros, miles de jóvenes, el pontífice argentino añadió: «Yo pienso ir. El papa irá. O va Francisco, o va Juan XXIV, pero el papa va». La mención a su sucesor como Juan XXIV es una broma de Bergoglio, que ya había hecho en alguna otra ocasión. Dicho esto, todos los analistas se lanzaron a especular que el argentino quiere un perfil similar al suyo. Desearía un nuevo papa Juan XXIV, rememorando a Angelo Roncalli, Juan XXIII, que, aunque iba precedido de su fama de conservador, sorprendió al mundo convocando el Concilio Vaticano II, que fue la gran esperanza reformista de la Iglesia católica.

No resulta aventurado decir que el gesto de renuncia de Joseph Ratzinger persigue a Bergoglio desde el inicio de su pontificado. No es ni mucho menos un espíritu mortificador y agobiante, como en los relatos de Stephen King, pero tampoco una situación de la cual se pueda prescindir sin más. Siempre ha tenido presente la renuncia de Benedicto XVI en lo que tiene de positivo, y en la parte negativa que comporta para un pontífice mayor, que ve cómo muchas de las cosas que pretendía hacer se han ido desvaneciendo con el paso de los años. ¿Realmente ha marcado a Francisco la decisión de su predecesor? Para contestar a la pregunta me he acercado a un sacerdote que conoce bien la personalidad del argentino. Me cita para la entrevista y se desdice al cabo de pocos días. Intento convencerle de que necesito aclarar un enigma sobre el que busco respuesta desde hace más de nueve años; le digo que he preguntado a dos personas muy próximas al pontífice y que siempre he recibido evasivas. Finalmente acepta hablar conmigo, pero ha pasado lo que más temía: la condición para contestar a mi requerimiento es la que suele darse en estas delicadas entrevistas; quiere el anonimato que evite cualquier referencia que permita identificarlo. El sacerdote se muestra nervioso cuando nos encontramos en el otoño de 2022. «El santo padre —me dice— empieza a tener problemas derivados de la edad. Tiene una fuerza mental envidiable, pero le empiezan a flaquear, como nos pasará a todos más tarde o más temprano, las potencias físicas. Tiene sobrepeso y la rodilla le martiriza. No creo que renuncie mientras pueda aguantar. Él mismo lo ha dicho, aunque ha añadido también que no lo descarta. Dice con toda sinceridad que admira la decisión de Benedicto XVI, con el cual siempre ha mantenido una relación casi familiar.»

Llegados a este punto, mi interlocutor hace una larga pausa antes de continuar. «Mira. Desde la renuncia de su predecesor, en 2013, ya no sería ninguna sorpresa que un papa se retirase. Bergoglio piensa que hay que saber apartarse a un lado cuando es necesario. Cree firmemente que la Divina Providencia le señalará el momento, si este llega. Si ve que la salud física o la mental no le acompañan, renunciará. No lo dudes. Lo que tengo muy claro es que jamás lo hará presionado por alguien o por la montaña de problemas que ahora tiene, ni por los que pueden surgir en el futuro inmediato. Quiere dejar cosas cerradas, intentar como mínimo iniciar sinergias y procesos que difícilmente se puedan parar cuando él ya no esté. El Camino Sinodal iniciado es una de las cosas que más ilusión le hacen en estos momentos. Sacudir la Iglesia, debatir, discernir…, verle un futuro. Hace poco ha dicho que los papas que renuncian son humildes. No se llenan de la soberbia de quien se quiere aferrar al poder y se considera imprescindible.» Vuelve a hacer una nueva pausa, aún más larga. No quiero interrumpirlo. «¿Sabes una cosa? Francisco tiene pensado renunciar desde el primer día del pontificado. Como sugieres, con cierta razón, aquel gesto de Ratzinger le ha perseguido por diversos motivos. ¿Por qué ve como lógica la renuncia y por qué no la quiere aplicar aún? Tiene diversos motivos de preocupación *in mente*. El primero es que comparte con el alemán una visión similar del poder pasajero que ha de tener el pontificado. El segundo motivo es que se ha dado cuenta de que, a pesar de la cohabitación ejemplar que ha tenido con Benedicto XVI, no funciona tener en el Vaticano dos personajes con el título de papa. Aunque a uno de ellos se le añada el adjetivo de emérito, provoca malentendidos. Imagínate por un momento que pronto hubiese un tercero. ¡Dios no lo quiera! Por eso reivindica el título de obispo emérito de Roma como más presentable para el pontífice que se retire, para no inducir a errores ni interpretaciones maledicentes. El tercer motivo es que él tiene el mandato que le otorgaron los cardenales que lo eligieron, y no ha acabado aún su trabajo. Y existe aún una cuarta y última razón: Bergoglio cree que todavía tiene demasiado que hacer para intentar evitar que su sucesor destruya el legado que él deje. No es este último motivo ninguna señal de altivez, sino el convencimiento de que la Iglesia necesita los cambios que le ha tocado poner en marcha. Dicho esto, creo sinceramente que 2023 será, como dicen muchos, un año decisivo.»

A finales de diciembre de 2022, el propio Francisco revelaba al diario español *ABC* que, pocos meses después de iniciar su pontificado en 2013, entregó al entonces Secretario de Estado, Tarcisio Bertone, un documento con su renuncia. Se haría efectiva en caso de impedimento por cuestiones físicas o mentales. En cuanto se publicó esta información, contacté de nuevo con ese sacerdote. Sin decirme ni siquiera «buenos días» se ponía en el teléfono para ir al grano: «¿Lo ves? Ya te decía yo que Bergoglio lo tiene todo previsto. Vi que tú también lo intuías y te lo ratifiqué». Francisco lo tiene planificado. Ahora todo es menos complejo; con la muerte de Benedicto XVI, ya no hay cohabitación en el Vaticano después de casi diez años. Ya no existe un poder pontificio calificado muchas veces de paralelo. La posibilidad de tres papas vivos se desvanece. El pontífice argentino renunciará cuando lo crea oportuno y dejará sembradas semillas importantes. Quizá la respuesta que hemos visto de mi sacerdote interlocutor no era la que yo buscaba exactamente, pero es una explicación. Eso sí, muy diplomática y comedida.

Mafiosos rusos, católicos y fascistas se unen

Me viene a la memoria una anécdota que viví en Roma en 2018 en compañía de un monseñor italiano que trabaja desde hace décadas en la curia. Era un sacerdote poco hablador, pero al que conocía desde hacía años y con el que siempre había querido mantener una larga conversación. No sé todavía por qué, pero continuamente se me escabullía. La ocasión se presentó por sorpresa un mediodía cuando me lo encontré en la Piazza Colonna, donde está el palacio Chigi, la sede del Gobierno italiano. Yo salía de entrevistar a un ministro y prácticamente nos dimos de bruces. Monseñor Pietro (lo llamaremos así) me dijo que tenía hambre y que buscaba un sitio para comer. Aproveché la oportunidad. Le comenté que muy cerca teníamos varias opciones que conozco desde hace años, pero que estaba seguro de que le encantaría probar el *maialino al forno*, el cochinillo al horno, que hacen en un discreto restaurante junto al Parlamento. En aquella ocasión invitaba yo. El lugar es la Antica Osteria Piccola Roma Ezio, un local acogedor e informal que frecuentaba con asiduidad cuando mi tarea profesional me llevaba a hacer crónicas para la televisión en torno a la política italiana. Está situado junto a la Piazza Montecitorio, que preside la Cámara de Diputados, en la Via degli Uffici del Vicario, 36. Atravesamos la gran plaza, en cuyo centro se encuentra uno de los obeliscos egipcios más interesantes de la ciudad. Lo hizo trasladar desde Heliópolis, en el año 10 a. C., el emperador Augusto. Este obelisco de granito lleno de jeroglíficos y yo tenemos una relación muy especial. Durante la larga temporada que me hospedé en el hotel Colonna Palace, situado justo delante, lo primero que veía cada mañana desde la ventana al despertarme eran aquellos misteriosos símbolos e inscripciones. Supe que interpretaban los fenómenos de la naturaleza según la ciencia egipcia, y me fascinaba contemplarlo. Pero, bueno, no nos entretengamos ahora con más disquisiciones históricas o sentimentales.

El monseñor y yo, después del corto paseo, llegamos a la entrada de la Antica Osteria y subimos la escalera que lleva al comedor principal. El camarero de siempre, a quien conozco desde hace más de treinta años, nos acomodó en un rincón de la sala. Me reconoce cada vez que voy, y sabe lo que quiero. Siempre he valorado a estos camareros profesionales que ya no encuentras en ninguna parte. Encargué a la cocina dos raciones de *maialino al forno*. No había demasiada gente, pero me llamaron la atención dos mesas. Una la compartían diversos diputados de centroderecha, y en la otra vi a dos obispos, al lado de tres señores que parecían sacados de una película de *El Padrino*. El sacerdote bajó la voz cuando reconoció a los prelados. Empezamos la comida con unos deliciosos *antipasti*, antes de atacar el crujiente *maialino*, relleno de hierbas y tan tierno que se deshace en la boca. Unas copas de vino tinto, creo que un magnífico Barolo del Piemonte, maridaban a la perfección con aquel plato de la cocina tradicional romana que yo siempre he recomendado a los buenos amigos. Tengo muchos compañeros que, tras probarlo, sueñan con él. ¡No es broma! Hasta sé de alguno que ha hecho más de un viaje a Roma solo con la intención de volver a degustarlo.

Aparte de los detalles gastronómicos, la visión de aquella mesa con obispos y posibles mafiosos resultaba perturbadora. Y más cuando captamos que no eran italianos. ¡Eran rusos! Yo quería centrar la conversación con mi interlocutor en la reforma de la curia que estaba en marcha, pero el tema se desvió. Aquel monseñor, que tenía por poco hablador y muy cauto, con un tono de voz muy bajo, empezó a narrar episodios que había vivido en los palacios vaticanos, de contactos entre prelados y mafiosos. «Una vez, en una sala donde en-

211

tré despistado, me encontré con dos cardenales italianos que estaban reunidos con unos personajes altamente sospechosos. Antes de cerrar la puerta, pude ver proyectado en una pantalla un PowerPoint con imágenes de armas y muchas cifras. Cuando salieron comprobé que eran rusos. Probablemente traficantes de armas haciendo negocios o buscando inversiones.» Monseñor Pietro continuó: «En otra ocasión, hace unos tres años, llegó a mi departamento un sobre muy grueso que abrí sin darme cuenta de que no iba a mi nombre. En el interior había más de veinte mil euros en billetes de cien, y una nota que simplemente afirmaba en inglés que era el anticipo de una comisión. Iba dirigido a un prelado que trabajaba en el despacho que compartíamos, en la mesa de al lado. Lo cerré como pude, aunque me dio tiempo a darme cuenta de que en el remitente había unas letras en alfabeto cirílico».

Los diputados se levantaron de su mesa, probablemente porque tenían que ir corriendo al pleno de la Cámara o a participar en alguna comisión parlamentaria. Al cabo de un rato se fueron también los dos obispos y sus amigos rusos. Deduje que dos de los eslavos, los que tenían un aspecto más corpulento, llevaban pistola, por el bulto que se les formaba en la chaqueta. Cuando el comedor quedó vacío, mi interlocutor me contó algunas de las cosas que había investigado. Nunca las he utilizado, y ahora las recupero de una antigua libreta donde apunté datos que creo que en estos momentos pueden resultar muy interesantes. «En el Vaticano —me diría—, hay gente en la curia que mantiene una excelente relación con Alexéi Komov desde que en 2013 habló en el acto de presentación de la oficina en Roma del Dignitatis Humanae Institute, detrás del cual se encuentra Steve Bannon. Komov es amigo del presidente ruso Vladímir Putin. Por lo que tengo entendido, es el hombre que vehicula millones de rublos desde el Kremlin para financiar campañas de la ultraderecha europea. En Italia habría financiado a Salvini y Meloni; en Francia, a Marine Le Pen, y en España tiene buenas relaciones con Vox.» «Komov —siguió informándome el monseñor italiano— es un conocido lobista y hombre de negocios. Una especie de "conseguidor" para los oligarcas rusos a los que representa dentro de los círculos más integristas internacionales. Además, es presidente en Rusia de la red WCF (Congreso Mundial de las Familias), uno de los *lobbies* más poderosos del mundo en manos de cristianos conservadores. Hablo de la organización que ha conseguido unir en una misma lucha a los ultraortodoxos rusos y a los fundamentalistas católicos norteamericanos y también europeos.» Si investigamos un poco, podemos comprobar que estos grupos comparten los mismos objetivos contra la ideología de género, el aborto y la eutanasia. Komov, hijo de un diplomático expulsado en 1985 del Reino Unido por ser considerado espía de la KGB, es, según muchas fuentes, un protegido del oligarca ortodoxo Konstantin Malofeev, sometido desde 2014 a las sanciones de Estados Unidos y Europa. Se acusa a este potentado de haber financiado la república separatista prorrusa al este de Ucrania. Desde entonces, Malofeev, conocido como «el oligarca de Dios» por sus vinculaciones con el integrismo ortodoxo, ha ido ganando poder en Rusia.

213

La invasión rusa de Ucrania, en febrero de 2022, no ha roto tales vínculos, pero sí que ha querido camuflar lo que antes era público y notorio. Matteo Salvini ya no luce camisetas con la cara de Putin, aunque lo defiende. Le Pen y otros líderes de la ultraderecha occidental afirman que no conocen de nada al nuevo zar del Kremlin, y han borrado de las redes las fotografías donde aparecían sonrientes al lado del agresor de Ucrania. Pero la alianza que vincula a Vladímir Putin y su entorno con las fuerzas más reaccionarias occidentales, que incluyen también al expresidente Donald Trump, sigue siendo sólida, a pesar de la guerra y del distanciamiento que ha comportado el conflicto. En consecuencia, continúan teniendo en la diana al papa Francisco, al que consideran un importante obstáculo para implantar su agenda. «No se puede descartar que hayan movido piezas para conseguir eliminarlo», me diría como colofón de la conversación el monseñor de la curia. Ahora, cuando escribo estas líneas, las palabras de este contacto en el corazón del Vaticano me parecen muy valiosas, pero, cuando se despidió de mí aquel día, me quedó mal sabor de boca. El sacerdote me dijo que no le había gustado nada el *maialino*. Me llevé un buen chasco. Es la única persona que conozco a la que haya recomendado o a la que haya llevado a ese sencillo restaurante del centro histórico de Roma que no ha sabido apreciar un plato que a mí me parece exquisito.

15

Manipulando el cónclave con Red Hat Report

«*E*l Espíritu Santo inspirará a los cardenales para que hagan la mejor elección.» Es una frase que me han repetido en muchas ocasiones en la vigilia del *extra omnes* (fuera todos). Es el momento en que los purpurados con derecho a voto se encierran bajo llave en la capilla Sixtina para deliberar y votar a un nuevo jefe de la Iglesia católica. Es algo que los cardenales a los que he entrevistado pocas horas antes del inicio de un cónclave repiten hasta la saciedad. Sean del color que sean, piensen como piensen, quieren recordar que la tradición de la Iglesia señala al Espíritu Santo, que encarna dones sobrenaturales, como el responsable de inspirar a los purpurados en la trascendental misión de aportar un nuevo pontífice al mundo católico. Es evidente que, visto lo que hemos observado a lo largo de la historia, los cónclaves se resuelven por muchas vías que nada tienen que ver con el carácter espiritual de esta figura bíblica, que la iconografía suele representar en forma de paloma. Cuando los entrevistados, cardenales y también especialistas creyentes, apelan a la sabiduría y la capacidad de esta figura espiritual de transmitir a los hombres (en este caso purpurados) sus decisiones, creo sinceramente que utilizan ese subterfugio para no decir nada. En resumen, para echar balones fuera ante las preguntas de los periodistas, y evitar comprometerse en un momento especialmente delicado. Si se deja en manos del Espíritu Santo la decisión de elegir a uno u otro candidato, siempre se queda bien; además, todo el mundo evita mojarse.

«El Espíritu Santo está de vacaciones, sobre todo durante el cónclave», me diría en 2005 un simpático, ocurrente y bastante irreverente periodista mexicano, mientras tomábamos un café en las jornadas previas a la elección del cardenal Joseph Ratzinger como Benedicto XVI. Y añadió: «Si el Espíritu Santo sobrevolase la capilla Sixtina, se pondría una venda sobre los ojos». La elección de un pontífice siempre se ha visto envuelta en notas que poco tienen que ver con la espiritualidad. Las crueles batallas que libradas entre los cardenales electores siempre han estado condicionadas por factores políticos. Tanto en la época antigua como en la actual, han primado los intereses que ponen en juego las diversas facciones. Durante la elección, siempre ha sido crucial la correlación de fuerzas con las que cuentan los candidatos, las sumas y las restas de la aritmética electoral, la oportunidad y el oportunismo. Nada ha ocurrido por azar. Es todo, desde siempre, escandalosamente mundano.

Desde el siglo XIII hay muchos documentos históricos que muestran pugnas sangrantes y martingalas para conseguir situar a un candidato en el trono de san Pedro. Inicialmente, el obispo de Roma era elegido en asambleas de fieles muy tumultuosas, que acababan en violencia y cismas. Era la época anterior a que el emperador Constantino aceptase oficialmente el cristianismo. Hasta el siglo XII fueron proclamados alrededor de treinta «antipapas». Una docena de pontífices, en el periodo de cien años en torno al año 1000, serían expulsados del alto cargo. Algunos morirían asesinados y otros padecieron el exilio. En el siglo XI, los fieles y religiosos fueron vetados como electores y se impuso que fueran los cardenales los que eligieran a los papas. Finalmente, en 1179 se acordó, en vista de que continuaban las disputas, aplicar una norma que ya era habitual en el gobierno de algunas ciudades italianas como Venecia. La regla de que fueran necesarios dos tercios para ser elegido eliminaba en buena medida el poder del tercio perdedor de presentar batalla con la fuerza suficiente. De todos modos, esta norma, que exige amplios consensos y complicadas negociaciones, provocó unas vacantes muy largas en la sede, a causa de los desacuerdos que se eternizaban. En el siglo XIII, Celestino V «inventó» e impuso el cónclave como solución drástica. Para evitar que las deliberaciones se alargasen durante siglos, los cardenales electores dormían en lechos incómodos, se les privaba de su paga y solo se alimentaban de pan, vino y agua. Con tales condiciones, no tardaban en decidir. Estas radicales medidas provocaron un buen número de elecciones precipitadas y de errores que muchas veces se enmendaban con muertes repentinas y obviamente inducidas.

Aunque la coerción, el soborno y los pactos están oficialmente vetados bajo pena de excomunión, y pueden suponer la anulación de la elección, siempre los ha habido y, probablemente, siempre los habrá. A lo largo de la historia encontramos indicios suficientes e incluso pruebas de que muchos papas han sido elegidos a partir de estas prácticas y de extraños complots nunca reconocidos por las crónicas oficiales. Con la amenaza de la excomunión vigente, ahora podemos demostrar que todo está preparado para manipular el cónclave que ha de elegir al sucesor del papa Francisco. Solo una mayúscula sorpresa (algo que nunca se puede descartar, cuando hablamos del Vaticano) podría cambiar el guion previsto. ¿Cómo se pretende hacer? ¿Quién escribe en estos momentos el argumento de lo que ha de pasar? En las páginas previas, hemos visto con detalle que el sector más tradicionalista de la Iglesia, en concomitancia con la extrema derecha internacional, se ha conjurado para que no se repita el «error» de nombrar a otro Francisco. Todos los esfuerzos hechos durante los años del pontificado de Bergoglio confluirán en el momento clave del cónclave para que no se produzca ningún tipo de obstáculo que impida la elección de un nuevo papa afín a sus intereses. El problema que tienen, como veremos más adelante, es que no cuentan con un candidato del todo presentable y aceptable. Una personalidad con entidad propia. Quizá puedan erosionar, pues cuentan con un gran presupuesto para hacerlo, la credibilidad de los candidatos más reformistas, pero... ¿disponen de una alternativa? Si no es así, probablemente optarán por un pontífice débil y fácilmente manipulable, con la finalidad de obligarlo a liquidar las reformas que Bergoglio haya implementado.

Sin privilegios, los enemigos se multiplican

El Sínodo de la Familia convocado por el papa Francisco en 2015 ahondó mucho más el abismo que desde hace décadas divide y sacude a la Iglesia. El pontífice argentino había hecho estallar una bomba en el frágil equilibrio de poder que había entre reformistas y conservadores. El acceso, hasta entonces prohibido, al sacramento de la comunión por parte de los divorciados y vueltos a casar, que el papa introdujo en una nota a pie de página en la exhortación apostólica *Amoris Laetitia*, generó una gran oleada de rechazo en los sectores más tradicionalistas. Poco a poco, con otras disposiciones como la restricción del uso del latín en la misa, en julio de 2021, Bergoglio fue incrementando la irritación de los intransigentes. Todo eso, sumado a las declaraciones favorables a la lucha ecológica y la toma de posición sobre los homosexuales, las mujeres y los inmigrantes, ha configurado un panorama donde los enemigos del papa multiplican los agravios contra él. Entre los católicos laicos de base y los religiosos, sobre todo los obispos, se incrementa la oposición a Francisco. La reducción de los privilegios que ostentan los cardenales ha acabado de remachar el clavo. Dentro y fuera del Vaticano, los contrarios más activos al pontífice saben que no están solos, sino que cuentan con una legión dispuesta a ponerse a su lado en cada una de las batallas que decidan iniciar.

En el segundo semestre de 2022 se intensificó en el Vaticano una práctica que viene siendo habitual desde la llegada de Francisco al pontificado: la llamada «guerra de dosieres». Lanzar basura sobre Bergoglio y los reformistas que lo apoyan era el objetivo, y la base, falsedades, medias verdades y manipulaciones diversas. ¡Todo vale! Ya lo decíamos al principio: se ha abierto la veda para la caza mayor, que no se cerrará hasta que el pontífice deseado por el sector más reaccionario sea proclamado como nuevo jefe de la Iglesia católica. En resumen, el movimiento de difundir dosieres que hemos comentado antes era solo un ensayo, el aperitivo de lo que pasará cuando realmente se convoque un cónclave para elegir al sucesor de Francisco. La estrategia de guerra sucia diseñada con meticulosidad y sin escatimar recursos está en marcha; todo parece controlado desde un centro de operaciones situado a más de siete mil trescientos kilómetros de Roma, en Estados Unidos.

Después del último consistorio, en agosto de 2022, el Colegio Cardenalicio cuenta con ciento treinta y dos electores purpurados, es decir, que tienen menos de ochenta años y por tanto pueden entrar a la capilla Sixtina para elegir a un nuevo pontífice. Ochenta y tres, es decir, un 63 %, han sido nombrados por Francisco; treinta y ocho por Benedicto XVI, y aún quedan once que fueron nombrados por Juan Pablo II. Sobre el papel, esto concede una gran ventaja para que el argentino pueda lograr que su sucesor siga su línea, pero no todo está tan claro como parece a simple vista. En primer término, no todos los nombrados por Francisco son reformistas o se muestran fieles a él. En segundo lugar, si esta mayoría se produjese y se viera una tendencia clara que pudiese conducir a la victoria de los partidarios más progresistas, ya hay quien está dispuesto a manipular el cónclave.

Cuando decimos que no todos los nombrados por Bergoglio forman un grupo compacto a favor de un nuevo papa continuista en la línea de las reformas del pontífice, nos referimos a esto: «Muchos de los cardenales que deben al santo padre Francisco su nombramiento como purpurados lo han abandonado. Algunos están en desacuerdo con su actuación a favor de los inmigrantes, de los derechos que él quiere para los homosexuales o las mujeres, y se muestran críticos con el papel que defiende en la lucha contra el cambio climático. Le censuran que, como dicen ellos, quiera convertir la Iglesia en una ONG, que hable poco de doctrina. Otros, sobre todo los cardenales que trabajan en la curia, no han visto con buenos ojos que les retire privilegios. Quieren seguir siendo príncipes de la Iglesia, y no entienden por qué Bergoglio los critica por vivir en grandes palacios o lujosos apartamentos, o por tener el poder de invertir en el oscuro mundo financiero, ni aceptan que los desacrediten por dedicarse a una vida mundana en la cual predomina la ambición y la hipocresía». Quien así me habla es un monseñor

219

que ejerce su vocación con entrega y austeridad. Un gran admirador de Francisco, que siempre afirma que le recuerda a Juan XXIII. Trabaja en una congregación (ahora ya se llama dicasterio) dentro del Vaticano, y actúa siempre con discreción y procurando no llamar la atención. Prefiere ser cauteloso por convicción y también, por qué no decirlo, por un espíritu de supervivencia muy recomendable cuando uno es consciente de estar rodeado de gente con un concepto moral y unas actuaciones poco ejemplares. Un sistema de vida que considera que es, desde luego, muy cuestionable para un cristiano.

Efectivamente, hasta la llegada del papa Francisco, había cardenales y altos cargos de la curia que tenían organizado un buen negocio abriendo cuentas con dinero de procedencia desconocida en la Banca Vaticana. Eso ya no es posible. La vieja práctica era muy sencilla. Llegaba alguien a contactar con un purpurado y le llevaba una maleta llena de billetes que sumaban millones de euros. El receptor se quedaba algunos fajos como comisión, y abría una cuenta en el IOR, el banco de la Santa Sede. Ese dinero, muchas veces procedente de la mafia y el crimen organizado, quedaba reciclado. El Vaticano era un paraíso fiscal con un buen número de beneficiarios entre los altos cargos de la Iglesia. Se llenaban los bolsillos sin ningún esfuerzo. También algunos invertían en negocios y productos financieros poco éticos, moralmente reprobables y contrarios a los principios cristianos.

Todo este sector no ha apreciado tampoco demasiado el recorte en los salarios que Francisco ha impuesto a los funcionarios y altos cargos de la Santa Sede. Prometió que no se despediría a nadie, pero que había que hacer sacrificios. Los funcionarios religiosos y laicos, desde abril de 2021, han visto rebajado su sueldo entre un tres y un ocho por ciento, y los cardenales que trabajan intramuros (que son en torno a una veintena), un diez por ciento. Como veremos, este porcentaje para los purpurados es casi ridículo, dada su generosa paga. El problema es que algunos lo sienten como una humillación más del papa argentino hacia los más altos responsables de la curia.

El descenso de los ingresos del año 2020 y 2021 a causa de la pandemia del covid había generado una situación catastrófica para las finanzas vaticanas. Había que hacer restricciones para evitar los despidos. Los números no cuadraban, y el déficit en 2020 había llegado a los quinientos millones de euros, agravado por una situación que ya se venía arrastrando desde hacía años. A la reducción de limosnas y donativos se sumaba el cierre de los museos vaticanos, de la filatelia, de los bazares donde compran recuerdos los turistas y de la mismísima basílica de San Pedro. No olvidemos tampoco las cuantiosas inversiones de la Banca Vaticana, que durante la pandemia sufrieron los efectos de la inestabilidad de los mercados financieros.

El capítulo de gastos para pagar las doce pagas anuales de los salarios de los seis mil funcionarios que trabajan en la Ciudad Vaticana supone el cincuenta por ciento del presupuesto de la Santa Sede. Un funcionario, para trabajar al servicio de la Iglesia, percibe entre 1300 y 1500 euros mensuales (algunos jefes del llamado décimo nivel llegan a los 2300 euros). Además, no tributan impuesto alguno y cuentan con el evidente beneficio de poder comprar de todo en el economato a precios prácticamente de coste, sin IVA. Algunos de ellos tienen también residencias o apartamentos gratuitos, proporcionados por un departamento de la Santa Sede denominado APSA (Administración del Patrimonio de la Sede Apostólica). Un capítulo aparte merecen la veintena de cardenales de la curia romana, que reciben una remuneración de entre 4500 y 5000 euros mensuales que comprenden los 1500 euros que cobran todos los cardenales del mundo del llamado «piatto cardinalizio». Mientras que un obispo o arzobispo, que tiene un cargo en un dicasterio recibe entre 3000 y 4000 euros mensuales.

El recorte de 2021 provocó, sobre todo en los empleados de los museos vaticanos, una oleada de protestas. Se consideraban los más perjudicados. Los funcionarios recogieron firmas en un documento donde se criticaban abiertamente los privilegios con los que cuentan los altos cargos, tanto laicos como religiosos. Una práctica, denuncian, que no tiene nada que ver con el carácter religioso de la institución. «Ocupan espléndidos pisos de la APSA, situados en las zonas más prestigiosas de Roma, sin pagar alquiler a la administración en cuestión (se podría hacer un cálculo de pérdida de ingresos de los alquileres por las propiedades ocupadas por "privilegio"). Tampoco se hacen cargo de ningún gasto de reestructuración, al contrario que nosotros, los empleados, que lo pagamos todo. Además del alquiler gratuito, nos gustaría nombrar coches de uso privado, descuentos en compras, secretarias a su servicio, reembolso de gastos de diversa índole...» En la protesta de los funcionarios se divulgaba además que hay cargos laicos contratados en el Vaticano que, en concepto de gastos, llegan a cobrar hasta veinticinco mil euros mensuales. Pero hay religiosos, y de gran renombre, que superan ampliamente esa cifra.

Todos los purpurados que no tienen diócesis asignadas a su cargo y trabajan en la curia tienen la obligación de residir en la Ciudad del Vaticano. No todos quieren vivir intramuros, donde todo es «más modesto». Muchos han escogido desde siempre mansiones mucho más cómodas y suntuosas, repartidas por los lugares más emblemáticos de Roma. En el primer libro que escribí sobre el Vaticano, incluí a modo de ejemplo un listado de palacios y mansiones donde viven. En todas las residencias disponen de monjas domésticas, secretarios, ayudantes y chóferes que se encargan de los purpurados, muchos de los cuales han sobrepasado los ochenta e incluso los noventa años. La mayoría de estos no quieren moverse de sus venerables mansiones. El papa Francisco exige sobriedad desde hace tiempo, pero son pocos los que están dispuestos a dejar ese estilo de vida marcado por el lujo, la dilapidación de fortunas en gastos de todo tipo y otros privilegios. La APSA, organismo vaticano que como hemos dicho gestiona los bienes inmuebles de la Santa Sede, ha buscado alternativas en pisos «medianos o pequeños», de no más de ciento veinte metros cuadrados. Las grandes casas de los cardenales, comparadas con las dos habitaciones donde reside Bergoglio en la Domus Santa Marta, realmente hacen daño a la vista. Pero solo a unos pocos. El papa avisó a todo el mundo, al principio del pontificado: «Chi serve la Chiesa non può vivere di faraone» («Quien sirve a la Iglesia no puede vivir como un faraón»). La época de los privilegios parece que podría tener los días contados. Poner fin a la bicoca genera malestar, y son muchos los que colaboran para intentar evitar, o como mínimo retardar, los efectos que les puede causar lo que llaman «el castigo que nos impone el obsesivo argentino».

Espionaje a los cardenales electores

«Nos encontramos ante la operación de guerra sucia más importante que ha sufrido jamás la Santa Sede. Si la gente fuese consciente del alcance que tiene, y cómo puede afectar al futuro inmediato no solo de la Iglesia católica, sino de la sociedad donde vivimos, se echaría las manos a la cabeza.» Giorgio es un conocido sociólogo italiano que vive en Roma y conoce muy bien lo que se cuece en la Santa Sede. Habla poco en público por deferencia a su hermano, que ejerce un importante cargo en un dicasterio. Hacer según qué declaraciones podría perjudicar su carrera. Quiere el anonimato y hay que respetarlo.

Giorgio nos advierte contra una operación de la extrema derecha en colaboración con los sectores más reaccionarios de la Iglesia, hasta ahora impensable en esta institución. Un complot en toda regla. Cuando hablábamos de que uno de los centros de operaciones para manipular el próximo cónclave está situado en Estados Unidos, nos referíamos a la misteriosa operación llamada Red Hat Report. El nombre hace referencia al *red hat* o casquete rojo (el solideo) que todos los cardenales reciben de manos del papa cuando se les asciende a ese importante cargo. En principio, la misteriosa operación no se trata de ninguna actividad secreta, pues hasta tiene una web oficial, pero nada es lo que parece, o lo que nos quieren hacer ver.

La asociación Better Church Governance Group (Grupo para un Mejor Gobierno de la Iglesia) se formó en 2018 en Washington. Fue una iniciativa surgida en un círculo de ricos empresarios norteamericanos católicos ultraconservadores. Habían llegado a la conclusión de que no podían tolerar que el pontificado de Francisco tuviese continuidad en un futuro cuando este renunciase o muriese. Encontraron la fórmula ideal con Red Hat Report, el proyecto que confeccionaría los minuciosos dosieres donde se expondrían los detalles más ocultos del pasado y el presente de todos los cardenales electores que participarían en la elección del sucesor de Bergoglio.

223

Estos informes exhaustivos de cada uno de los purpurados tenían que contener todos los datos públicos y personales, con
especial atención a los posibles escándalos sexuales y de corrupción que no constan en las biografías oficiales, las críticas que habían recibido y también el apoyo de sus defensores,
cualquier noticia que girase en torno a denuncias, y si habían
estado alguna vez sometidos a alguna investigación policial o
procesos ante un tribunal. Se haría una radiografía completa
de cada personaje, hasta el más mínimo detalle. Se estudiarían
las relaciones personales más íntimas, sus viajes, negocios e inversiones. También las comparecencias públicas y la actividad
privada, las relaciones familiares y de amistad. El informe Red
Hat señalaría, al mismo tiempo, si son o no homosexuales, y
valoraría si las opiniones conocidas de cada cardenal se alinean
con la Congregación para la Doctrina de la Fe, el brazo del Vaticano que defiende a la Iglesia de la herejía y se encarga de
investigar las acusaciones de abusos sexuales. Así se han confeccionado los dosieres, algunos de los cuales están colgados
(muy resumidos y también muy medidos) en su página web.
He tenido acceso a algunos de estos informes a través de contactos en la *dark web* y, a diferencia de los publicados en la Red,
son mucho más exhaustivos, sobre todo a la hora de descubrir
los detalles más íntimos de los cardenales.

Los mismos promotores, a través de su cuenta en Twitter,
fijaban en veinticinco mil dólares el coste de cada dosier sobre
uno de los cardenales. El proyecto estaba en fase de conclusión
en agosto de 2022, cuando el papa Francisco añadió dieciséis
nuevos purpurados electores a la lista. Los han ido inclu-
yendo con una inusitada rapidez. Todo en conjunto recuerda
mucho, con las diferencias que queramos, a los métodos que se
aplican para investigar a la oposición política en unas elecciones.

Una **party** *para potentados*

La presentación del proyecto se hizo el 30 de septiembre de
2018 en la llamada Red Hat Cocktail Party, que se celebró en
una terraza del campus de la Universidad Católica de América.
Un escenario elegido meticulosamente, en unos jardines, con

césped muy bien cuidado, que rodean los edificios de estilo clásico de ladrillo rojo de la institución. El anfiteatro perfecto, al aire libre y en la sede de una de las universidades más conservadoras de Estados Unidos, para generar la necesaria complicidad entre los invitados.

A posteriori, se han celebrado otros actos similares en diferentes ciudades de Estados Unidos, pero este fue diseñado especialmente. El objetivo era recoger fondos para la financiación fijada solo para aquel primer año de 2018 en un millón de dólares. Los impulsores de la iniciativa hablan siempre de «una organización sin ánimo de lucro». Aquella primera puesta en escena de la iniciativa reunió a una selecta representación de los millonarios más ultraconservadores de la capital federal, personajes influyentes, políticos republicanos, algunos cargos de la Administración Trump y propietarios de *holdings* de la comunicación. Entre los invitados había periodistas famosos por sus posturas reaccionarias, y así consiguieron todo el eco previsto en los medios más de derechas. Por el contrario, los de talante progresista ignoraron, con una ceguera que constituye una grave irresponsabilidad, el nacimiento de una idea que puede tener consecuencias preocupantes. En aquella primera presentación en sociedad del proyecto ya no se pudo disimular demasiado cuál era su objetivo final.

Entre copas y manjares exquisitos, los promotores no se cansaron de proclamar que investigan a los cardenales electos para llevar a cabo una «auditoría», fomentar la «transparencia» de la Iglesia y hacer limpieza de los escándalos y vicios más abominables. Better Church Government afirma que el informe «Red Hat no pretende ser un proyecto político, y no avalará ni atacará a ningún cardenal». De todos modos, el mismo director ejecutivo del proyecto, Philip Nielsen, se explayó un buen rato explicando la modalidad a través de la cual el cardenal de Buenos Aires fue elegido en 2013. Según dijo, si se hubiese contado con lo que reflejarían los expedientes del Red Hat Report, Jorge Mario Bergoglio no habría salido elegido, nunca habría sido el jefe de la Iglesia católica.

Nielsen explicó que, durante aquel cónclave, los secretarios de los cardenales electores que no conocían a los posibles co-

225

legas aliados o rivales se fijaban mucho en la biografía que se publicaba en la Wikipedia. Ahora, defendió, podrían contar con una información «rigurosa y contrastada» que no tuvieron en 2013. Si consiguieran modificar los artículos de la Wikipedia, tendrían hecho gran parte del trabajo. Si no es así, se asegurarán de que los dosieres lleguen a todos los cardenales electores. Así se desenmascararía rápidamente el auténtico objetivo, que no era simplemente buscar una mejor gestión de la Iglesia. «Si el propósito de la organización norteamericana fuese la transparencia y la denuncia de lo que está podrido en el Vaticano —me dice Giorgio—, ¿por qué no se investiga también a los cardenales electores de más de ochenta años, algunos de los cuales participan de la gestión de la Santa Sede, y en cambio no tienen potestad para votar? La respuesta es bien clara: se pretende intimidar a los posibles candidatos, desprestigiarlos a ojos de los purpurados electores que no los conocen y también utilizar el chantaje si hace falta, para hacerlos votar al candidato que les interesa. Este sí que se presentará en los informes aparentemente bien limpio de cualquier escándalo.»

226

Exagentes del FBI y de la CIA investigan

Para el trabajo gigantesco que implicaba espiar a los cardenales electores, los promotores han ido reclutando a un grupo de más de un centenar de personas que forman los equipos de investigación, entre los cuales hay académicos, sacerdotes católicos, estudiantes universitarios, expertos en comunicación, periodistas, sociólogos, exagentes de la CIA y al menos una decena de exagentes del FBI. Dependiendo de la responsabilidad que ejercen y del trabajo de campo que hacen, reciben una retribución.

El hermano de mi interlocutor, Giorgio, con tres décadas a la espalda de experiencia laboral en el Vaticano, guarda un secreto: conoce la existencia de una red intramuros muy activa, formada por sacerdotes, obispos y altos funcionarios que colaboran con los investigadores norteamericanos para recabar datos personales de los purpurados. «En todo el mundo —me descubre—, hay grupos similares en las ciudades donde ejerce como obispo o arzobispo titular un cardenal elector.» Todos son informadores claves en esta investigación, y dan apoyo a una causa que se convierte en una «guerra sucia» por diversos motivos que se podrían resumir en uno: hacer lo que sea necesario para restaurar el orden católico de siempre, el que habría «profanado» el papa Francisco desde su llegada al pontificado. Tanto los investigadores que trabajan en Washington como sus informadores, que lo hacen en las sedes cardenalicias o en el mismo Vaticano, comparten que esta estrategia es la adecuada para eliminar la posibilidad de un «Francisco II». Para los norteamericanos, sobre todo, es abominable tener un papa que critica constantemente el capitalismo, y todos coinciden en ver al papa argentino como un abanderado de causas (feminismo, homosexualidad, inmigración, ecología...) que a sus ojos hacen tambalearse los cimientos de la civilización.

El sistema de trabajo de los investigadores se inició con la elaboración de los informes sobre los cardenales que se consideraban papables en 2018, un listado que gradualmente va cambiando en función de las circunstancias que los rodean. En 2022-2023 ya tienen lista la parte más importante y han acelerado las modificaciones, fruto de diversos escándalos descubiertos en los últimos meses, a raíz de los rumores sobre una renuncia inminente del papa Francisco al pontificado. En el verano de 2022 incorporaron a dieciséis nuevos cardenales nombrados por Bergoglio. Cuando escribo estas líneas se está avanzando a marchas forzadas en la investigación de todos ellos.

A partir de lo que le ha explicado su hermano en el Vaticano, Giorgio me comenta las fases de trabajo: «Los exagentes de la CIA y del FBI con buenos contactos con las agencias de espionaje internacional consideradas aliadas, aportan una información de un valor enorme. Los estudiantes y periodistas también contribuyen con nuevos datos que pueden conseguir en el trabajo de campo. Los académicos y sociólogos contrastan estos datos, que finalmente los expertos en comunicación harán legibles y presentables. La aprobación final la da el director Nielsen, que hace más o menos hincapié en algunos aspectos de la personalidad y la actividad del purpurado investigado. Todo junto conduce a tener un dosier completo de cada cardenal de entre treinta y cincuenta páginas, que es lo que se hace público. El expediente privado, que de momento se mantiene oculto, tiene un centenar de páginas con una relación de intimidades en algunos casos poco confesables». En los expedientes, los cardenales investigados reciben una calificación que figura en el encabezamiento: limpio, acusaciones creíbles de culpabilidad y culpabilidad grave. Según afirman los responsables, el veredicto final sobre cada uno de los cardenales investigados se basa en las pruebas y en «las recomendaciones de los mejores expertos».

Fundamentalistas al ataque

Giorgio repasa algunas notas que su hermano mayor le ha hecho llegar desde intramuros. Quiere ser muy meticuloso y no equivocarse ni olvidarse de nada. Se muestra escandalizado «sobre todo por lo que contienen los informes de violación a la intimidad de las personas que son objeto de espionaje, y que tendrían que denunciar esa conculcación de sus derechos fundamentales». Los promotores han recalcado que consultan a juristas para no caer en la trampa de tener que enfrentarse a denuncias que podrían comportar delitos de difamación, que un juez podría considerar que merecen una cuantiosa indemnización. Giorgio no lo ve así. Con él, repasamos quiénes son los promotores conocidos.

«Estamos hablando —me dice— de gente muy implicada en la lucha por la tradición cristiana del mundo occidental, algunos conocidos y con cierta popularidad. Otros, no tanto. Personas que normalmente hacen ingentes donaciones a la Iglesia, que creen de una manera obsesiva y radical que son los nuevos cruzados del siglo XXI.»

En primer lugar nos encontramos a Phil Nielsen, que tiene un máster en Arquitectura y otro en Teología por la Universidad de Notre Dame, en Texas. Fue jefe de Investigación del Centro para el Catolicismo Evangélico, una organización ultraconservadora sin ánimo de lucro con sede en Greenville, Carolina del Sur. Es el actual director ejecutivo del proyecto Red Hat, hecho que le ha obligado a dejar su anterior responsabilidad y a trasladarse a Washington D. C. Este proyecto es el sueño de su vida. Trabaja dirigiendo el equipo que confecciona los expedientes en The Homer Building, en el número 601 de la calle 13 de la capital federal. Le acompañan en la estructura directiva Chris Mangiaracina (asesora de Investigaciones Financieras), Philip P. Scala (asesor de Investigaciones y ex agente especial de supervisión del FBI), Diego Casarrubios (director de Operaciones) y Alice Knaeble (directora de Contratación).

«Nielsen es un fanático católico tradicionalista, aunque se define como católico normal. Empezó en solitario, solo con la ayuda de su mujer, este proyecto que tenía *in mente* hace casi una década. Poco a poco fue creciendo gracias a la ayuda financiera que aportaron ricos empresarios norteamericanos que creían en la idea, la estrategia y el objetivo. Pudo contratar a estudiantes de más de veinte países, y después a exespías que le aportaron contenidos hasta entonces impensables. Ahora se ha convertido en una empresa y un *lobby* de presión», continúa Giorgio, cada vez más interesado en dar detalles. De hecho, llama varias veces por teléfono a su hermano al Vaticano y le adviero de que no lo haga. Las paredes tienen oídos. Le puede perjudicar mucho. Como mínimo le aconsejo que utilice la aplicación Telegram, que dicen que es menos detectable. Por suerte, el hermano no ha atendido las llamadas.

Por lo que sabemos de Nielsen, hizo un periplo por diversos países europeos en 2019 y posteriormente por Latinoamérica para difundir su proyecto y conseguir reclutar a periodistas y estudiantes para que participasen en la ejecución de los expedientes. En su entorno se organizaban cenas para recaudar fondos para el proyecto en marcha. Él y sus colaboradores amplían constantemente esta red mundial. En estos momentos ya son centenares los cooperantes en los cinco continentes. Nielsen es consciente de que Red Hat genera escepticismo en muchos sectores; en una entrevista de 2019 con el periodista Jordi Picazo, defiende la profesionalidad de la información que contienen los perfiles de los purpurados. «La gente —afirma— se dará cuenta de que el proyecto no es un ataque a nadie, ni nada por el estilo.» De todos modos, su propio perfil en las redes y los discursos de presentación del plan en diversas tribunas internacionales demuestran todo lo contrario. Él suele hablar de la «mala prensa» que provoca el espionaje a los cardenales, pero no puede ocultar las opiniones absolutamente beligerantes que vertió en un principio contra el cardenal Pietro Parolin, el secretario de Estado, opiniones que después rectificaría, al darse cuenta de que podían perjudicar la presunta «neutralidad» del proyecto de Nielsen. Había afirmado, sin disponer de pruebas, que Parolin era corrupto por diversos escándalos financieros. «En el próximo cónclave ha de ser conocido por todo el mundo como una desgracia para la Iglesia», dijo. Del mismo modo, la filtración de un correo electrónico de Nielsen revela planes para compilar lo que, según él mismo dice, sería una especie de equivalente eclesiástico de la «investigación de la oposición» que se hace durante las campañas políticas. En este caso, los afectados son los cardenales. En resumen, él mismo muestra que están dispuestos a hacer la guerra más sucia de la historia en un cónclave.

Otro colaborador clave del Red Hat Report es Jacob Fareed Imam. Este doctor en Teología y Religión de la Universidad de Oxford, director de New Polity (un *think tank* ultraconservador católico), es un antiguo musulmán convertido al catolicismo en 2015. Solicitó una excedencia del prestigioso centro académico británico para dedicarse en cuerpo y alma a la difusión de los expedientes. Él será el responsable de poner en marcha el bombardeo mediático cuando llegue el momento, cuando se convoque el cónclave. Es el director de desarrollo del proyecto y habitual conferenciante en charlas donde se compara el Corán con la Biblia, que imparte en las universidades católicas más conservadoras del mundo occidental. Durante la presentación estelar del proyecto Red Hat en Washington, Jacob Fareed Imam afirmó que no quería hablar mal del papa Francisco, pero le acusó de defender a obispos de Argentina envueltos en supuestos escándalos morales. Citó en diversas ocasiones lo que llamó el «expediente Bergoglio». Es verosímil, pues, que exista también un amplio informe sobre el papa elaborado por la organización.

Durante el discurso del profesor, una de las diapositivas que se proyectaron llevaba el título: «Si hubiésemos tenido el informe Red Hat, quizá no habríamos tenido al papa Francisco».

230

Imam explicó: «Hemos de hacernos esta pregunta: ¿no podríamos haber tenido a algún otro en 2013 que hubiese estado más activo en la protección de los inocentes y los jóvenes? Y creo que hay una respuesta muy buena, y es que sí». La típica acusación de la extrema derecha y de los sectores católicos más conservadores de que el pontífice es cómplice de los crímenes pedófilos. Ellos tienen «la solución».

Cuando un asistente a la presentación le preguntó a Imam cuándo calculaban que concluirían el proyecto, respondió: «Este proyecto no se acabará nunca…, siempre hemos de estar preparados para un cónclave». Y todo está a punto para cuando haga falta difundir los informes y actuar haciendo chantaje a los cardenales que puedan esconder secretos inconfesables. Por más que lo quieran disfrazar, el *lobby* del Red Hat Report actuará probablemente de manera implacable para condicionar el cónclave. Hemos podido comprobar que, en los expedientes, los cardenales que han dado apoyo a los cambios del papa Francisco tienen los informes más críticos del Red Hat, mientras que los purpurados conservadores salen mucho más indemnes. El expediente sobre el cardenal Pietro Parolin es agresivo y está perfilado de tal manera que genere rechazo, mientras que el del cardenal Gerhard Müller es claramente favorable. En la entrevista que le hice, el mismo Müller me defendía el proyecto: «Ahora los cardenales no se conocen entre sí, y eso es un problema. Antes se celebraba un consistorio cada año y nos conocíamos. Es muy necesario para el futuro de la Iglesia».

Tradicionalmente, la interferencia en cónclaves o las campañas publicitarias a candidatos particulares al Vaticano, que siempre se han hecho de manera modesta, no han tenido el éxito que esperaban los promotores. En algunos casos incluso han resultado contraproducentes. Habrá que ver cómo funciona todo en este caso. El potencial que tiene el proyecto, preparado de manera meticulosa durante años, y el alcance mediático que probablemente consiga son circunstancias que no pueden ignorarse.

Muchos en el Vaticano tienen claro que eso acabará pasando, y preparan el paraguas para protegerse de la tempestad. Hemos dado datos suficientes para demostrar que se está tra-

231

bajando en estos peligrosos dosieres, y la misma organización lo reconoce. No obstante, algunos, como el corresponsal en el Vaticano del periódico norteamericano ultraconservador *National Catholic Register*, califican de «mito completo» la idea de una conspiración contra el papa y los intentos de manipular el próximo cónclave. Afirma que no hay nada organizado y que prefiere hablar de «personas sinceramente inquietas por la dirección que ha tomado el pontificado de Francisco». Al mismo tiempo, algunos analistas en Roma, como Massimo Micucci, lo ven con cierto escepticismo: «Manipular un cónclave era muy difícil, incluso en los tiempos en que las familias nobles romanas lo resolvían a puñaladas. Yo no creo que dosieres, conspiraciones e incluso recaudaciones de fondos (como si se tratase de una PAC norteamericana para elegir a un presidente) puedan tener efecto en la Iglesia. A menudo estos proyectos sirven de autoapoyo y hasta de autofinanciación para los que creen en ellos. Entiendo que pueda estar de moda en Estados Unidos. Lo entiendo, pero sigo siendo escéptico».

El futuro lo dirá, pero me hace gracia aportar, para acabar este capítulo, la simpática reflexión que me ha hecho sor Lucía Caram sobre la operación en marcha: «Mira, había un sacerdote de Mora de Ebro, el padre Josep Arbó, que vivía en mi país, Argentina, y que decía que el Espíritu Santo empolla los huevos que le pongan. En última instancia, y ocurra lo que ocurra, el Espíritu Santo puede escribir recto con la pata de una mesa. Es lo que les ha pasado con Francisco. Los hijos de las tinieblas son muy astutos y pueden tener un complot muy bien organizado, pero yo no pierdo la fe. Si no la tuviese, apaga y vámonos».

No obstante estas opiniones, para restaurar el orden católico de siempre, «profanado» por Francisco, como hemos dicho desde un principio, hay movimientos y componendas en marcha. ¡Vale todo! Del éxito o el fracaso del proyecto Red Hat para acabar destruyendo en un futuro el legado del papa argentino podremos hablar cuando llegue el momento, cuando se convoque un nuevo y decisivo cónclave.

16

Los candidatos que se enfrentarán

$\mathcal{R}$ecuerdo a un compañero norteamericano, creo recordar que de la CBS, con el que aquellos días del cónclave de 2013 solía coincidir en las posiciones equipadas en la plaza de San Pedro para hacer las transmisiones en directo por televisión. Ese periodista siempre se mostraba muy preocupado por los nombres de los candidatos que le llegaban por todas partes, como a mí. La cadena exigía que se mojase y apostase por tres o cuatro figuras clave como mucho. Yo siempre me mostré escéptico y muy prudente porque, como ya he dicho, en este reto los profesionales de la información, por más que conozcamos el terreno, solemos fallar estrepitosamente. Se ve que ninguno de nosotros nunca consigue tener como confidente al Espíritu Santo. El chico, muy nervioso, me dijo una tarde: «Si esto fuese como la NBA o las elecciones presidenciales, al menos tendríamos datos en los que confiar. Aquí todo el mundo nos pasa listas y confidencias que suenan más a intereses que a otra cosa. Y si encima tiene que intervenir la Divina Providencia, pues estamos listos».

En efecto, es demasiado atrevido escribir sobre los cardenales que son candidatos firmes a papa. Nunca me cansaré de decir que los especialistas y vaticanistas nos equivocamos casi siempre en los nombres que hay que tener en cuenta, y el ejemplo más claro lo tenemos en el cónclave de 2013, en el que se acabó eligiendo al primer pontífice latinoamericano, y para más inri un jesuita que no figuraba en ninguna de las apuestas. Es necesaria una cura de humildad en medio de tanta soberbia de muchos colegas periodistas, que hacen apuestas rotundas que, llegado el momento, se tienen que comer. Ha sucedido con frecuencia a lo largo de la historia vaticana más reciente, hasta el punto de que algunos de los que se equivocaron (como todos) en los pronósticos alzaron la voz al día siguiente de la elección y se pusieron medallas, diciendo que ellos ya lo habían previsto o anunciado. Rectificar cuando te equivocas también es periodismo, y dignifica una profesión ya muy desprestigiada, lamentablemente, en el momento que vivimos.

Dicho todo esto, pues, hay que ser prudentes con los indicios que tenemos para definir quién puede ser, cuando llegue el momento, el pontífice número doscientos sesenta y siete de la Iglesia católica. Podemos hablar de tendencias, de nombres que circulan, de documentos localizados en la *dark web*, de confidencias, muchas veces interesadas, como ya hemos dicho, que apuntan en una u otra dirección. Por otra parte, en la Iglesia en general, y con los cardenales en concreto, suele ser un error etiquetar con criterios más bien políticos, pues hay casos en el que la ambigüedad es la norma. Tenemos purpurados favorables a la acogida de los inmigrantes que critican profundamente la homosexualidad o las teorías de género. Algunos son ecologistas y a la vez defensores de la tradición y la liturgia preconciliares. Las fronteras son frágiles y muy movibles. Podemos intentar generalizar y esquematizar, pero siempre hay que tener en cuenta los matices. En el Vaticano nada es blanco o negro. Hay una inmensa gama de grises.

Una perspectiva más que cabe tener muy en cuenta, a la hora de hacer predicciones, es que el actual listado de cardenales, cuando escribo este libro, puede verse modificado en un futuro no demasiado lejano. En próximos consistorios, el papa puede nombrar nuevos cardenales, algunos de los cuales pueden ser perfectamente papables; surgirán muchos nombres que ahora desconocemos y que en algunos casos podrían contar con serias opciones de salir elegidos. Habrá que estar muy atentos a estas novedades, que pueden alterar sustancialmente el listado que podemos elaborar en estos momentos.

El complot del que hemos hablado extensamente ha puesto algunos nombres sobre la mesa, desde luego, pero eso no quiere decir que los aspirantes denominados conservadores sean en absoluto definitivos. Tampoco lo son los nombres de los candidatos catalogados de reformistas. Hay muchos factores a valorar, muchas conversaciones de última hora que serán decisivas, muchos chantajes previstos (como el del Red Hat Report) que pueden funcionar o no, numerosos consensos previos que se pueden romper... Si se ve claramente que un candidato jamás conseguirá una mayoría de votos suficientes, acaba saltando del listado de aspirantes y cae en el olvido. Nunca podemos olvidar cuánta razón oculta el dicho popular que dice que quien entra como próximo papa en el cónclave sale como cardenal. Juan XXIII afirmó, de manera bastante clarificadora y de un modo que definía bien su personalidad: «Cualquiera puede ser papa. La prueba de ello es que yo mismo he acabado siéndolo».

Sin embargo, hay que advertir que en estos momentos tampoco hay una idea muy definida de cómo tendría que ser el perfil de un nuevo jefe de la Iglesia católica ni cuál debería ser su tendencia ni cuáles sus prioridades. ¿Un nuevo papa Francisco? ¿Alguien completamente diferente? ¿Una solución intermedia? En última instancia, si no hay consenso o una mayoría clara, todavía son plausibles dos hipótesis que pocos avalan, pero que existen. La primera, que acabe siendo elegido un pontífice con el que no contaba nadie, y que las diversas facciones calculan que pueden manipular con facilidad. Eso siempre ha comportado un peligro. La operación puede acabar como un tiro por la culata, como ocurrió con Juan Pablo I, que, como todos sabemos, no se dejó controlar y acabó como acabó. La segunda opción, que no se puede excluir, sería elegir a un cardenal de edad avanzada que augure un pontificado breve. Un interregno corto siempre otorga un tiempo suplementario que permite que se pueda conseguir en un futuro no demasiado lejano un consenso más rotundo en torno a un candidato.

Un último aspecto que hay que tener muy en cuenta son los cardenales «periféricos». Muchos son jóvenes, comparados con los de los países más desarrollados. Provienen de diócesis africanas, asiáticas, latinoamericanas o de Oceanía, que nunca habían tenido previamente un purpurado. Pertenecen a órde-

235

nes con una influencia notable y han sido nombrados en su mayoría por Francisco. Después de la elección de Juan Pablo II (el primer papa no italiano desde hacía quinientos años), y sobre todo de Bergoglio (el primer papa no europeo), no se puede descartar otro «periférico». En el momento de escribir estas líneas (y lo digo así porque todo puede cambiar en cuestión de días), mi aventurada hipótesis es que en el próximo cónclave se augura una batalla entre Tagle, cardenal filipino reformista, y Erdo, un húngaro conservador. No obstante, hay otros nombres que podrían imponerse a estos dos favoritos, cuyos perfiles representan las dos almas actuales de la Iglesia católica. Sea como sea, centrarnos en ellos permite hacernos una composición de lugar de por dónde irán los tiros en la sucesión del papa Francisco. Como dice un proverbio romano popular y muy pragmático: «*Morto un papa, se ne fa un altro*» («Muerto un papa, se hace otro»).

Peter Erdo, un papable ultra

«Todos conocemos a Viktor Orbán, el primer ministro de Hungría. Y si lo conocemos a él, también sabremos ya de qué pie cojea el cardenal Erdo. No son gemelos del todo, pero les falta poco», me señaló el eminente monseñor Joseph (nombre figurado), que se atrevió a hablar conmigo desde el Vaticano en noviembre de 2022. Ni que decir tiene que es un hombre que cree en las reformas, en la necesidad de cambios. Es del Opus Dei, y recalca que está convencido del bien que «la modernidad de la Obra ha hecho y puede hacer a la Iglesia». Trabaja en un dicasterio de los importantes y se mueve con discreción, pues lleva más de veinte años en la Santa Sede. Es un valioso confidente, que procede de un país de Europa del Este, y nunca me ha fallado. Ni tan solo a la hora de elegir un buen restaurante o invitarme a comer en Roma.

La última vez que nos vimos, me hizo de anfitrión en una comida en la magnífica terraza del restaurante del hotel Mirabelle, en la Via de Porta Pinciana, junto al parque de Villa Borghese. El establecimiento ofrece unas vistas incomparables desde la Villa Medici hasta Trinità dei Monti, y desde la cúpula de San Pedro hasta los jardines del Gianicolo. Un restaurante de hotel que sirve con exquisitez una cocina que mira a la tradición sin dejar a un lado la innovación constante. Eso sí, la broma que propone el chef, Stefano Marzetti, puede llegar a costar doscientos cincuenta euros por comensal, dependiendo del vino que elijas. Recuerdo unas ostras Marie Morgane de primero y un *agnello cotto a bassa temperatura* con *foie gras*, higos, almendras y una salsa a base de *grappa* que el paladar rememora. El vino, si no me traiciona la memoria, era un Etna Rosso siciliano con el regusto ahumado del volcán.

Un excelente escenario para una comida en la que hablamos de muchas cosas del momento, como ahora lo hemos hecho de los futuros papables. Monseñor Joseph hace, previamente a mis preguntas, una advertencia acertada, seria y prudente. «Hacer apuestas de este tipo sobre papables siempre es un riesgo en el que, si aciertas, todo el mundo te alaba, y si te equivocas, como suele pasar, piensan que no tienes ni idea de nada.» Hemos empezado analizando al cardenal Peter Erdo y a los candidatos más conservadores. Los que desean un cambio de ciento ochenta grados en el pontificado. Los que tienen detrás el apoyo de una potente red de expertos, medios y estrategas, que pueden acabar llevándolos a ser el próximo papa.

«Erdo —me diría— no tiene complejos a la hora de hablar claro de muchas cosas. No se esconde, y al menos eso nos permite apreciar sin ambages su personalidad tradicionalista y ultraconservadora, forjada bajo el totalitarismo comunista. Un poco como el polaco Wojtyla. Piensa que Erdo, nacido en 1952, está marcado por una infancia en la que el régimen comunista impidió ejercer su profesión a su padre, que era abogado. Durante muchos años ha sido el purpurado más joven del Colegio Cardenalicio. Es muy hábil tratando con la gente y siempre se elogia su capacidad de poner de acuerdo a los que tienen posiciones opuestas. El papa Benedicto XVI le encargó visitar e intentar cambiar la Pontificia Universidad Católica del Perú, demasiado progresista para su gusto. Lo consiguió solo a medias.»

Peter Erdo ocupa el primer puesto en la *pole position* de los papables conservadores, una vez descartada la figura del

237

cardenal canadiense Marc Ouellet, acusado por la justicia en un caso de abuso sexual. Es el actual arzobispo de Esztergom-Budapest, primado de Hungría y presidente de la Conferencia Episcopal de ese país. Un hombre inteligente y muy calculador que, si bien no es demasiado popular entre los obispos húngaros, sabe navegar en los mares más agitados. Nombrado cardenal en 2004 por Juan Pablo II, ha intentado en diversas ocasiones tranquilizar a Francisco sobre su fidelidad, pero no hay duda de que sabe que sus posiciones a favor de la moral más tradicional le sitúan como candidato idóneo del sector ultraconservador. En el Vaticano he oído decir, desde hace tiempo, que había establecido un fuerte vínculo para crear una estrategia de cara a su candidatura al pontificado con el cardenal George Pell. Este australiano, defenestrado por Bergoglio en 2019 de la Secretaría de Economía, a raíz del juicio por abusos, se erigió en un pertinaz crítico de Bergoglio desde el momento en que abandonó ese alto cargo. Su muerte inesperada el 10 de enero de 2023 supone para el húngaro un serio contratiempo. Erdo, una figura familiar para la jerarquía de la Santa Sede, y muy influyente como presidente del Consejo de las Conferencias Episcopales de Europa, simpatizaba con Pell en muchos aspectos de las guerras culturales abiertas por los sectores más tradicionalistas. Compartía con el australiano las críticas por las restricciones impuestas por Bergoglio a la misa preconciliar en latín, y la visión de un pontificado que debería volver a las agendas de los papas Wojtyla y Ratzinger. «Si Erdo contase con el apoyo, muy probable, del cardenal norteamericano Raymond Burke —me dice monseñor Joseph—, posiblemente tendría muchas opciones de ser elegido papa. Burke, que no puede ver a Francisco ni en pintura, influye en muchos purpurados del sector conservador y también en aquellos que no tienen una opinión demasiado elaborada de lo que quieren. Conoce como nadie los mecanismos que se necesitan para que no le siente mal la fumata blanca.»

Peter Erdo tiene como ventajas el conocimiento y la relación con las Iglesias ortodoxas, habla italiano con fluidez (un detalle que siempre ayuda) y disfruta de la confianza de muchos cardenales dentro y fuera del Vaticano. Se valora mucho la iniciativa que ha puesto en marcha en Budapest bajo el nombre de «misiones en la ciudad», donde los laicos visitan todas las casas católicas de una parroquia determinada para invitar a las familias de nuevo a la iglesia. Finalmente, el cardenal húngaro, como presidente de los obispos europeos, ha establecido fuertes vínculos con los obispos y purpurados africanos, organizando reuniones bianuales entre Europa y África. Gusta a muchos cardenales de países en desarrollo, y eso le podría reportar el apoyo necesario. Un *papa goulash* podría ser entonces una opción plausible.

Pero en el sector más conservador de la Iglesia hay otras figuras destacables con opciones. En primer lugar, dos cardenales africanos, Robert Sarah y Peter Turkson. No parece demasiado probable que los miembros más tradicionalistas del Colegio Cardenalicio opten por un papa negro, pero los dos están bien situados y tienen un fuerte predicamento allí donde van. Del guineano Sarah, el representante más dogmático del clericalismo, ya hemos hablado, y de Turkson, procedente de Ghana, monseñor Joseph me diría: «Peter Turkson (Nsuta, Ghana, 1948) es un poco incalificable. En algunas cosas coincide con el papa Francisco, pero en otras difiere mucho. Podríamos catalogarlo de moderado. En el tema de la mujer defiende un papel importante, excepto permitir el sacerdocio femenino. Sobre el colectivo LGTB tiene claro que en las sociedades tradicionales africanas la homosexualidad es tabú y condenada. Teológicamente es conservador, pero al mismo tiempo algo abierto. Es un cardenal bastante cosmopolita, habla muchos idiomas y está dotado de una buena oratoria. Pero también es muy ambicioso. Quizá demasiado. En el cónclave de 2013 hizo una gran campaña en los medios postulándose como pontífice». Hay que señalar que Turkson no solo concedió entonces muchas entrevistas, sino que fue una sorpresa para mí y para mucha gente ver que las paredes de las calles de Roma, alrededor del Vaticano, se llenaban de carteles electorales. Un hecho nunca visto. Mostraban una fotografía del cardenal africano mirando al cielo, mientras les pedía el voto. Los cardenales tienen prohibido

239

taxativamente hacer ningún tipo de campaña, y proponerse para ser elegidos. Nunca se llegó a saber si la iniciativa de los carteles se trataba de alguna broma de alguien. En cualquier caso, parece muy poco probable que la idea proviniera del entorno del cardenal. El caso es que el purpurado considerado papable fue descartado por todo el mundo de manera inmediata. Pero ha llovido mucho desde entonces. Turkson trabaja en el Vaticano desde hace años, y tiene una buena imagen entre los curiales. En abril de 2022, el papa Francisco lo nombró canciller de la Pontificia Academia de Ciencias.

No obstante, si hablamos de cardenales mucho más rigoristas que Turkson y que tienen algunas posibilidades, hay que nombrar al norteamericano Raymond Burke, con un perfil muy beligerante, como hemos visto, contra el actual pontificado, y el también muy crítico alemán Gerhard Müller, bastante inteligente y bien situado para no dejarlo en absoluto de lado. De ambos hemos hablado mucho en los capítulos anteriores. Finalmente, en el listado en manos de los conservadores, también se podría añadir al maltés Wim Eijk, el sudafricano Wilfred Napier, el italiano Angelo Bagnasco y Malcolm Ranjith, arzobispo de Colombo, Sri Lanka.

Luis Antonio Tagle, el hombre de Francisco

Si entre las filas de los conservadores incluso la figura del más papable, Peter Erdo, no está del todo clara, entre los cardenales reformistas hay una personalidad que, por su relevancia, contaría con posibilidades claras si llegara a la votación final enfrentándose a un candidato tradicionalista. Se trata de Luis Antonio Gokim Tagle (1957, Manila, Filipinas). Siempre que, a lo largo de los últimos años, he tenido la oportunidad de acercarme a este personaje, me ha sorprendido su talante abierto, simpático y afable. Muestra una mirada transparente y una sonrisa llena de sinceridad. Es jesuita, como Bergoglio, con una sólida formación, sobre todo pastoral, y como arzobispo de Manila recogió el afecto de mucha gente, sobre todo de los jóvenes filipinos, que le seguían a través de un programa muy popular en televisión. Hay quien lo llama «el Francisco asiático». Forma parte del grueso de obispos y cardenales que, con un perfil universitario e intelectual, el papa Benedicto XVI ascendió en el organigrama de la Iglesia. Tagle rompe la pauta de los obispos filipinos que ostentan en general un talante ultraconservador. Se ha mostrado siempre comprometido con la justicia social, la igualdad y los pobres. Todo el mundo lo tiene por respetuoso con la comunidad LGTB y pragmático en los temas más polémicos, para los cuales busca soluciones pastorales.

El purpurado filipino, que huye del protocolo y de las vestimentas suntuosas, prefiere que lo llamen con el apodo de «Chito». Benedicto XVI lo nombró arzobispo de Manila en 2011, y cardenal al año siguiente. Francisco se fijó en él enseguida, y en 2015 lo nombraría presidente de Cáritas Internacional, la organización que para Bergoglio representa su ideal de Iglesia al servicio de los pobres y marginados sociales. El papa argentino pronto quiso tenerlo a su lado en el Vaticano, donde en 2019 le otorgó el cargo de prefecto de la Congregación para la Evangelización de los Pueblos, un dicasterio que se suprimiría en 2022 a raíz de la reforma de la curia. La noticia, a finales de noviembre de aquel mismo año, de que Francisco había destituido a toda la cúpula directiva de Cáritas, incluido el presidente Tagle, podría ser un elemento que apagase la estrella del cardenal filipino. Quedaba relegado a ser uno más del equipo que ha de pilotar la reestructuración de una organización en la que el Vaticano había detectado problemas en la gestión del personal, así como algunas irregularidades más que no se han querido especificar. El papa, de todos modos, parece que no ha querido prescindir totalmente de Chito. Consciente del papel que podría tener en un futuro cónclave, intentaría salvaguardar su figura. Pronto lo podría nombrar al frente del dicasterio para los obispos, donde adquiriría un perfil notable.

Cuando le preguntas a Chito Tagle si es consciente de que muchos lo señalan como el futuro papa, se ríe y echa balones fuera. De todos modos, es evidente que cuenta con el afecto de Francisco, que, si bien no lo quiere «quemar» como candidato a sucederlo, ha apostado por su figura diciendo en más de una ocasión que «el futuro de la Iglesia está en el continente asiático». Domina las redes sociales como pocos cardenales sa-

241

ben hacer, con cuentas muy activas en Twitter y Facebook, y se caracteriza por tener una edad y un espíritu joven y brillante, que domina la comunicación y la oratoria. La agencia británica Reuters lo definiría como un personaje con «el carisma de Juan Pablo II y la estatura teológica de Benedicto XVI». Un teólogo sólido y moderno para el siglo XXI.

Según me dice monseñor Joseph desde el Vaticano, «aquí el cardenal Tagle tiene una imagen excelente, sobre todo en el sector reformista, mientras los conservadores lo observan a distancia de una manera siempre rigurosa. No hay duda de que Tagle tiene futuro, y sabe gestionar ahora su imagen, lo que dice y lo que hace. En los últimos tiempos procura ser discreto para no entrar en las batallas diarias de la guerra abierta que hay en la Santa Sede. Es un hombre con una personalidad que muchos aprecian. Su proximidad a Francisco veremos si le acaba pasando factura o si le sirve para catapultarse en el próximo cónclave». Soy de los que piensa que el verdadero inconveniente de ser el favorito del profesor en un colegio es que puedes acabar provocando celos entre los otros alumnos.

De todos modos, hay una frase del cardenal filipino que he querido traer aquí porque creo que define mucho su personalidad y pensamiento: «Estaría bien preguntarnos por el origen de nuestro pan y vino sacramentales. La harina ¿ha sido producida por un inmigrante? ¿Es fruto del trabajo esclavo? ¿El vino llega de una viña que da trabajo a muchos, sin pagarles un sueldo digno, y, por tanto, los empuja a cruzar fronteras para sobrevivir? La comida y los manjares para sínodos, convenciones, asambleas, conferencias, ¿los proporcionan los *caterings* de las cadenas hoteleras metropolitanas? ¿Quién cocina, y quién limpia después? ¿Qué pasa con los zapatos, las corbatas, los sombreros, los guantes, las camisas y los vestidos que llamamos de domingo? ¿Quién los hace y quién los limpia en las tintorerías? ¿Son hermanos y hermanas, o solo inmigrantes y refugiados invisibles, considerados peones en el tablero de ajedrez de la humanidad?».

Entre los otros papables del sector reformista destacaremos al cardenal Pietro Parolin, la mano derecha de Francisco en muchos aspectos, sobre todo en el diplomático, pues es el secretario de Estado del Vaticano. A favor, cuenta con el factor de que el número dos de la Santa Sede conoce la institución como nadie, con un cargo que comporta un poder extraordinario y le permite dominar y, en cierta manera, controlar numerosas teclas claves de cara a un próximo cónclave. «El cardenal Parolin —me dice monseñor Joseph— tiene el inconveniente de su estrecha vinculación y lealtad con Bergoglio, pero a favor cuenta con que es italiano, si se quisiera volver a la tradición que algunos añoran. Otra ventaja es que en esta guerra abierta en la Iglesia se ha mostrado siempre muy condescendiente con el ala conservadora más beligerante. Es un hombre discreto, y en ese sentido lo veo muy capaz de llegar a pactos y consensos entre los dos sectores enfrentados. Al fin y al cabo, su imagen es más de un hombre de aparato, un diplomático, que no de otra cosa.» No olvidemos que en el dosier específico que se ha elaborado para el Red Hat Report, Parolin es uno de los que queda peor parados. Esta circunstancia indica que los conservadores más radicales, que huyen de cualquier transacción, lo temen.

Otros cardenales considerados «progresistas», con posibilidades de ser papables, serían Christoph Schönborn, arzobispo de Viena, Matteo Zuppi, arzobispo de Bolonia, Gianfranco Ravassi, presidente del Consejo Pontificio para la Cultura, y el arzobispo de Boston, Sean Patrick O'Malley. Por último, no podemos olvidar a un personaje a quien hemos dedicado también un capítulo, el arzobispo de Lima, Carlos Castillo, que está a la espera de que Francisco lo nombre cardenal entre 2023 y 2024.

243

17

Cuatro días de agosto
con dos cismas en el horizonte

*U*n proverbio popular italiano dice: «*Per Ferragosto picioni e anatre arrosto*» («Para el Ferragosto, palomas y patos asados»). Un refrán con doble sentido. En la festividad del 15 de agosto, es tradición entre los italianos cocinar carne a la brasa y hacer pícnics en el mar, el bosque y los parques; y la gente suele bromear con que no hace falta fuego para asarlos. Basta con el tórrido sol que hace. El calor, más de treinta grados (y una sensación térmica de cuarenta), convierte el Ferragosto romano en un calvario para los que se aventuran a quedarse o visitar la capital italiana. Fundamentalmente la gente que te encuentras por la calle son turistas, pues una gran parte de los romanos huyen hacia el mar. Los más afortunados se van al extranjero. A finales de agosto resulta difícil encontrar residentes de Roma en el centro histórico. A la sombra de las terrazas de los bares y las *trattorie* oyes hablar cualquier idioma menos el italiano. En torno al Vaticano solo ves grupos de visitantes con chanclas y pantalones cortos, que siguen la banderita o el paraguas que lleva un guía. A finales de agosto de 2022, todos esos turistas visitaban las joyas del patrimonio vaticano ajenos a lo que estaba pasando. Cuando eres turista, sueles mirar la guía que te explica qué monumentos tienes cerca, pero no te enteras de nada más. Aquel verano, los extranjeros veían el movimiento de coches y grupos de cardenales que entraban y salían de los límites de la Ciudad del Vaticano, pero debían de pensar que era algo habitual. Y nada más lejos de la verdad: en la Santa Sede se vivía un clima de excepción.

El papa Francisco había convocado al consistorio para el acto solemne de entronizar a una veintena de cardenales. Hasta aquí, nada nuevo. Desde 2014, cada año se había organizado uno. Lo más insólito era que aquella vez lo hacía en plenas vacaciones, cuando la actividad del Vaticano es prácticamente nula. Bergoglio quería que asistieran los purpurados de los cinco continentes. No solo había programado el consistorio, sino también una reunión de dos días para presentar y debatir la reforma de la curia (*Praedicate Evangelium*) que ya había entrado en vigor. Deseaba, además, que todos los cardenales se conociesen. Y casi lo consigue. De los doscientos veintiséis miembros que tenía en aquel momento el Colegio Cardenalicio, ciento noventa y siete purpurados llegados de todo el mundo se reunieron para asistir a la ceremonia y los debates, a puerta cerrada. Tal inusitada asistencia, sumada al ambiente que se intentaba difundir de «fin de pontificado», provocó que los medios de comunicación internacionales definiesen el encuentro como «un ensayo del próximo cónclave». Muchos pensaban que Francisco abandonaría el pontificado después de aquella convocatoria. Prácticamente todo el mundo acabaría creyendo las campañas ultras que aventuraban una inminente renuncia.

En la cita hubo de todo. Críticas privadas y también públicas, reuniones oficiales y otras más o menos secretas, dosieres e informes que corrían de mano en mano y posicionamientos de cara al futuro. Pero, por encima de todo esto, se consiguió que por primera vez muchos cardenales se conocieran personalmente, y se pudieran analizar los unos a los otros. Allí estaban los partidarios de dar continuidad a los cambios en los que trabaja el papa Francisco, así como sus enemigos acérrimos, que habían colaborado en un libro que apareció en noviembre de 2021. *From Benedict's peace to Francis's war* (De la paz de Benedicto a la guerra de Francisco), que firma el liturgista Peter A. Kwasniewski, es un compendio de artículos donde figuran prácticamente todos los enemigos del papa en la Iglesia. Lo publicó la editorial norteamericana Angelico

245

Press. El objetivo no era otro que atacar a Bergoglio por la prohibición de las misas en latín. En los textos se defiende el tradicionalismo litúrgico, pero un buen número de ellos van más allá aprovechando tal excusa. Un listado de más de cuarenta nombres de doce países diferentes, con pocas ausencias, donde no faltan los cardenales Müller, Burke, Brandmüller, Zen, Sarah..., además de obispos y también laicos, todos pertenecientes al sector más beligerante contra el pontífice. En la cita vaticana trabajarían para coordinarse y conseguir nuevos adeptos que sumasen efectivos a su causa. Savia nueva para el complot en marcha que ya no tienen intención alguna de esconder, por más que lo nieguen. En resumen, cuatro días de agosto que sirvieron para mucho, más allá del objetivo marcado por el pontífice en la convocatoria.

Nuevos cardenales de la periferia

El Colegio Cardenalicio siempre ha sido multicolor, desde que Pablo VI amplió el número de miembros electores de setenta a ciento veinte. Nombres y caras de los cinco continentes representan la Iglesia universal. Pero nunca, a lo largo de la historia, ha recogido un conjunto tan representativo como ahora. El papa Francisco, cuando dijo en 2013, en su primer discurso, la tarde de su elección en el balcón de la basílica de San Pedro, que él era un cardenal venido del fin del mundo, anticipaba muchas cosas. Por encima de todo recalcaba que la Iglesia de las periferias empezaría a tener un papel importante, debilitando si era necesario el poder centralista del Vaticano. Ponía en marcha una Iglesia católica, apostólica y menos romana que nunca.

Francisco, en el último consistorio de 2022, optó por entronizar a veinte nuevos «príncipes de la Iglesia» con la vista puesta en el futuro cónclave. Dieciséis eran electores, mientras solo cuatro (porque superaban los ochenta años) tenían vetado entrar, cuando llegase el momento, a la capilla Sixtina para la elección del sustituto de Bergoglio. El pontífice hizo también una apuesta por los lugares donde crece la Iglesia, la India y Brasil, pero también por emplazamientos donde los católicos son minoritarios, como Ghana, Singapur o Mongolia. Entre los nuevos purpurados electores seis procedían de Asia, cuatro eran americanos, cuatro europeos y dos africanos. En ese sentido, un último aspecto que se debe tener en cuenta es que muchas sedes que tradicionalmente tenían cardenal, como Venecia y Milán, se habían quedado sin él, y otras que nunca lo habían tenido, ahora tienen. En Estados Unidos, San Diego es sede cardenalicia en detrimento de Los Ángeles o Filadelfia. El estilo Bergoglio, que siempre guarda sorpresas y rompe tradiciones seculares, volvía a imponerse.

Reuniones y protestas

Al margen de la ceremonia para investir con el solideo rojo, la birreta y el anillo a los nuevos cardenales, el papa quiso que todos participasen en un amplio debate. El primer día de reuniones para discutir la reforma de la curia, nos toparíamos con el purpurado norteamericano Raymond Burke circulando a pie por la plaza de San Pedro. El peor enemigo del papa Francisco intramuros vaticanos no pasaba desapercibido entre los curiosos y los turistas. Llevaba un sombrero de Panamá de color blanco. Se paró a curiosear, con una sonrisa burlona, ante las siete participantes en una pequeña manifestación que tenía como objeto exigir la ordenación de mujeres, un tema que para Burke es una herejía y que el papa ha cerrado, aunque lo ha puesto sobre la mesa para que pueda ser debatido en un futuro. Las manifestantes llevaban unos parasoles rojos con inscripciones donde se podían leer claramente las frases reivindicativas: «El sexismo es un pecado capital», «Ordena a las mujeres», «Reforma significa mujeres» y «Reinan los hombres». Las siete fueron detenidas cuando entregaban a los cardenales un manifiesto con sus peticiones a favor de la igualdad.

En el interior, ya en la primera reunión, se empezaron a oír críticas contra el papa por invitar a hablar de una constitución apostólica *Praedicate Evangelium* que no se había consensuado previamente y que había entrado en vigor dos

247

meses antes. El papa, como suele hacer últimamente, había decidido ir por la calle de en medio, evitando así que los obstáculos habituales acabasen por frustrar la reforma de la curia que contiene el texto. Cuando lo entrevisté, el mismo cardenal Gerhard Müller, conservador y muy crítico con Francisco, me diría: «El texto nunca se sometió al Colegio Cardenalicio para su examen. Era como si se nos tratase como a estudiantes de primer semestre, como si fuese necesario adoctrinarnos».

Los cardenales, según afirmaban los tradicionalistas, no pudieron hablar durante las reuniones donde se expusieron cuestiones tan trascendentes como que laicos y mujeres puedan dirigir dicasterios. Un hecho que resulta incómodo para muchas voces tradicionalistas. Roberto Mattei, profesor e historiador italiano, autor de diversos libros y muy prestigioso entre las filas de los más conservadores, escribió en su blog que Francisco «teme un debate libre y abierto que debilite el ejercicio de su poder. Un manto de silencio ha caído sobre el consistorio».

Sería un cardenal por encima de todos, el alemán Walter Brandmüller (1929, Ainsbach, Baviera), quien levantaría la voz para criticar al papa argentino en una de las comisiones. Es conocido por celebrar la misa en latín y por sus críticas y desafíos al pontificado del argentino, tal y como hace su buen amigo Raymond Burke. Brandmüller sostiene que no se puede debatir en la Iglesia actual y que «los consistorios, desde hace al menos ocho años, han acabado siempre sin ningún tipo de diálogo». Acusa a Bergoglio de actuar como un dictador. En su intervención preparada, que según declararía no le permitieron exponer, el cardenal alemán no solo afirmaba que se quieren silenciar las opiniones. Hacía una propuesta insólita, que ya había adelantado en 2021, para que la Iglesia evite la elección de un nuevo papa de las periferias. Quiere vetar, en definitiva, a un nuevo Francisco. Según el texto, filtrado al vaticanista italiano Sandro Magister, el cardenal alemán proponía que en los futuros cónclaves solo tuviesen derecho a elegir un nuevo pontífice los purpurados curiales. El derecho de voto, por tanto, sería exclusivo para los que trabajan en la Santa Sede, y que por tanto conocen el funcionamiento de la institución. Los otros no pintarían nada. «Esta propuesta —me diría un buen amigo monseñor desde el Vaticano— parece un mal chiste. Comporta una actitud antidemocrática y una visión elitista del pontificado. Perpetúa el centralismo e ignora las periferias a las que el papa quiere conceder protagonismo. ¡Creo sinceramente que es una barbaridad sin sentido que no interesa a nadie!»

El caso es que los cuatro días de reuniones servirían para aclarar puntos polémicos de la reforma de la curia y para mantener algunos encuentros privados de personalidades afines para hablar de consensos y de proyectos de futuro. La distribución de dosieres sobre algunos cardenales, y también uno en concreto sobre Bergoglio, llenos de impresiones y *fake news*, fue motivo de conversación en esos encuentros. El cardenal Cristóbal López Romero, español pero titular del arzobispado de Rabat, en Marruecos, fue muy claro cuando dijo sobre estas reuniones: «Necesitamos este momento. Tarde o temprano tendremos que elegir al próximo papa, así que necesitamos escucharnos y conocernos». Hay que añadir que este purpurado, durante aquellos días, se reunió en privado con uno de los principales papables conservadores, Robert Sarah.

En resumen, los conservadores criticarían el encuentro, y los más abiertos, como el cardenal Gregorio Rosa Chávez, de El Salvador, se mostrarían satisfechos. «Estamos muy contentos todos. Más de ciento cincuenta cardenales de todo el mundo hemos aportado ideas al papa sobre la reforma de la curia romana, en un clima de total libertad con un ambiente muy fraterno, muy proactivo. Genera mucha esperanza.» Nunca llueve a gusto de todos, pero parece que en el Vaticano a menudo todo son chaparrones.

Dos cismas antagónicos

Las dos almas de la Iglesia católica se vieron las caras aquellos cuatro días de agosto. Todo el mundo es consciente ya de lo que pretenden y de quién las representa. Se han puesto caras, nombres y también etiquetas a los purpurados. El alma más conservadora está representada por los obispos y cardenales norteamericanos. La más reformista, por el episcopado y algunos cardenales alemanes. Pero ¿se llegará a plasmar todo, como defienden algunos, en uno o dos cismas?

En relación con la posición del episcopado de Estados Unidos, hemos hablado ya extensamente de cuáles son sus caballos de batalla: la proximidad a Donald Trump y la animadversión contra el presidente Joe Biden y el papa Francisco. «La Iglesia norteamericana —me diría el buen amigo y profesor de Berkeley Bob W., en verano de 2022— libra sobre todo una guerra política. Está vinculada a los poderes financieros más influyentes, que pagan el coste de campañas como la del Red Hat Report y las aventuras de Steve Bannon. De aquí a que se quiera separar de Roma media un abismo. Lo que pretenden, por encima de todo, es continuar erosionando el pontificado desde dentro, contaminar a todos los que puedan y salir victoriosos, para que Francisco haya sido un paréntesis y una pesadilla en la historia de la Iglesia.» Para reforzar este proyecto, los obispos de Estados Unidos eligieron en noviembre de 2022 como presidente de la Conferencia Episcopal a un hombre anti-Francisco. Se trataba del arzobispo castrense Timothy Broglio, uno de los prelados más ultraconservadores, buen amigo y colaborador del ya difunto cardenal Angelo Sodano. Ostentar este cargo le colocará en primera fila de los enemigos de Bergoglio en Estados Unidos. Con Broglio, a pesar de los ataques y la conspiración más o menos oculta, el presunto cisma ultraconservador norteamericano parece claro que no prosperará, como algunos pretenden. Su guerra tiene objetivos más afines a los que estaban detrás del asalto al Capitolio. Ahora se pretende asaltar el Vaticano.

El otro «posible cisma», el alemán, tiene más matices y complejidades. Hay quien rememora y compara con lo que pasó en el siglo XVI cuando un fraile agustino, Martín Lutero, desafió al papa y rompió con Roma, imponiendo la reforma protestante. Lutero conseguiría en poco tiempo la adhesión de gran parte de los príncipes alemanes. ¿Qué pasaría ahora, en pleno siglo XXI, si el poderoso episcopado germánico hiciera lo mismo? Probablemente obtendría el apoyo de muchos estamentos progresistas y de millones de fieles que ven Roma como algo vetusto e inamovible.

El Camino Sinodal alemán, iniciado en 2019, antes de que el papa Francisco anunciase el Camino Sinodal de toda la Iglesia universal, es sobre todo una apuesta, y toda apuesta conlleva un riesgo. El obispo Georg Bätzing, presidente de la Conferencia Episcopal Alemana y copresidente del Camino Sinodal de Alemania, diría en 2022, al final del encuentro: «Se han debatido textos que no son solo textos, sino sueños puestos en palabras de cómo queremos cambiar la Iglesia en Alemania: una Iglesia participativa, con justicia de género y que vaya por este camino con la gente». Las propuestas aprobadas van mucho más lejos de lo que el propio Bergoglio tiene *in mente*, o al menos mucho más aceleradas de lo que él tenía previsto. Los católicos alemanes consultados quieren, al lado del ochenta por ciento de sus obispos, la ordenación sacerdotal de las mujeres, la bendición de las parejas homosexuales, levantar la prohibición para que los homosexuales puedan acceder al sacerdocio, cambios en la enseñanza de la Iglesia sobre los actos sexuales del colectivo LGTB y las relaciones prematrimoniales. Como se dice en el documento final, se pretende «una Iglesia que aprenda escuchando, y que quiera renovar su misión evangelizadora a la luz del signo de los tiempos, para continuar ofreciendo a la humanidad una manera de ser y de vivir en la que todos puedan sentirse incluidos como protagonistas».

251

Estos cambios doctrinales impactan directamente contra la tradición católica. Una amplia mayoría de la Iglesia alemana los defiende, pero sobre todo lo hace un buen amigo de Bergoglio, el cardenal Reinhard Marx, arzobispo de Múnich y presidente de la Conferencia Episcopal Alemana de 2014 a 2020. Es el impulsor de este amplio debate. Mientras tanto, muchos obispos alemanes ya han bendecido a parejas homosexuales, en un claro desafío a lo que estipula la tradición; la práctica se ha extendido a diversos países, sobre todo europeos. Afirman que lo seguirán haciendo.

El Vaticano tardó en reaccionar y fue duramente criticado por los más reaccionarios por una «demora injustificable».

Al final, la Santa Sede advertiría en 2022 que no se puede autorizar el documento final germánico, ya que «el Camino Sinodal de Alemania no tiene poder para obligar a los obispos y los fieles a asumir nuevas formas de gobernar y nuevos enfoques doctrinales y morales». El mismo Francisco recordaría en junio de 2022 que, en una conversación con el cardenal Marx, le había dicho que Alemania ya tenía «una Iglesia evangélica muy buena» y que «no necesitamos dos».

Tal desautorización de Roma a las pretensiones alemanas, que invitó a presentarlas confluyendo con el Camino Sinodal en marcha, provocaron cierta euforia de los sectores más tradicionalistas. De todos modos, los conservadores constatan una realidad. Muchas comunidades de base de todo el mundo presentan propuestas similares. Temen un contagio que avanza sobre todo en las sociedades más secularizadas. Un cardenal conservador como Gerhard Müller, también alemán, fue muy taxativo sobre el desafío de la Conferencia Episcopal de su país en una conversación que mantuvimos en octubre de 2022 en Madrid. Cuando le planteé si los obispos alemanes quieren un cisma, no se lo pensó demasiado: «Más que un cisma puede ser una apostasía. No podemos introducir conceptos de la moral que están en contra de la antropología cristiana. Cuando se predica lo que quiere escuchar la gente, seguro que me gano amigos, pero no es eso lo que tenemos que hacer. Juan el Bautista no predicaba según los oídos que le escuchaban. Son herejías que se oponen diametralmente a la enseñanza católica sobre la revelación y la obediencia de la fe». La posición que revela el cardenal Müller coincide con todas las que han expresado las personalidades que defienden lo que llaman «depósito sagrado», que Francisco «y sus amigos alemanes quieren destruir».

Sobre el recorrido que pueda tener esa revuelta, creo, como muchos expertos, que sirve a la Iglesia progresista para aventurar caminos trascendentes, para plantear reformas que pueden parecer osadas, pero que, puestas encima de la mesa, se convierten en elementos que debatir que ya no pueden ser ignorados. Una vía que no llevará tampoco a un cisma, a una ruptura con la Santa Sede, pero que permite a Francisco forjar delicadas alianzas, y a la institución, avanzar en su adaptación a una realidad cambiante y transformadora.

La mafia de Saint Gallen apostó por Bergoglio

En esta batalla ideológica abierta de la que hablamos, no solo habría complots por parte de los sectores conservadores de la Iglesia conjuntamente con la ultraderecha internacional. Ya hemos visto que los tradicionalistas se refieren al «nuevo orden» que maquinan los «progresistas» en todo el mundo en torno a la llamada agenda 2030 de Naciones Unidas. Y aún tenemos que añadir una teoría de la conspiración ampliamente defendida por la mayoría de los representantes de la facción enfrentada a los cambios: la mafia de Saint Gallen. Afirman que este grupo, que actúa de manera clandestina, forzó la elección en 2013 del cardenal argentino Jorge Mario Bergoglio. Suelen hablar de ello y están convencidos de que la elección del papa Francisco fue fruto de un complot urdido con el objetivo de hacer lo que ahora está haciendo el pontífice: «Destruir la Iglesia».

253

Pero ¿qué es esa llamada mafia de Saint Gallen? Según documentan los sectores contrarios a Francisco, un grupo de cardenales progresistas centroeuropeos iniciaron, ya en 1996, un plan para conseguir cambios drásticos en la Iglesia católica, para forzar la elección de un papa que llevase a cabo el mandato de modernizar la institución y modificar la doctrina sobre el aborto y la ideología de género. Según declaró en una entrevista en televisión el 1 de septiembre de 2015 el cardenal Godfried Danneels, el arzobispo emérito de Bruselas, que moriría en 2019, existe en el Vaticano lo que él mismo (miembro de la organización) llamó mafia de Saint Gallen. Estos partidarios de reformas radicales se reunían cada año, desde la creación del grupo, en la abadía de Saint Gallen, un monasterio carolingio situado en Suiza. Según se afirma, allí se confabularon para controlar la sucesión de Juan Pablo II e intentar impedir que accediese al pontificado el cardenal Joseph Ratzinger. Fracasaron, pero no se disolvieron. En 2005 decidirían oponerse a Benedicto XVI y volverlo a intentar. En

2013, según proclaman los ultraconservadores, consiguieron «colocar con éxito a un sucesor del papa alemán: el cardenal argentino Jorge Mario Bergoglio».

El listado de miembros de esta «mafia» incluye nombres históricos muy relevantes. El propio Danneels y los cardenales alemanes Walter Kasper y Karl Lehman, el británico Basil Hume y el italiano Achille Silvestrini. El fundador e ideólogo del grupo era el prestigioso jesuita, también italiano, reputado académico y arzobispo de Milán, Carlo Maria Martini, muerto en 2012. Julia Meloni publicaría en 2021 un libro que da muchos datos sobre este supuesto complot. Se titula *The St. Gallen Mafia – Exposing the secret reformist group within the Church?* (La Mafia de St. Gallen. ¿Sale a la luz el secreto grupo reformista dentro de la Iglesia?). En este volumen, la escritora norteamericana, aliada de los ultraconservadores, asegura que «El nombre, el programa y la elección del papa Francisco parecen fruto de maniobras mafiosas, cuidadosas y calculadas».

Si bien hoy los principales exponentes fundadores de la mafia de Saint Gallen han muerto, su espíritu continuaría, según afirman con vehemencia personajes como el arzobispo Carlo Maria Viganò y los cardenales Gerhard Müller o Raymond Burke. El grupo clandestino, formado por los cardenales que siguen la estela de los fundadores, según afirman los que denuncian su existencia, trabaja para que el sucesor de Francisco siga su programa. La agenda «progresista» que habría fijado ya hace dos décadas el cardenal Carlo Maria Martini se ve reflejada en el Camino Sinodal promovido por Bergoglio y que ha abierto las puertas a cambios históricos en la Iglesia. Recuerdo con cierta nostalgia las dos horas de privilegio vividas en 2006 con el cardenal Martini en una sala del Palacio Episcopal de Milán. Fue un encuentro muy provechoso para mí, con un intelectual que era un gigante, el «papable» querido, moderno y profundamente reformista que nunca llegaría al pontificado. He calificado de nostálgica aquella reunión con el cardenal Martini porque habíamos vuelto a quedar para vernos pronto, y ya no pudo ser. Moriría en 2012, después de una lucha de muchos años contra el párkinson. En aquella ocasión, la voz progresista de la Iglesia criticaría la reciente elección de Ratzinger y me diría una frase premonitoria que ahora he podido recuperar de unos viejos apuntes: «La Iglesia del futuro no es la de Juan Pablo II ni la de Benedicto XVI. Es la de los católicos heridos que esperan con anhelo que venga un papa que los escuche y los acoja en sus humanas imperfecciones».

255

18

El cardenal que lo tapa todo

*P*ara entender el enorme poder del cardenal peruano Juan Luis Cipriani, hay que explicar una anécdota que evidencia el estilo de este purpurado a quien el papa Francisco ha decidido apartar de los puestos de responsabilidad y que, incluso, ha confinado en Roma.

«El cardenal Cipriani —me dice un valioso confidente en el Vaticano, en diciembre de 2022— es un abusador. No solo es el hombre que intenta implantar el partido de ultraderecha Vox en Perú, es un personaje que ha robado mucho y ha protegido, como arzobispo de Lima, las actividades criminales y los abusos de una sociedad de vida apostólica llamada el Sodalicio de la Vida Cristiana. El papa lo tiene preso en la casa del Opus Dei de Roma. Le ha retirado los privilegios de cardenal. Ya no puede actuar como purpurado, ni tampoco volver a Perú. Hay un episodio sorprendente donde se puede apreciar cuáles son sus métodos. En una reunión en Santa Marta convocada por Bergoglio, fue tan convencido de sí mismo y del poder que ostenta que llegó a pedir, incluso a exigir, al pontífice que hiciera desaparecer el expediente que tiene el dicasterio de la Doctrina de la Fe sobre su actividad criminal. El papa, muy asustado por la atrevida petición, hizo que le llevaran inmediatamente aquella carpeta y la guardó él mismo. Temía que fuese destruida. Cipriani, el Sodalicio y algunos obispos peruanos son como Don Corleone. La Iglesia que controla ese cardenal tiene tanto poder en Perú que puede hacer lo que quiera.»

El purpurado peruano cuenta con muchos amigos y contactos no solo en su país y en el Vaticano, sino en todo el mundo. Gente que le da apoyo y lo protege. Así, Cipriani se siente fuerte y desafía al papa muy a menudo, saliendo de Roma como haría en octubre de 2022 para viajar a España. Allí, repitiendo la experiencia del año anterior, visitaría a sus colegas en Torreciudad, la sede internacional del Opus Dei. Unos días después «se dejó caer» en un encuentro en Madrid, donde se reunió en un congreso con la cúpula más reaccionaria de la Iglesia católica española. En la capital de España, Cipriani asistió a las conferencias impartidas por el cardenal Gerhard Müller de las que ya hemos hablado, y presuntamente se reunió con los principales dirigentes del partido ultraderechista Vox.

Pero ¿quién es Juan Luis Cipriani (Lima, Perú, 1943)? Pues un controvertido personaje que fue ingeniero y figura del baloncesto antes de ser ordenado sacerdote. Sería nombrado cardenal por Juan Pablo II en 2001, con lo que se convirtió en el primer purpurado que formaba parte del Opus Dei. Con anterioridad, después de una etapa muy oscura como obispo de Ayacucho, el papa polaco lo había nombrado arzobispo de la capital. Cipriani se haría popular en 1996 en la prensa internacional a raíz del secuestro de setenta y dos personas en la Embajada japonesa de Lima por parte del Movimiento Revolucionario Tupac Amaru. El episodio, en el que actuó como mediador, acabaría al cabo de ciento veintiséis días con la muerte de gran parte de los secuestradores. Todo el apoyo del que dispuso en el Vaticano durante los pontificados de Juan Pablo II y Benedicto XVI se desvaneció con la elección de Francisco. En octubre de 2013, el papa argentino destituyó como secretario de Estado al cardenal Tarcisio Bertone, su principal aliado y defensor en la Santa Sede; no había esperado tal revés. Cipriani y el Opus Dei empezaban a ver cómo se desvanecía la poderosa influencia con la que contaban en el Vaticano. Una autoridad y un prestigio que, no obstante, siguen manteniendo, como pude comprobar en Madrid, entre los sectores más ultraconservadores, tanto fuera como dentro de la Iglesia latinoamericana e internacional.

257

El Sodalicio criminal

En 2015, otra noticia sorprendente dejaba al arzobispo de Lima en una situación muy comprometida. Luis Fernando Figari, fundador del Sodalicio de la Vida Cristiana (SVC), era acusado de pedofilia. Buen amigo de Cipriani, se compara a Figari con los sacerdotes Fernando Karadima en Chile y Marcial Maciel, fundador de los Legionarios de Cristo, un depredador sexual de decenas de menores, en México. Cipriani siempre había defendido a Figari, y a cambio habría obtenido del Sodalicio un compromiso firme para favorecer sus cruzadas educativas y antiabortistas. Actualmente, el cardenal ha perdido en parte su liderazgo incluso dentro del Opus Dei. La Obra, que aun así le sigue acogiendo, percibe la mala imagen y la pasividad del cardenal en el caso del Sodalicio como un peligro para la institución.

Figari, que actualmente está refugiado en una lujosa residencia del Sodalicio en Roma, para evitar enfrentarse a los problemas judiciales que se le podrían reclamar en su país, había creado el SVC en 1971. Una organización con características marcadamente fascistas y ultraconservadoras. Su objetivo declarado era organizar un ejército de chicos que se enfrentasen a la creciente teología de la liberación, el movimiento progresista creado por el sacerdote también peruano Gustavo Gutiérrez. Pero el objetivo real era otro muy distinto: durante las décadas de los ochenta, noventa y la primera del siglo XXI tomaban a los chicos y los fotografiaban mientras jugaban al fútbol en los colegios más exclusivos de Lima. Las imágenes se las enviaban a Figari, que siempre elegía como víctimas de sus abusos sexuales a chicos rubios con los ojos azules. Este abogado, admirador de dictadores como Francisco Franco, también crearía en 1998 la rama femenina religiosa del Sodalicio, las Siervas del Plan de Dios. Diversas integrantes también han denunciado abusos sexuales por parte del fundador y otros miembros del SVC.

El libro *Mitad monjes, mitad soldados*, publicado en 2015, supuso un terremoto importante. La salida a la luz de los escándalos del Sodalicio, hasta entonces muy ocultos, aunque se conocían y se comentaban *sotto voce*, sacudió muchas conciencias en un Perú donde la enorme influencia de la Iglesia católica sigue intacta. Los periodistas Pedro Salinas, exmiembro de la organización, y Paola Ugaz daban voz a los niños que sufrieron los abusos físicos, psíquicos y sexuales. Al mismo tiempo explicaban el *modus operandi* del Sodalicio. No era solo Figari quien actuaba como depredador sexual, sino que gran parte de la cúpula de la organización también participaba de las perversiones. En la actualidad, los autores del libro viven amenazados y tienen que enfrentarse a denuncias ante los tribunales, mientras que ninguno de los victimarios ha acabado en prisión.

Paola Ugaz sería recibida por el papa en noviembre de 2022, en el Vaticano. Francisco le encargó que transmitiera su solidaridad a las víctimas. «Es la hora de la verdad, es tiempo de escuchar el mensaje y no castigar al mensajero.» Bergoglio enviaría a Perú al obispo Charles Scicluna y a monseñor Jordi Bertomeu para investigar a fondo el caso Sodalicio. Pronto puede haber noticias importantes sobre este tema. El Vaticano, que reconoce al SVC como sociedad de vida apostólica, ha impuesto cambios a la organización, pero son cada vez más los miembros de la curia que piden su disolución.

Además del escándalo sexual, el caso Sodalicio también contiene un importante aspecto de corrupción económica, pues, como han revelado los dos periodistas citados, hay oscuros vínculos de la organización con el sistema financiero y político de Perú que han conseguido impedir que se investigue oficialmente. El Sodalicio sigue existiendo, y miles de jóvenes van a centros de enseñanza de su propiedad. Aunque aparentemente ya no hay abusos, las tramas seguirían intactas. Una fuente vaticana de toda solvencia me señala en invierno de 2022 que «el Sodalicio ha retirado todos sus fondos económicos de Perú para evitar tener que compensar económicamente a las víctimas, si la justicia, hoy en día paralizada, en un futuro decide intervenir. Tienen sociedades *offshore* donde esconder su fortuna. Por otro lado, existe la posibilidad de que desde instancias judiciales peruanas o desde el mismo Vaticano se den órdenes en los próximos meses para disolver esta organización. En la Santa Sede se está valorando seriamente la oportunidad de hacerlo».

259

El arzobispo de Fujimori

Paralelamente a la actividad del cardenal Cipriani para encubrir las actuaciones del Sodalicio, es de todos conocida la
injerencia de este purpurado en la vida política peruana. La
prensa internacional lo ha definido como «el arzobispo de
Fujimori». Durante la dirección del episcopado de Ayacucho,
Cipriani defendió a fondo en los años noventa al presidente
Alberto Fujimori, como hace ahora con su hija Keiko, a la que
casó en 2004. Entonces Cipriani no quiso recibir a las mujeres
que buscaban a familiares desaparecidos. El ahora cardenal
declaró que la Coordinadora Nacional de Derechos Humanos,
una red de instituciones dedicada a la defensa de los afectados
por la violencia de Sendero Luminoso o las Fuerzas Arma-
das peruanas, era una «cojudez» (una chorrada). Su discurso
siempre ha sido político. Al margen de las batallas contra las
mujeres solteras, el aborto, el divorcio, los homosexuales y
la unión de parejas del mismo sexo, o a favor de la pena de
muerte, Cipriani ha generado fuertes escándalos en la sociedad peruana por su posicionamiento durante las elecciones y
por muchas declaraciones y homilías polémicas. Tuvo que pedir disculpas (una costumbre que no es demasiado frecuente
en él) después de decir sobre las mujeres que padecen violencia de género que «no es que hayan abusado de las niñas, sino
que muchas veces la mujer se pone como en un escaparate,
provocando».

Esta situación de escándalo permanente condujo a que el
papa Francisco «jubilase» inmediatamente al cardenal Cipriani
como arzobispo de Lima, cuando el prelado tuvo que presentar
en 2019 su renuncia por haber cumplido ya la edad canónica de
setenta y cinco años. Bergoglio no tardó ni un mes en hacerlo.
Sin ningún tipo de prórroga, como es habitual. En su lugar,
nombraría un hombre en las antípodas del pensamiento de Cipriani, el teólogo y profesor Carlos Castillo, a quien hemos
dedicado un capítulo. Un sacerdote humilde y con vocación
pastoral, muy próximo a Bergoglio, que ahora tiene la misión
de reconducir la Iglesia peruana y curar las heridas abiertas.
Además, se le exige supervisar los centros educativos que ad-

ministra el Sodalicio y las parroquias donde tiene influencia. Castillo, ya lo hemos dicho, está amenazado por los influyentes poderes ocultos que siguen dominando Perú. Si no cambia nada, pronto será nombrado cardenal, y además se lo señalará como papable en un futuro no demasiado lejano. Sería un Francisco II en la recámara.

19

Abusos: una «cultura tradicional» de la Iglesia

Cuando empezaron a salir a la luz los casos de abusos sexuales en el mundo, durante el pontificado del papa Juan Pablo II, el que hoy es santo de la Iglesia católica los ignoró y siguió encubriendo a los pederastas. El caso del amigo de Wojtyla, el sacerdote mexicano Marcial Maciel, fundador de la congregación ultraconservadora Legionarios de Cristo, es lo suficientemente elocuente. Con Benedicto XVI no cambiaron demasiado las cosas, mientras se masificaban las denuncias internacionales. Sí, declararía la «tolerancia cero» respecto a los abusos, pero poca cosa más hizo. Los sectores que daban apoyo a estos dos pontificados callaban. No se oyó voz alguna desde la ultraderecha política y de la tradición eclesial que condenase una práctica criminal que poco a poco se extendería como una mancha de aceite en toda la Iglesia universal. Cuando Francisco fue elegido papa, todo cambió. Estos sectores, hasta entonces mudos y defensores de los pederastas en la Iglesia, empezarían a hacer campañas con una grave acusación: «Bergoglio es el encubridor de los abusos».

Como siempre, hacían una política en la que todo valía para desacreditar y erosionar al pontífice argentino, el primer jefe de la Iglesia que se ha puesto manos a la obra para erradicar este cáncer con metástasis que padece la institución.

Si una cosa me ha sorprendido de las entrevistas que les he hecho a numerosos sacerdotes católicos abusadores sexuales a lo largo de mi trayectoria profesional, es que estos personajes no tan solo no muestran arrepentimiento alguno por sus actos criminales, sino que además consideran sus acciones dentro del ámbito de la normalidad. Muchos argumentan, sin rubor alguno, que esas relaciones no se pueden calificar siquiera de pecado.

Vayamos por partes. El abusador sexual obedece a un impulso «irrefrenable», y a la vez es muy consciente de la personalidad vulnerable de la víctima y del poder que ejerce sobre ella. Conoce también el encubrimiento y la impunidad que tradicionalmente tienen estas prácticas en el entorno donde se producen. Actúa premeditadamente, pero siempre en el ámbito privado, sin buscar el escándalo, con una seguridad absoluta. El arrepentimiento, pues, no lo puede contemplar. Cuando lo descubren, su pecado es la soberbia. El sentirse poderoso, impune y por encima de los demás.

Que los depredadores de criaturas y adultos vulnerables consideren un hecho «normal» este abuso de poder y abuso sexual no puede entenderse sin tener claro que esa persona forma parte de una institución, la Iglesia católica, donde estas prácticas son parte importante de la tradición, de la vida cotidiana y, por tanto, de una cultura arraigada a lo largo de los siglos. Si todo el que quiere lo hace…, ¿por qué no voy a hacerlo yo? Finalmente, un argumento bastante sólido y que estos individuos con trastornos mentales muy contrastados suelen esgrimir es el de que sus acciones con niños y jóvenes de un mismo sexo no son pecado. Si la Iglesia ha defendido tradicionalmente que solo se pueden considerar relaciones sexuales las que se practican entre un hombre y una mujer, en consecuencia, si lo hacen con niños o jóvenes del sexo masculino, «no hay sexo ni se viola la ley del celibato».

Estos seres enfermos, que al mismo tiempo son muy conscientes de que en el mundo laico su manera de actuar se considera aberrante y punible, saben muy bien dónde se mueven. Se refugian en parroquias, seminarios, conventos, escuelas o centros deportivos de propiedad religiosa, recintos todos ellos envueltos en el aura de protección que la sociedad les ha concedido de manera secular. La prudencia, no propiciar el escándalo que puede hacer daño a la institución, preservar su buen nombre, son los argumentos avalados por la jerar-

263

quía durante siglos para encubrir a los clérigos pedófilos y a los abusadores de jóvenes y también de adultos vulnerables. La ley del silencio (una especie de *omertà* mafiosa) impera como consecuencia de un clericalismo dominante e impune. La mayoría de los religiosos que viven la vida consagrada de acuerdo con los principios de la fe, aun así, si conocen casos de abusos por parte de sus compañeros o sus subordinados, optan por apartar la vista y callar. Una actitud que no se puede calificar de otra manera que de complicidad puertas adentro de la Iglesia, y que también afecta a toda la sociedad por el miedo de las víctimas a ser señaladas y enfrentarse a un poder que todavía muchos temen.

Cuando hablamos, pues, de «cultura y tradición» de la Iglesia en el ámbito de los abusos, tanto económicos como sexuales, lo hacemos con unos argumentos que son demostrables, difícilmente rebatibles. El mismo papa Francisco, el 4 de noviembre de 2021, afirmaba que hace falta que la Iglesia luche para «erradicar la cultura de la muerte que comporta toda forma de abuso sexual, de conciencia o de poder». En una carta de mayo de 2018 a todos los católicos de Chile (después de decapitar a toda la cúpula de la Iglesia chilena por abusos), el pontífice ya había utilizado el término «cultura» para hablar de los casos de pederastia. «La cultura del abuso y el encubrimiento es incompatible con la lógica del Evangelio.»

Lamentablemente, no todo el mundo en el interior del Vaticano y de la Iglesia lo ve con los mismos ojos.

La «cadena» de violaciones

Conozco de buena fuente el caso de un seminario de la Legión de Cristo en México donde ingresaron dos jóvenes, Emiliano y Santiago, en 2009. Emiliano era un chico tímido, poco sociable, perteneciente a una familia acomodada de D. F.; aunque era estudiante y buen trabajador, sus padres y todo su círculo familiar lo rechazaban por ser homosexual. Ingresó en el seminario consciente de que en ese entorno reservado a los hombres dejaría atrás la tortura de los que se burlaban de él y lo vejaban hasta extremos inhumanos. Abandonaba el mundo de los chistes homófobos sobre «puñales» (homosexuales), las preguntas incómodas y a menudo con retranca de los que le interrogaban sobre si tenía novia, y la persistencia insoportable de los que le presentaban a chicas solteras y de buen ver. Él, atemorizado, a veces simulaba que mantenía relaciones con alguna chica. Incluso una tía, hermana de su madre, que en una ocasión se le insinuó, conocedora de que el sobrino era homosexual, intentaría en vano protegerlo.

Santiago, el otro chico, era de Puebla y tenía una personalidad muy distinta. Hijo de una familia trabajadora con pocos recursos, jamás había prestado demasiada atención a la escuela. Su futuro pintaba muy negro, en el paro, vagando por las calles y siendo presa de todo tipo de *gangs* y narcotraficantes que controlaban el barrio donde vivía, en una casa muy modesta. Sus padres, muy religiosos, consiguieron gracias a la amistad que tenían con un sacerdote de la parroquia que Santiago ingresara en el seminario. Allí le harían estudiar y se haría un hueco en la sociedad.

Dos casos de personas con orígenes muy distintos, pero que acabaron por seguir, dentro de los muros del seminario, caminos paralelos. Tanto Santiago como Emiliano sufrieron abusos sexuales por parte de los responsables de la institución y de los alumnos más veteranos. Un abuso reiterado, a menudo salvaje, que marcaría su adolescencia y su futuro. Un calvario que les ha dejado un trauma de por vida difícil de superar.

En 2016, ambos fueron ordenados sacerdotes, y a los dos les ofrecieron un cargo en el seminario donde se habían refugiado. La «cultura» de abusos que vivieron cuando eran seminaristas los llevó a convertirse en los depredadores de los más jovencitos cuando ellos se hicieron veteranos. Aquella «cultura» no se detendría en el momento de acceder a ser responsables de la dirección del centro. Empezaron a abusar de los más débiles y vulnerables. Se habían transformado de víctimas en verdugos. Nunca denunciaron nada y nunca fueron denunciados. Participaban de lo que se ha denominado «cadena de abusos». Después de muchos años, continúan libres y sin haber acabado ante los tribunales. Jamás nadie se ha atrevido a dar el paso.

265

La congregación ultraconservadora católica Legionarios de Cristo o Regnum Christi, presente en parroquias, escuelas y seminarios de América Latina, Europa y África, reconoció en 2019 la existencia de esa «cadena»: más de ciento setenta y cinco casos, once de los cuales habían sido víctimas de abusos por parte del mismo fundador de la congregación, Marcial Maciel. El sector más reaccionario del mundo de la política o del interior de la Iglesia católica nunca ha querido denunciar tales prácticas. Siempre han protegido a los abusadores y lo continúan haciendo.

Un espantoso caso de adultos vulnerables

Podemos tomar una sentencia de abril de 2019 dictada por la Audiencia Provincial de Lugo contra el fraile franciscano José Quintela Arias, de la localidad gallega de Pedrafita do Cebreiro, como un ejemplo claro de cómo un sacerdote depredador se encarniza con dos adolescentes. No solo abusaría de Penélope, de dieciséis años y con discapacidad intelectual, sino que obligaría a participar en juegos sexuales y sesiones de fotografía pornográfica al primo de la chica, Emiliano, de veinte años y también con una importante discapacidad psíquica.

La Sala II del Tribunal Supremo, en octubre de 2021, desestimaba el recurso de casación interpuesto por la defensa del acusado, que acabaría condenado a doce años de prisión. El franciscano, con cuarenta años de diferencia de edad con la chica, utilizó todo su poder para manipular a la menor, que frecuentaba el santuario de O Cebreiro, en la montaña de Lugo, donde el fraile se encargaba de atender a los peregrinos del Camino de Santiago. Era un religioso que se había hecho muy popular por ayudar a los caminantes y que solía fotografiarse con políticos y famosos. Cuando se hizo público el escándalo, vecinos y peregrinos no se lo podían creer. Muchos «famosos» hicieron desaparecer esas fotos donde aparecían acompañados por el franciscano de sus móviles y de sus redes sociales.

La sentencia deja claro que el condenado se valió «de una situación de superioridad manifiesta que le otorgaba su condición de religioso y la precaria situación personal, familiar y económica de la menor». Le llegó a dar hasta ochocientos euros, procedentes del dinero que recogía en las colectas del santuario destinadas a los pobres, teóricamente para ayudarla, pero con la intención clara de que guardase silencio sobre esos encuentros sexuales que se producían en la misma sacristía del santuario o en la casa del sacerdote. Allí, según se recoge en la redacción de la sentencia a la que he tenido acceso, se hacían las sesiones fotográficas de la chica «con billetes de veinte euros entre los labios vaginales, con una botella de Coca-Cola de plástico parcialmente introducida en la vagina, desnuda con el pectoral del fraile en torno al cuello y con la decoración de flores de Pascua y bolas de Navidad que había en el santuario colocados entre sus pechos y genitales, y haciendo una felación...». El sacerdote también se hacía fotografiar desnudo por la chica, y organizaba sesiones fotográficas para plasmar las relaciones sexuales de Penélope con su primo Emiliano.

La Conferencia Episcopal Española y el superior en Galicia de la congregación de los Padres Franciscanos informaron del caso al papa Francisco, que siguió de cerca el proceso judicial. El caso es paradigmático para contemplar cómo prevalece el poder de un religioso considerado un ejemplo para la comunidad del entorno donde vive, y que en privado utiliza esta autoridad para manipular y violar a una menor y a un adulto, los dos afectados por una discapacidad psíquica y con problemas económicos. El fraile murió en abril de 2022.

Las víctimas de los abusos de la Iglesia se han organizado mundialmente. Muchos han perdido el miedo, ayudan a otras víctimas y conciencian a la sociedad. Con Francisco, la Santa Sede empieza a actuar como nunca antes lo había hecho. Pero son muchos los que dentro de la Iglesia y en todo el mundo siguen practicando abusos, porque todavía sienten que cargos importantes en la institución los protegen. Cardenales y obispos de los cinco continentes, como de dentro del Vaticano, encubren a los criminales, mientras atacan con contundencia a Jorge Mario Bergoglio. Nunca había visto llorar a prelados con cargos importantes en una reunión del Vaticano como pude hacerlo durante la Cumbre sobre los Abusos convocada

267

por el papa en 2019. Vi muchas lágrimas en los ojos de purpurados y monseñores mientras escuchaban los espantosos
testimonios de las víctimas de abusos. ¿Acaso no sabían qué
había sucedido? ¿Es posible que solo entonces descubrieran el
horror que se vivía en su propia casa?

20

Juanca, el amigo en el que confía el papa

*L*os amigos le llaman Juanca, y su historia no deja indiferente a nadie. Es una vida de dolor, de lucha y de generosidad. El papa Francisco también lo llama así: Juanca. Siempre le repite que es como si fuera un hijo suyo. Se ven a menudo, ríen, lloran y charlan juntos durante horas. Bergoglio y Juanca se respetan y se quieren. Poco a poco, han construido una relación muy sólida llena de detalles que demuestran la fortaleza de la amistad basada en la plena confianza, la sensibilidad y la proximidad. No siempre fue así. Los inicios fueron difíciles, llenos de choques y contradicciones, de recelos e inquietudes.

Conocí a Juan Carlos Cruz Chellew (Santiago de Chile, 1963) durante la Cumbre sobre los Abusos convocada por el papa Francisco en 2019. Me lo presentó monseñor Jordi Bertomeu, ese buen amigo oficial de la Doctrina de la Fe que investiga, en nombre del pontífice, los crímenes de pederastia de los sacerdotes de todo el mundo. Desde entonces hemos mantenido el contacto y he devorado sus dos libros, *Abuso y poder* y *El final de la inocencia*, donde expone con honestidad, crudeza y valentía su calvario con el sacerdote chileno Fernando Karadima, un reputado pastor que se convertiría en una pesadilla y el peor enemigo de Juanca y de cerca de doscientas víctimas más. Un caso de abusos reiterados y, una vez más, una historia de encubrimiento y protección del criminal, en este caso por parte del obispo Juan Barros y la jerarquía de la Iglesia, que ha marcado su vida. Bergoglio expulsó a Karadima del sacerdocio y acabó por decapitar a toda la cúpula de la Iglesia chilena, después del error de haberle dado apoyo durante el criticado viaje a aquel país, en el cual el papa se sentiría engañado por obispos y cardenales. Fueron destituidos un total de treinta y tres obispos. «Son como Alí Babá y, en este caso, los treinta y tres ladrones», me dice Juanca desde Washington. «El papa ha puesto otros nuevos, algunos muy buenos, pero todavía queda mucho por hacer.»

De la desavenencia a la amistad

Cuando le pedí a Juan Carlos Cruz una entrevista a fondo y le expliqué de qué iba este libro, desde el primer minuto se mostró abierto y dispuesto. Tiene mucho que decir y mucho que explicar sobre el funcionamiento de la institución, acerca del papa argentino y también del complot que lo pretende anular. Más allá del sufrimiento por una infancia traumática, Juanca se ha convertido en el luchador más conocido del mundo, a causa de la denuncia por los abusos de la Iglesia; es un activista siempre al lado de las víctimas y muy crítico con la jerarquía. Por este motivo, los inicios con Francisco, ya lo hemos apuntado, fueron muy difíciles, cuando él señalaba al pontífice como cómplice de los abusos y le acusaba de no hacer nada por erradicar esta lacra de la Iglesia. «Yo sentía —me dice desde su casa en Washington— una decepción muy grande con el papa. No nos escuchaba a nosotros, las tres víctimas que desde hacía años habíamos denunciado al sacerdote Karadima. El papa escuchaba a los cardenales chilenos Javier Errázuriz y Ricardo Ezzati. Era comprensible. Eran amigos suyos. Ahora, a pesar de la rabia que me daba, entiendo al papa. Él tuvo la valentía de desafiar finalmente a toda aquella gente que le tenía mal informado. El papa envió a investigar a Chile al obispo Charles Scicluna y a monseñor Jordi Bertomeu, con los que estuve hablando más de cuatro horas. Me di cuenta de que era verdad que querían ayudar, que eran diferentes a los sacerdotes que las víctimas conocíamos. Di una conferencia de prensa en Nueva York delante de todos los medios internacionales y allí empezaron a cambiar las cosas.»

A este periodista, que ahora vive en Washington y trabaja como experto en comunicación en empresas multinacionales norteamericanas, el pontífice lo recibió y empezaron un proceso para entenderse y confiar. A pesar de todo lo que vivió, Juanca se considera creyente, y con una fe indestructible. Sin embargo, ha tenido que vivir muchos años con la duda, siempre presente, del rechazo tradicional de la Iglesia a su condición de homosexual. Bergoglio desvanecería en gran medida esos temores. «El papa me dijo: "Dios te ha hecho así. Dios te quiere así. El papa te quiere así, y tú tienes que quererte y no preocuparte de lo que diga la gente".»

«Desde el primer momento —me explica—, el papa Francisco me cayó excelentemente, y creo que él pensaba lo mismo. Nació esta amistad intensa y sincera que ahora tenemos. Yo sé cosas que me ha dicho el papa que nunca explico, tengo miles de fotos con él que no publico. Sé que tiene buenos amigos, pero me hace sentir como si fuera su único y mejor amigo. Como si fuésemos familia. El afecto es gigantesco. Siempre le he dicho que yo no quiero ser arzobispo ni cardenal, que no quiero premios. Si me ofreciese alguna cosa de esas, saldría corriendo. Eso nos permite a los dos tener una conversación completamente franca. Yo no le digo lo que él quiere oír, como hacen muchos de los que le rodean. Nos reímos mucho con tonterías, juntos, y también hablamos de temas muy profundos. Nunca en mi vida habría pensado tener una amistad con una persona como este papa, que es un regalo para el mundo. Hay cuestiones respecto a las que todo el mundo saldría corriendo, pero él se enfrenta a ellas. Lo admiro y le tengo un profundo afecto.»

La difícil tarea de asesorar a un papa

Bergoglio nombró a Juan Carlos Cruz miembro de la Comisión Pontificia para la Protección de Menores, donde se intentan establecer las bases para la prevención de los abusos. «Yo era muy crítico —me dice— con la comisión, pero me he encontrado con muchos miembros que se dejan la vida para ayudar, y eso lamentablemente se desconoce. No se sabe. Ahora bien, a veces falta la cooperación de la curia, de gente hipócrita de

271

dentro y de cardenales y obispos de todo el mundo. Sin eso es muy difícil trabajar. Es muy complejo.»

A este encargo hay que sumar que el pontífice argentino lo ha designado también asesor personal. «Normalmente nos vemos cada mes y pasamos muchas tardes juntos. Hablamos por teléfono aproximadamente cada dos semanas. Todos los años, el 13 de agosto, el día de mi cumpleaños, por poner un ejemplo, lo celebro en el Vaticano con él. Me llama una semana antes para invitarme. Siempre me sorprende y me tiene preparado un pastel y Coca-Cola Zero, que sabe que me gusta, y encarga que la compren. Él siempre toma un refresco de ciruela muy italiano. Ahora no me acuerdo del nombre.»

Cuando le planteo si es suficiente lo que hace la Santa Sede con el tema de los abusos, responde con rotundidad: «No. No hay suficiente. Una cosa es lo que hace el papa, convencido y horrorizado con lo que conoce y ha ido aprendiendo en el tiempo que lleva al frente de la Iglesia. Otra cosa es que siento pena porque no todos, pero sí muchos obispos que ven al papa se muestran de acuerdo con él, pero cuando vuelven a sus diócesis hacen lo mismo que hacían. Juegan a decirle lo que él quiere oír. Bergoglio no es tonto, porque sabe cómo manipulan estas situaciones. Ahora está deshecho y muy preocupado por muchos temas, sobre todo por la guerra en Ucrania. Yo he ido cuatro veces a Ucrania y el papa me llama y me pide que le explique todo lo que veo».

El papel de asesor del pontífice no es fácil para Juan Carlos Cruz. Es consciente de la enorme responsabilidad que comporta. «Formalmente hablamos de los abusos de la Iglesia. He hablado mucho de Perú, del Sodalicio, que es como una organización criminal que conozco porque he ido muchas veces a ese país. La anécdota que puedo explicar es sobre un arzobispo peruano que es un mafioso y un criminal espantoso, no te puedo decir el nombre, que ha ido dos veces al Vaticano a acusarme a mí de todo. La primera vez, él, que no es precisamente ningún santo, quería que el papa le diese un certificado de "honradez" sobre mí, un documento que no existe y nadie puede dar. La última vez, cuando volvió, yo ya le había explicado al pontífice los abusos a los pueblos indígenas y todo. El arzobispo se volvió a quejar a Bergoglio de que yo había convocado a los medios y había dado una charla en un teatro de Lima con más de mil asistentes. El papa le respondió con ironía que era extraño, porque cuando yo iba al Vaticano era un caballero y me portaba bien. Tiene esas cosas, mucho sentido del humor, dentro de la tragedia. Eso lo mantiene fresco y sano.

»Cuando me nombró asesor, todo el mundo —continúa Juanca—, hasta el secretario de Estado, le dijo a Bergoglio que por qué me designaba a mí. Le echaban en cara que nombrase a una persona abiertamente gay, una cosa que nunca antes había hecho un papa. Entonces yo le dije que le quería a muerte, pero que, si él lo creía oportuno, renunciaba para que él no tuviera problemas. Y me dijo: de ninguna manera, ni loco quiero que hagas eso. Tiene una gran estima por mí, que me hace sentir la persona más afortunada y bendita del mundo, por haberlo conocido no solo como papa, sino como persona entrañable.»

Juan Carlos Cruz ha sufrido también en su entorno las consecuencias de esta intensa amistad: «A mí me ha costado amigos. Siempre he sido muy combativo. Al pan, pan, y al vino, vino. No me harán callar. Y el papa siempre me ha dicho que siga hablando con libertad y siendo como soy. Suele insistirme en que siempre me prestará su apoyo. Muchos supervivientes de abusos piensan que, como estoy muy cerca del papa, me he vendido al enemigo, y no quieren saber nada de mí. Otros me creen. Yo tengo mucho trabajo profesional en mi empresa, y hago de activista contra los abusos pagándomelo todo de mi bolsillo. Estoy soltero, no tengo responsabilidades familiares y me pago los viajes, y tampoco acepto que me retribuyan por charlas ni por nada. No quiero que nadie pueda decir nunca que me lucro, siendo una especie de víctima profesional. Ahora, hace unos días hablé con una víctima desesperada, y le envié un documento al obispo de la diócesis. Era un audio donde esta persona, que sufría mucho, explicaba su caso llorando. Me siento empoderado por el papa para hacer estas cosas. No tengo tiempo que perder con los que dicen que tengo el síndrome de Estocolmo, y con los que creen que un católico no puede hacer lo que yo hago. Aprovecho el tiempo visitando a víctimas, dando apoyo, animando a que denuncien. No sé qué más puedo hacer. A pesar de todo lo

273

que sabemos y se ha dicho, solo ha salido de este tema la punta del iceberg. En Latinoamérica tenemos casos a montones, y por ejemplo nos encontramos en Costa Rica con el obispo de San José, José Rafael Quirós, que es un bárbaro que maltrata a las víctimas. De la India no sabemos nada, solo casos aislados, los casos de las monjas que sufren abusos por parte de sacerdotes y obispos... Tenemos también el continente africano, donde se iguala la homosexualidad con los abusos; como dicen que allí no hay homosexuales, pues no hay abusos, y son miles y miles. Es un hervidero que no se ha destapado del todo».

Temas muy delicados

El asesor de Bergoglio explica que un día que estaba triste y preocupado por temas de trabajo, el papa le dijo: «Mira, Juanca, tú eres un hombre resucitado. Y eso es lo que me impresiona de ti, que has sabido resucitar». También le sorprende, desde que es asesor, que el papa le confíe algunos temas delicados sobre los cuales requiere su atención. Cuestiones que el argentino no se atreve a comentar con nadie más en el Vaticano y que van más allá del asunto de los abusos.

Muchas confidencias no las puedo explicar porque así me lo ha pedido Juanca, y hay que respetar la confianza que ha depositado en mí. Sí que creo que se puede generalizar y explicar que, en la vigilia de la visita al Vaticano de uno de los líderes mundiales, Bergoglio le leyó a su amigo Juanca el discurso que tenía previsto. Entre los dos modificaron algunos puntos e introdujeron cuestiones críticas que probablemente desconocía la misma Secretaría de Estado, encargada de las relaciones diplomáticas de la Santa Sede. La voz y la opinión de Juanca son influyentes, y muchos en el Vaticano la consideran muy peligrosa. «Hay gente que me mira con recelo y curiosidad dentro del Vaticano.»

«El papa usa canales extraoficiales»

Juanca cambia el tono de la conversación cuando hablamos de los enemigos que envuelven al papa Francisco. Los que tiene dentro y fuera del Vaticano: «Fíjate en que, cuando empezaron a salir masivamente los casos de abusos, ese obispo que ahora tanto habla contra Francisco, Carlo Maria Viganò, no decía nada. Era el nuncio en Estados Unidos cuando surgieron las grandes denuncias. No abrió la boca nunca. Eso es lo que da rabia de esa gente que se puede calificar de loca. Ahora exclaman y usan a las víctimas de pederastia como arma contra el papa Francisco. Cuando les tocaba a ellos y tenían poder para hacer alguna cosa, nunca hicieron nada. Jamás se han mirado al espejo. Se creen iluminados y son escoria para la Iglesia».

Juanca se indigna cuando hablamos del complot en marcha para cambiar el mundo actual: «Esos locos tienen una agenda que va avanzando en sus objetivos. No les importa utilizar a quien sea para destruir al papa. Son una minoría con mucho poder, porque tienen mucho dinero y medios de comunicación potentes a su lado. Nos los tenemos que tomar muy en serio. No minimizar el peligro que comportan. ¡Tenemos que luchar! Hay un complot creciente de esos descerebrados que se relacionan con la extrema derecha internacional. Crean molinos de viento. Me frustra que esta gente tenga tribuna y no se les diga que, o se callan, o se van. Eso corresponde al papa, a quien a veces entiendo y a veces no. A veces se lo digo. Es cierto que ahora no conviene provocar un cisma, pero si todo esto pasara en una compañía multinacional como la mía, los mandarían a la cárcel. En la Iglesia no veo tan claro que se haga así».

Ha hablado con Francisco sobre este tema, y el pontífice sabe quiénes son y cómo se mueven sus enemigos. El papa no habla demasiado de ellos, les quita importancia, pero tampoco les quiere dar ni la más mínima oportunidad de vencer. «Son una piedra, o, mejor dicho, una roca en el zapato del papa. Steve Bannon y los cardenales que le dan apoyo son una tropa de descerebrados que sirven a sus propios intereses económicos. El problema es el sector de la población que tiene lavado el cerebro con su proyecto. Hay que pararlo y alzar la voz. ¡Yo lo hago siempre que puedo! Tenemos que luchar por el mundo que queremos. El papa no es falso, no es un impostor, como dice esta gente, y su proyecto es para toda la humanidad y no solo para unos cuantos privilegiados.»

Cuando insisto en preguntar cómo se las arregla Bergoglio para minimizar la influencia de este sector involucionista, se muestra claro. «El papa a veces ha utilizado canales extraoficiales para no enfrentarse a la curia que le dice siempre: no diga esto, no haga lo de más allá. Él hace lo que cree que tiene que hacer. Yo le digo siempre, con sinceridad, lo que creo, y él a mí lo que cree. Algunas veces le he dicho que el Vaticano se ha equivocado en muchas cosas, y lo hablamos. Me escucha y me explica cómo va todo. Muchas cosas que la gente no sabe. Una vez le expliqué el problema de los niños transexuales que sufrían mucho en Estados Unidos por culpa de los obispos, y él, en la audiencia del miércoles siguiente, habló de que los padres han de querer a los hijos como son, también a los transexuales. Me preguntó al día siguiente qué me parecía lo que había dicho. Se lo agradecí y le animé.»

Sobre el Red Hat Report, la manipulación en marcha de cara al futuro cónclave, Juanca me habla de los «cardenales espantosos que tenemos aquí, en Estados Unidos, como el cardenal de Nueva York, Timothy Dolan, que nunca será papa. Por otra parte, hay cardenales norteamericanos, como Blase Joseph Cupich, Joseph W. Tobin o Robert Walter McElroy, que son gente que se la juega con los inmigrantes, los LGTB, las víctimas de abusos… Desgraciadamente son una minoría. Hay gente que está trabajando para que el legado de Francisco no pueda fructificar en el futuro».

21

Nada es lo que parece. Reformas aceleradas

Sor Lucía Caram, que lucha por los más desfavorecidos en Cataluña, le dijo al papa, según ella misma me comentó, que le gustaría que las reformas fuesen más deprisa. Bergoglio le respondió: «Lo que pasa es que yo sé muchas cosas que vosotros no sabéis». La dominica está convencida de que Francisco vive entre resistencias que muchas veces parecen insalvables. A lo largo de este libro he intentado explicar muchos de los obstáculos que ha encontrado y sigue encontrando en el camino.

Hay una figura de la mitología clásica griega que muchas veces me ha recordado los intentos del papa Francisco de cambiar la Iglesia y la enorme tarea que eso supone. Se trata del mito de Sísifo. Este era hijo del dios Eolo y fue rey de Corinto, la ciudad que fundó. Durante su reinado se mostró siempre muy hábil, y sobre todo astuto. Las argucias que utilizaba acabaron por enemistarle con los mortales y los dioses. Y con eso no se juega, y menos aún en el reino mitológico. El dios Hermes decidió deshacerse de Sísifo y lo envió al reino de los muertos. A las tinieblas del Averno. Allí, el rey fue condenado a subir una enorme roca hasta la parte más alta de una colina. Cuando con un esfuerzo sobrehumano conseguía subir la roca hasta la cima, esta siempre caía y le obligaba a reiniciar el proceso: era el terrible destino que los dioses le habían reservado. El mayor castigo posible, la peor condena imaginable: repetir una y otra vez lo mismo, durante toda la eternidad. El mito de Sísifo se utiliza como metáfora del esfuerzo inútil e incesante del hombre. Pienso en Bergoglio, a quien muchas veces veo emprendiendo esfuerzos nada inútiles para cambiar las cosas. Un objetivo que muchos califican de imposible.

«El que introduce innovaciones tiene como enemigos a todos los que se beneficiaban del ordenamiento antiguo, y como tímidos defensores a los que se beneficiarán nuevamente.» La frase es de Nicolás Maquiavelo, en el capítulo VI de su obra más popular, *El príncipe*. Esta reflexión, escrita en 1513, está más vigente que nunca. Refleja a la perfección que los afectados por los cambios pasan a engrosar con celeridad las filas de los adversarios, mientras callan ostentosamente los que saldrán beneficiados con las reformas. Una dinámica que actualmente se observa en el Vaticano y en el conjunto de la Iglesia católica, donde se activan los discursos contra Bergoglio mientras los que serían partidarios suyos lo dejan prácticamente solo.

De todos modos, como me dijo en una entrevista uno de los mejores amigos de Bergoglio, el rabino de Buenos Aires Abraham Skorka, «el papa vencido nunca se sentirá. Seguirá luchando. Él es tozudo en la lucha por sus convicciones». A trancas y barrancas va haciendo camino, y ha ido construyendo las bases para adaptar la Iglesia al siglo XXI. Siempre digo que se basa en dos pilares fundamentales a la hora de propiciar los cambios que él considera imprescindibles: recuperar el espíritu del Evangelio y resucitar el alma innovadora del Concilio Vaticano II que sus dos predecesores, Juan Pablo II y Benedicto XVI, se cuidaron bien de sepultar. Los innumerables obstáculos que ha sufrido a lo largo del camino los ha tenido que afrontar con coraje desde el primer día del pontificado. En ese proceso ha perdido muchas batallas y ha sufrido heridas graves. No obstante, ha reflexionado haciendo uso de las llamadas pausas mentales, que aprendió ya en el seminario. Ha aplicado también la estrategia aprendida de los jesuitas, que le permite avanzar con una astucia extraordinaria. Muchas veces ha sorprendido dando un paso atrás para acabar, después de muchos meses de aparente inacción, dando dos hacia delante.

Bergoglio suele recurrir al sentido del humor para enfrentarse a las dificultades. En una reunión de febrero de 2017 con órdenes religiosas dijo que está en paz consigo mismo, y que duerme bien por las noches, ya que siempre descansa unas seis horas. ¿Cuál es su secreto?, le preguntaron. «Si hay un problema —aseguró—, escribo una nota a san José y la pongo bajo la estatua que tengo en mi habitación. Ahora, el santo duerme encima de un colchón de notas.» Durante un periodo más o menos largo, Bergoglio aparentemente se detuvo en su actividad reformista, pero pocos sabían que no claudicaba ni se retiraba a lamerse las heridas. Seguía trabajando en silencio y alejado de los medios para recuperarse de la derrota, para rearmarse y volver a intentarlo. Aprovechaba la calma para analizar a sus adversarios, intentaba llevarlos hacia las tesis y las actuaciones que defiende y considera justas y necesarias. En última instancia, si eso no era posible, optaba por aplicar la autoridad o minar los puntos débiles de los rivales. Esta estrategia le ha permitido volver a emprender el viaje por el camino que había fijado o buscar una vía más factible para llegar al objetivo. Con este procedimiento, las reformas, es cierto, se han ralentizado durante años. Los reformistas se desesperaban y algunos nunca entendieron que no se mostrasen resultados. Se empezaron a oír voces críticas desde los sectores progresistas que definían a Francisco como miedoso y cobarde, y también dolorosas opiniones que lo evaluaban como un pontífice que prometía mucho y había acabado por decepcionar a los que esperaban reformas rápidas y radicales. Sin ningún género de duda, estas duras expresiones, entre los que en principio tenían que haber defendido al papa argentino, provocaron cierto desánimo entre los católicos de base que habían acogido con entusiasmo la llegada de un pontífice que se ofrecía a acabar con el conservadurismo de la Iglesia, inmutable hasta entonces. Sin embargo, como suele pasar en el Vaticano, nada es lo que parece. Allí no importa demasiado lo que mires, sino lo que veas o sepas ver.

Los sectores progresistas habían infravalorado a la facción tradicionalista y su enorme poder. Ignoraban que un jefe de la Iglesia tiene que saber mantener cierta unidad, y ha de navegar con prudencia por un mar de antagonistas provocando solo las tempestades imprescindibles. La correlación de fuerzas y el equilibrio en la Santa Sede son muy delicados. A veces, las rupturas tienen consecuencias en forma de cismas. Hay que

279

saber nadar y a la vez guardar la ropa. En la última etapa de su magisterio se empiezan a ver los resultados del estilo Bergoglio. Al papa le fue muy bien el periodo de pausa provocado por la pandemia del virus del covid. Él, como todo el mundo, suspendió toda actividad pública, pero no paró de trabajar. Confinado en la residencia de Santa Marta, se pasaba horas y horas estudiando su plan de reformas administrativas, jurídicas y económicas, y preparando mensajes de fuerte contenido doctrinal. Contaba con el Consejo de Cardenales, que le asesoraba a través de videoconferencias y contactos telefónicos. Había decidido poner la directa, consciente de que el tiempo obraba en su contra, convencido de que entraba en la etapa final de su pontificado. Para esta última acometida tenía que tomar decisiones claves, algunas muy drásticas, a riesgo de tener que dar la razón a los que le acusan de ser demasiado resolutivo, o incluso de ignorar a los que pretenden aconsejarle. Lo ha hecho y lo sigue haciendo.

«El papa se ha puesto las pilas —me decía un monseñor desde el Vaticano, en mayo de 2022—. Esto no se va a parar, aunque haya muchas nubes que amenacen tormenta. Muchos cambios hechos los ha tenido que afrontar prácticamente él solo, con la única ayuda de unos pocos colaboradores de su círculo de confianza. Sabía que si los sometía a una discusión más amplia en la curia, no tendrían recorrido. Los que decían que Francisco no tiene valor deberían reflexionar. Está haciendo el trabajo para el que fue elegido, aunque muchos de los que le votaron hace nueve años ahora no lo harían. Pensaban que no llegaría a ningún sitio…» Evidentemente, Bergoglio es un hombre testarudo, consciente de su misión, capaz de levantarse cada día recordando aquella frase de Martin Luther King: «Aunque supiera que mañana el mundo se iba a hacer pedazos, seguiría plantando mi manzano».

Sor Lucía Caram opina que «el papa va a piñón fijo. Las veces que he hablado con él, que son muchas ya, he visto siempre a un hombre totalmente libre, que te explica cosas con toda confianza. No lo parará nadie». Para el analista italiano Massimo Micucci, el aparato de poder de la Santa Sede, y por extensión todo el conjunto de la Iglesia universal, no ha digerido en todos los años de pontificado del argentino su voluntad reformista. «El papa ha definido los chismes o calumnias como el enemigo real. La necesidad de llamar al orden a los obispos, sobre todo en la primera parte del mandato, tiene mucho que ver con la resistencia al laborioso y también contradictorio trabajo para la reforma interna. Aquí hay que destacar que importan mucho los intereses concretos, económicos y financieros, los hábitos de poder y las campañas de diversa índole que han dejado perplejos y desconcertados a los *apparatchik* del sistema. Un desconcierto que también se puede atribuir a la superficialidad en el encargo de tareas y misiones, que tienen un fuerte valor práctico para un papa que también ha tensionado el sistema de justicia vaticano.»

Recuerdo una anécdota en una simpática conversación que manteníamos una mañana de la primavera de 2017 en un café cerca de la Via della Conciliazione. Éramos un grupo de periodistas y un sacerdote joven latinoamericano. El religioso había llegado hacía unos días a la Santa Sede, acompañando a un viejo cardenal que el papa había recibido el día antes en Santa Marta. El joven, que todavía no sé de dónde salió, o si era amigo o pariente de alguno de mis colegas, nos informó más que orgulloso de que había estado presente en la conversación. Explicó que Bergoglio había informado al purpurado de todas las reformas que había en marcha. Enseguida todos aguzamos el oído, mientras asaeteábamos a preguntas a aquel joven para conocer la agenda de cambios que tenía prevista Francisco. Inmediatamente nos hizo callar para dejarnos bien claro que del diálogo privado y confidencial no podía decirnos nada. Quizá para contentarnos acabó exclamando: «De todos modos, ya veréis como esto cambia, y mucho». Uno de los compañeros, creo que era argentino, contestó inmediatamente: «Dios te oiga, hijo mío, y que el diablo se haga el sordo».

Código Canónico: la vía severa contra los abusos

Además de la imprescindible reforma de la curia de la que ya hemos hablado, y que representa para muchas congregaciones e institutos religiosos de tipo tradicionalista una auténtica

281

amenaza, el papa Francisco ha puesto en marcha cambios de un calado extraordinario. En primer lugar, la modificación del Código de Derecho Canónico, que pretende no dejar ninguna grieta legal en la Santa Sede que impida que se puedan juzgar con la severidad necesaria los abusos económicos y sexuales. Una revisión que endurece las normas para intentar evitar y castigar los escándalos que contaminan la institución y que le han provocado un fuerte desgaste de credibilidad.

En la Iglesia católica hay ejemplos terribles, a lo largo de la historia, de eclesiásticos que han traicionado su juramento de castidad y han dado un ejemplo de mala praxis de cara a la comunidad de la que ellos forman parte como jerarquía. Los Borgia son una muestra bien clara, como lo fue el pontífice Juan XII, a quien muchos recuerdan con el infame apelativo del «papa Fornicario» (el papa fornicador). Durante su reinado, entre los años 955 y 964, convirtió el palacio de Letrán en un prostíbulo, hasta que tuvo que huir de Roma, acusado de los peores vicios. Juan XII, según dice la historia, sería asesinado de un martillazo en la cabeza por un marido que había sorprendido al pontífice en la cama con su mujer. Pero también hay una segunda versión que afirma que murió de una apoplejía en pleno acto sexual.

Papas, cardenales, obispos y clérigos a lo largo de la historia han disfrutado de la impunidad necesaria para cometer todo tipo de abusos sexuales contra menores y adultos vulnerables. Asimismo, han podido perpetrar sin castigo todo tipo de corruptelas y abusos económicos. Se han protegido y encubierto entre ellos, con la excusa de no armar escándalo, refugiándose al mismo tiempo en un ordenamiento jurídico muchas veces tildado de blando y ambiguo. Las leyes canónicas parecían diseñadas para que nunca tuviesen que enfrentarse a ningún tipo de proceso penal que los pudiese conducir a ser castigados.

«Había que acabar con esta impunidad. La Santa Sede no podía seguir protegiendo a muchos de sus representantes que han cometido crímenes aberrantes, que merecen una condena firme de los tribunales eclesiásticos», me dijo en 2021 un importante jurista que ha colaborado con el Vaticano para introducir cambios importantes en el Código Canónico, la ley de leyes que rige en la Santa Sede. Él encontró «trampas» en muchos artículos que permitían que los abusadores fuesen exonerados. Localizó contradicciones en diversos capítulos que permitían que la justicia se ejerciese prácticamente al gusto del consumidor.

El papa Francisco introdujo en junio de 2021 unas modificaciones importantes en el Código Canónico, que es el corpus legislativo principal de la Santa Sede. Benedicto XVI ya había intentado poner en marcha una reforma, pero renunció al pontificado antes de concluir los cambios. En resumen, las modificaciones al Libro IV, y en concreto al capítulo VI, contienen la definición de la pederastia como «un delito contra la dignidad humana» que puede acabar con la expulsión del estado clerical del criminal. Hasta ahora esta expulsión, que reivindicaban las víctimas desde hacía décadas, no formaba parte del articulado. El documento equipara el abuso de menores con el de determinados mayores de edad vulnerables a causa del uso arbitrario del poder por parte de sus depredadores. La reforma, como ha pasado con otras decisiones de Francisco en los últimos tiempos, limita un grado más el poder y la discrecionalidad de los obispos a la hora de tomar decisiones, ya sean exculpatorias, ya sean de castigo, pero también reduce la discrecionalidad de la autoridad con criterios claros y objetivos a la hora de valorar situaciones o imponer sanciones. Finalmente, y este aspecto es importante y también nuevo, contempla la condena no solo para el abusador, sino también para los miembros de la jerarquía que encubran un delito sexual.

Todo lo que hemos dicho hasta ahora se refería a abusos de poder de carácter sexual, pero el nuevo Código de Derecho Canónico incluye también delitos económicos derivados del abuso de autoridad, la malversación, la corrupción y la mala gestión del patrimonio de la Iglesia. Ahora ya no hay excusa para no hacer justicia, para abstenerse de sancionar a los que transgreden las normas. Hay claridad, y el Dicasterio para la Doctrina de la Fe, el organismo encargado de la disciplina en la Santa Sede, tiene a su alcance las herramientas legales necesarias para actuar con justicia y rigor.

283

Camino Sinodal: un «concilio» más popular

El papa Francisco ha puesto las bases para que se pueda cumplir lo que pidió durante su visita a Brasil, con motivo de la Jornada Mundial de la Juventud, en julio de 2013. Cuatro meses después de ser elegido, incitó a los jóvenes, que gritaban y aplaudían de manera entusiasta en Río de Janeiro, para que hiciesen un buen «lío», como dijo en castellano.

«Espero —dijo el papa— que haya lío. Que aquí dentro haya lío…, y lo habrá. Que aquí, en Río, haya lío…, y lo habrá, pero quiero también lío en las diócesis, quiero que salgan fuera, quiero que la Iglesia salga a la calle, quiero que nos defendamos de todo lo que sea mundanidad, de todo lo que sea instalación, de todo lo que sea comodidad, de todo lo que sea clericalismo, de todo lo que sea estar encerrados en nosotros mismos. Las parroquias, los colegios, las instituciones son para salir; si no salen, se convierten en una ONG, ¡y la Iglesia no puede ser una ONG!»

Bergoglio se ha cuidado mucho de que ese «lío» que se reclamaba se pudiera plasmar en un debate en todo el mundo, en el cual pueden participar todos los estamentos de la institución, tanto los católicos laicos de base como los religiosos. Desde los sacerdotes hasta los cardenales, pasando por los obispos. Ha tardado nueve años en poner en marcha una operación que tendría que sacudir y revolucionar el talante de lo que es hoy en día la Iglesia católica. Él lo ha denominado Camino Sinodal, un concepto que etimológicamente proviene del griego y significa «caminar juntos».

A mi entender, se trata de la propuesta más importante del pontífice para llevar a la Iglesia a implementar cambios de un gran alcance. La fórmula es muy sencilla: la discusión libre y abierta en todas las parroquias y diócesis del mundo sobre lo que no funciona hoy en la institución, y lo que hay que hacer para cambiarla. El pontífice ha señalado los tres ejes principales como claves de la macroencuesta más grande jamás puesta en marcha por una institución en el mundo: «comunión, participación y misión».

De momento, los resultados del Camino Sinodal son desiguales. Hay diócesis que han acogido el proyecto de manera entusiasta. En muchas de ellas, sin embargo, se ha levantado un muro de indiferencia. Si bien no hay voces que se atrevan a decir que rechazan la iniciativa, no han iniciado ningún tipo de diálogo fraternal, de discusión, de discernimiento, de escucha, como quiere Francisco. Sencillamente no les interesa un debate libre y abierto. No les seduce en absoluto el cambio de mentalidad que se les pide. Quieren evitarlo porque temen hacerse daño y que se pongan al descubierto muchas de las patologías del clericalismo contra el que lucha Bergoglio. Desean que se desvanezca cualquier intento de posible controversia. Esperan que el paso del tiempo haga olvidar las necesidades y carencias que puedan detectar los millones de feligreses que reclaman una Iglesia diferente y útil para el siglo XXI. De momento, en muchas diócesis (no sabemos si esta puede ser la consigna de las fuerzas oscuras anti-Francisco) el proceso de escucha y de diálogo no ha empezado siquiera. ¿Se podría hablar de boicot?

Recordemos el sorprendente discurso que pronunció Bergoglio al cabo de unos minutos de ser elegido el 13 de marzo de 2013: «Y ahora empecemos este camino: obispo y pueblo..., un camino de fraternidad, amor, confianza entre nosotros». Hasta tres veces utilizó la palabra «camino». Es su concepto de Iglesia participativa, abierta, dialogante. A lo largo del pontificado ha hecho algunas referencias a la forma sinodal en la que trabajaban las Iglesias ortodoxas de las cuales se podía extraer alguna enseñanza. Un método que ahora quiere aplicar con todas las consecuencias.

La Iglesia católica alemana ya había iniciado su propio Camino Sinodal de manera independiente en diciembre de 2019, antes de que en marzo de 2020 el pontífice anunciase que ponía en marcha una iniciativa similar en todo el mundo. El Sínodo Universal convocado por Bergoglio empezaba en octubre de 2021 y está previsto cerrarlo el mismo mes de 2024. Ya hemos hablado a fondo, en el apartado sobre los dos posibles cismas contrapuestos, del planteamiento rupturista de la Iglesia alemana. De las discusiones en las diversas diócesis surgieron una serie de propuestas que haría suyas, en parte, la Conferencia Episcopal del país centroeuropeo. Era una apuesta clara por unos cambios radicales que no gustan nada al sector más tradicionalista. Temen que se acabe planteando un proceso y unos resultados similares en la dimensión global, y que eso lleve a la Iglesia hacia un futuro que para ellos supondría una herejía, pero que, por encima de todo, conllevaría la incomodidad de sentirse como una pieza antigua de museo. Desde Alemania se reclama la ordenación sacerdotal de las mujeres, la bendición de matrimonios entre personas del mismo sexo y cambios en la enseñanza de la Iglesia sobre los actos homosexuales. En Alemania, como hemos visto, sacerdotes y obispos ya han bendecido a parejas LGTB, que la jerarquía no ha avalado. El Vaticano optó por hacer una «advertencia disciplinaria» y prohibir que se tomasen decisiones al margen de la Santa Sede. El mismo papa dilató durante mucho tiempo su respuesta. Al final optó por invitar a las diócesis alemanas a integrarse en el diálogo internacional. «Los alemanes —me diría en una entrevista el prestigioso teólogo rumano Wilhelm Danca— se han anticipado al papa Francisco. "Sinodalidad" significa toda la Iglesia junta, no una sola. El pontífice quiere promover una conciencia sinodal conjunta para toda la Iglesia.»

Si el Camino Sinodal independiente alemán ha hecho correr ríos de tinta y ha escandalizado al sector más conservador, el de Bélgica es todavía más rupturista. Los obispos flamencos aprobaron colectivamente la bendición de las parejas homosexuales. Lo consensuaron recalcando, eso sí, que esta unión se hiciese en ceremonias que no tuviesen ningún estatus sacramental. Incluso propusieron un ritual que ha merecido una dura reprimenda por parte de la Santa Sede. El texto de la bendición suponía una alteración de la línea defendida tradicionalmente por la Iglesia, que certifica que el único vínculo permanente posible ha de ser siempre entre un hombre y una mujer.

Sea como sea, al margen de estas decisiones de Alemania y Bélgica, el Camino Sinodal global iniciado por Bergoglio supone un reto de envergadura, quizás el de mayor alcance que ha puesto en marcha la Iglesia desde el Concilio Vaticano II. De todos es conocida la importancia capital que tiene un concilio. No obstante, abrir las puertas al diálogo, de la manera que lo ha hecho el pontífice argentino, no tiene precedentes. Dejar que el «pueblo de Dios», y no solo la jerarquía, se pueda expresar y hacer propuestas de reformas, pone estos cambios, al menos sobre el papel, al alcance de los mil trescientos millones de católicos que hay en el mundo.

Al poner en marcha este amplio fórum de discusión, la astuta estrategia de Bergoglio se basa en que las reformas que se puedan implementar a partir del Camino Sinodal ya no serían la iniciativa personal de un pontífice, sino del conjunto de la Iglesia universal, que se haría corresponsable. Un planteamiento quizás utópico, pero que es coherente con la línea del papa argentino. Bergoglio busca fórmulas para hacer posible avanzar y «caminar juntos», en comunión, los feligreses y la jerarquía, de una manera colegiada. En definitiva, un proyecto para construir una Iglesia católica descentralizada, que conecte con las realidades del siglo XXI y que estimule la participación y el compromiso de toda la comunidad planetaria de creyentes.

Durante todo el año 2022 ya habían empezado a surgir propuestas recogidas por las diócesis, a las que se irían sumando muchas más. El talante, en una Europa marcada por la crisis de fe, muestra que las aportaciones enviadas tienen un contenido bastante similar. Daremos solo tres ejemplos de este espíritu de las comunidades de base que se expresaron y recriminaron a la Iglesia prácticas que se consideran más que nada, hoy en día, como propias del pasado.

En el caso de Barcelona, la ciudad donde vivo, aunque participaron en el debate solo unos siete mil fieles que hicieron unas doscientas ochenta propuestas, se aprobaron algunas formulaciones interesantes. El documento oficial pide el sacerdocio femenino, el celibato opcional y la acogida de los católicos homosexuales y divorciados y vueltos a casar. La Iglesia, afirma el documento sinodal de la capital catalana, «se percibe jerárquica, autoritaria, machista, antidemocrática… Se la oye, más que escucharla… La mujer ocupa un lugar secundario, aunque es mayoría en número y en presencia; lamentamos que no puedan asumir los ministerios diaconales y presbiteriales». En el capítulo de críticas, hay que añadir una inquietud de los participantes que denota que muchos católicos viven con recelos e incredulidad la idea de que la Iglesia se pueda reformar realmente. «No podemos ocultar cierta desconfianza y el escepticismo de algunos, pensando en los filtros por los cuales pasarán las diferentes propuestas, por el recuerdo y la frustración de otras experiencias de consulta vividas anteriormente, y que no se han visto fructificar como se esperaba, o incluso por la desconfianza de que las cosas cambien realmente.»

El propio papa ya advirtió en el acto de inauguración del Camino Sinodal que no es fácil hacer entender a los participantes el alcance y la necesidad del diálogo, como tampoco lo es deshacerse de los prejuicios. «¿Estamos preparados para la aventura de este viaje? ¿O nos da miedo lo desconocido, prefiriendo refugiarnos en las excusas habituales: "es inútil" o "siempre lo hemos hecho así"?»

En Francia, la participación fue de unos ciento cincuenta mil feligreses. Hay que observar, de todos modos, que se echó en falta la generación de entre veinte y cuarenta y cinco años... Los más jóvenes, que cada vez son más minoritarios en las parroquias del Viejo Continente. Al final se produjo una calculada anomalía: los obispos enviaron dos documentos al Vaticano, uno con las críticas, y otro con las interpretaciones de esas críticas. Intentaban precisar las propuestas consideradas más radicales. En resumen, se exigía un papel importante e igualitario para las mujeres, menos clericalismo, el celibato opcional y se transmitían fuertes quejas sobre el autoritarismo que ejercen muchos sacerdotes. En Italia la participación fue mucho más alta, hasta llegar al medio millón de personas que coincidieron también en las peticiones mencionadas. Añadieron una novedad: hay que construir una Iglesia sin fronteras y comprometida con los derechos humanos y ambientales.

Evidentemente, fuera de la Europa occidental, en el continente americano, Asia o África, las cosas se venden de otra manera. La cultura es más tradicional, menos proactiva a cambios en los temas relativos a la moral sexual y la igualdad para las mujeres. Eso nos conduce a observar que las dos almas de la Iglesia, la conservadora y la más reformista, quedan reflejadas de una manera bastante evidente. Muchos de los planteamientos surgidos del Camino Sinodal europeo no se entienden de la misma manera en otras latitudes. Para poner solo un tema como ejemplo, en el continente africano muchos Gobiernos persiguen la homosexualidad y las diferentes sociedades rechazan masivamente normalizar la diversidad sexual. Tanto los cristianos como los musulmanes siempre han predicado la homofobia. La realidad nos muestra que hasta treinta y dos países castigan con penas de prisión las relaciones sexuales entre personas del mismo sexo. En lugares como Mauritania, Sudán del Sur o estados del norte de Nigeria, estas prácticas definidas como «actos de sodomía» o «contra natura» se castigan con la pena de muerte. La Iglesia universal, la jerarquía vaticana y el mismo papa tienen que ser conscientes de ello. Un hecho que, evidentemente, se suma al boicot de los ultraconservadores y frena cualquier intento de reforma de la moral sexual. «Es difícil que un africano —me decía un obispo italiano durante el Sínodo de la Familia de 2014— pueda entender que la Iglesia católica, que siempre ha condenado la homosexualidad, y vive inmersa en la cultura extremadamente homófoba que impera en la mayoría de los países de África, pueda acoger a un gay como reclama el papa Francisco. Eso no tiene solución.»

Tenga o no solución, el Camino Sinodal ha empezado a sacudir muchos aspectos del catolicismo que hasta hace poco parecían dogmas de fe, cuando no forman parte del cuerpo doctrinal. Hay «lío», como quería el papa. Conviene recalcar que el debate ahora es interno, protagonizado por los mismos feligreses. En este caso, las críticas no provienen del exterior ni obedecen a intereses ajenos. Muchas tradiciones seculares se han puesto en evidencia durante el diálogo que se ha abierto. Este es realmente el inicio del recorrido que toda institución que quiera perpetuarse ha de hacer para replantearse conceptos y particularidades que topan con la realidad de un mundo cambiante.

Otro aspecto notable es que la apuesta de Bergoglio es sobre todo de futuro. Va mucho más allá de su pontificado y permite poner al menos sobre la mesa muchas deficiencias que exigen cambios. Una semilla que no sabe si fructificará, pero que ya está plantada. Como dijo en octubre de 2019: «La sinodalidad es el método eclesial para reflexionar y enfrentarse, basado en el diálogo y el discernimiento». De la práctica de la sinodalidad, lo ha venido repitiendo Francisco, depende el futuro de la Iglesia, y el remedio para muchas patologías en el seno de la institución, que hoy en día se presentan destructivas y dolorosas.

La negación de la sinodalidad, según el pontífice argentino, es el clericalismo, que él define como «perversión». Un clericalismo defendido por sus «enemigos», que lo ven amenazado, y están convencidos de que forma parte de la esencia de la misma Iglesia. El cardenal Gerhard Müller ha llegado a señalar que el Camino Sinodal es «la forma marxista de crear la verdad». «Quieren abusar —ha dicho— de este proceso para cambiar la Iglesia católica, y no solo en otra dirección, sino en la destrucción de la Iglesia católica.» Sesenta años después del Concilio Vaticano II, que decidieron combatir, ahora los sectores reaccionarios consideran que la amenaza se consolida con esta macroencuesta iniciada por Francisco. El ultraconservador católico norteamericano Bill Donohue, presidente de la Liga Católica, lanzaba en 2022 una pregunta con mucha intención: «¿Quién quiere pertenecer a una Iglesia cuyas enseñanzas no se distinguen de las posiciones editoriales del *New York Times*?». Según él, una Iglesia que se adapta a las normas y los valores de la cultura dominante se convertirá en irrelevante.

Prohibidas las misas en latín

«Hasta aquí hemos llegado. Este argentino no respeta nada», exclamaba en verano de 2021 un joven sacerdote africano que conozco desde hace años y vive en Roma. Es miembro de los Legionarios de Cristo. No podía entender una de las reformas del papa Francisco que ha levantado más polvareda en los sectores tradicionalistas y reaccionarios de la Iglesia. Hablamos de la prohibición, o la restricción, mejor dicho, salvo casos excepcionales aprobados por el obispo de una diócesis, del ritual de la misa en latín. «Esta es la manzana de la discordia para los conservadores. ¡Ya verás cómo reaccionan!», me advertía por teléfono desde el Vaticano un monseñor italiano que trabaja en la Congregación para el Culto Divino. Bergoglio no podía más, y decidió actuar. Estaba cansado de que las misas tridentinas, preconciliares, se incrementasen y se convirtiesen en símbolo de identidad de las congregaciones e institutos más nostálgicos. Estaba fatigado de que la misa en latín fuese la excusa perfecta del sector más inmovilista, desde donde se lanzan todo tipo de mensajes regresivos que profundizan en la división de la comunidad católica. El papa estaba harto de las críticas e improperios contra las necesarias reformas que él quiere para la institución, así como de la exhibición constante de los tradicionalistas contra las reformas implementadas hace sesenta años por el Concilio Vaticano II.

De esta manera, el 16 de julio de 2021, Francisco publicaba uno de los documentos más polémicos de su pontificado. Se trataba del decreto o *motu proprio* titulado *Traditionis Custodes*, que ponía fin al ritual litúrgico antiguo que él tilda de obsoleto, pues opina que no se corresponde con los tiempos actuales. Bergoglio dejó claro que no se puede hacer de la liturgia un campo de batalla de cuestiones que no son esenciales, o, más bien, «cuestiones superadas». Denunció también las «mentalidades cerradas» que «buscan un poco dar marcha atrás», y que se dedican a cuestionar «el Concilio, la autoridad de los obispos…, con tal de conservar la tradición». Un ataque y una carga de profundidad contra la línea de flotación de las congregaciones e institutos más reaccionarios de la Iglesia. Francisco no ocultaba el auténtico motivo de la prohibición: la misa tridentina no se podía convertir en un arma contra las reformas y en un elemento de cohesión para las fuerzas más reaccionarias de la institución.

La respuesta fue, como era de esperar, especialmente furibunda y agresiva. Muchos esgrimían, con cierta razón, que este decreto era una desautorización de su predecesor, Benedicto XVI. El papa alemán, tan partidario del uso del latín que incluso hizo su renuncia en esa lengua, había querido contentar a los sectores nostálgicos y decidió liberalizar el uso de la lengua que comparte con el italiano el honor de ser el idioma oficial de la Santa Sede. Como ya había hecho Juan Pablo II, el pontífice alemán se quería congraciar sobre todo con los cismáticos lefebvristas y devolverlos al seno de la Iglesia romana. Muchos ultraconservadores quisieron ver en la restricción que impuso

Francisco, derogando la carta apostólica *Summorum Pontificum* del papa Ratzinger, una venganza contra Benedicto XVI.

El caso es que los sectores radicales ultras se cargaron de munición. El cardenal que lidera la oposición dentro del Vaticano y maneja muchos hilos del complot contra Francisco, Raymond Burke, cuestionó la autoridad del papa para prohibir la misa tradicional. Y aún fue más lejos en su desafío: ofició una misa tridentina pontificia en la Iglesia de la Santísima Trinidad de los Peregrinos de Roma, la parroquia de la Fraternidad Sacerdotal de San Pedro que siempre ha utilizado el ritual preconciliar. El otro purpurado que nunca ahorra duras críticas contra el pontífice argentino, Gerhard Ludwig Müller, comparó la animadversión de Bergoglio contra el movimiento tradicionalista con la incapacidad que exhibe, según dijo, para condenar «los innumerables abusos progresistas en la liturgia…, que equivalen a la blasfemia». No les gustan las misas con guitarras, flautas y rituales étnicos, que definen como paganos.

292 Para defender la polémica decisión del pontífice argentino, un buen amigo suyo, el cardenal Walter Kasper, declararía que creía firmemente que la mayoría de los fieles están en contra de la misa tridentina, que crea mucha confusión cuando se reivindica como única liturgia auténtica católica. Los que la defienden, añadía, han convertido los esfuerzos de Benedicto XVI para la reconciliación en algo que implica una fuerte división; asimismo, han golpeado «el mismísimo corazón de la unidad de la Iglesia».

El Opus Dei obligado a reinventarse

En el Vaticano, hablar del Opus Dei es encontrarte desde siempre con un abrumador muro de silencio. Nadie, ni partidarios ni detractores, ha querido comentar nunca nada. Es incómodo para todos…, genera inquietud y despierta ciertos temores. Prefieren ignorar el tema y fingir que no existe. Siempre ha sido así, y lo sigue siendo.

«El papa Francisco parece que nos quiera exterminar, pero nosotros ganaremos la partida.» Uno de los pocos que se atrevió a dar su opinión fue un madrileño numerario del Opus Dei que reaccionaba así al puñetazo en la mesa que dio Bergoglio a finales de julio de 2022. El hombre, de unos cincuenta años, alto directivo de una empresa tecnológica puntera, me quería dejar claro que aún no se ha dicho la última palabra. El imperio creado por Josemaría Escrivá de Balaguer no se tambaleará, porque cuenta con recursos suficientes para ganar todas las batallas a las que se le convoque, en público y en privado. La degradación a la que Francisco ha sometido los privilegios que tenía el Opus Dei se puede comparar con el impacto de un misil en la línea de flotación de un barco que siempre ha surcado los mares en solitario, sin que nadie se atreviera a marcarle la ruta. No obstante, también hay que decir que el blindaje con el que se ha construido la nave impide, con toda seguridad, que haya una vía de agua capaz de hacerlo naufragar. El tiempo dirá cómo acaba todo.

De momento, ante la ofensiva de Bergoglio, la organización, de manera muy inteligente, ha activado la llamada «doctrina de la limonada», que ya puso en marcha con motivo de la publicación del libro y la película *El código Da Vinci*. Esta «doctrina» consiste en que ante una situación agria, hay que desplegar toda la maquinaria mediática y de influencias (también, cuando haga falta, la coraza del silencio más perturbador) para paliar los efectos negativos y endulzar la dolorosa contingencia.

El superventas de Dan Brown (2003), así como la película de gran éxito posterior (2006), que se elaboró con un argumento muy fantasioso y sin ninguna base contrastada, sí que sirvió para que la opinión pública conociese con más o menos realismo la naturaleza y algunas peculiaridades del Opus Dei. Entonces, la Obra acusó a *El código Da Vinci* de difundir falsedades, difamaciones y calumnias contra el cristianismo; de hecho, el Vaticano llamó al boicot del libro y la película. Pero de poco sirvió la tormenta mediática: tanto el libro como la película gozaron de un éxito incontestable. Visto el fracaso de estos primeros enfrentamientos radicales, que serían muy contraproducentes para la organización, el Opus optaría por abrir una segunda fase de prudencia y actuar de una manera mucho más sibilina. Una estrategia muy calculada que simulaba la transparencia, la llamada «doctrina de la limonada».

En el caso del decreto pontificio que obliga a la prelatura a cambios internos nada despreciables, se ha optado por evitar la bronca y una nueva batalla mediática que habría vuelto a poner a la Obra en el foco de las críticas. Una polémica que habría ensanchado aún más el abismo que separa la filosofía del pontificado de Francisco del carácter intrínseco que tiene la organización. Conviene entonces activar la estrategia que implica dejar transcurrir el tiempo (que permite olvidarlo todo) y procurar que la tormenta pase tan desapercibida como una suave llovizna.

En cualquier caso, el papa Francisco ha sido implacable. La reforma de la curia (*Praedicate Evangelium*, del 19 de marzo de 2022) había dejado a la organización más poderosa de la Iglesia católica ante una disyuntiva difícil de digerir: o se autorreformaba y se adaptaba al nuevo estatus, o quedaba de lleno en la ilegalidad. Por si no estaba lo suficientemente claro que el Opus Dei tenía que hacer autocrítica y cambiar muchos de sus métodos y prácticas, Francisco publicaría en julio del mismo año un decreto pontificio específico titulado *Ad charisma tuendum* (Para proteger el carisma). En este *motu proprio* se modifican algunos aspectos de la constitución apostólica *Ut Sit* de 1982, promovida por Juan Pablo II, el pontífice que impulsó al Opus Dei hasta el punto de crear para la institución una prelatura personal y nombrar a una gran cantidad de cardenales afines a la Obra, repartidos sobre todo por Europa y Latinoamérica. Al lado de Wojtyla, en el Vaticano, proliferaron todo tipo de colaboradores, muchos de los cuales llegarían a tener cargos importantes en dicasterios y congregaciones. El papa polaco no dudaría tampoco en llevar a los altares a Escrivá de Balaguer en una «canonización exprés», precedida por una beatificación solo diecisiete años después de su muerte. Joaquín Navarro Valls, el que fue portavoz de Juan Pablo II, y miembro numerario del Opus, siempre me justificó ese proceso de santificación a velocidad de vértigo. «Se hizo justicia con el fundador del Opus Dei», me diría categóricamente en una ocasión, cuando le planteé el tema en un encuentro en la Piazza Navona.

294

El numerario madrileño a quien consulté sobre la intervención de la Obra por parte de la Santa Sede me diría también que «el santo padre no puede meterse en los aspectos organizativos internos y en nuestras constituciones. El Vaticano no puede fiscalizar nuestra actividad. Es una vergüenza inadmisible». Se mostraba indignado porque el *motu proprio* de Francisco disponía no solo que el Opus dejaba de depender de la Congregación de los Obispos, sino que pasaba a estar bajo las órdenes de una Congregación para el Clero. Este hecho supone dejar fuera de la estructura de la Iglesia a la Obra, que queda relegada a ocupar un lugar junto a otras organizaciones muy menores, y con un estatus muy rebajado. Todo ello comporta que la congregación ya no sea una diócesis universal y que los religiosos de la institución estén bajo la jurisdicción del obispo que corresponda. El prelado del Opus Dei no tendrá tampoco el título de obispo, como había pasado hasta hace poco. De hecho, el actual prelado, el español Fernando Ocáriz, nunca ha sido nombrado obispo por Francisco, a diferencia de lo que se hizo con sus predecesores.

Pero de todo esto, ¿qué es lo que más escuece a los responsables de la Obra? Sin ninguna duda, el control que ejercerá la Santa Sede de la institución. A partir del decreto pontificio, cada año habrá que presentar un informe sobre el estado de la prelatura y el desarrollo de la tarea apostólica que hace la organización. Una especie de fiscalización por parte del Vaticano que nunca había tenido un Opus Dei, considerado por muchos como una «Iglesia dentro de la Iglesia» o una «Iglesia paralela», que actuaba siempre con plena libertad y sin ninguna vigilancia superior.

Si atendemos a todo lo que hemos dicho sobre la «doctrina de la limonada», no debe sorprender que los máximos responsables de la Obra no se hayan mostrado muy críticos, en contradición con la línea del numerario consultado. Han declarado públicamente que acataban las órdenes del Vaticano, sin añadir más comentarios. Tal sumisión pública a las disposiciones del pontífice resulta sorprendente para muchos de los que no conocen demasiado bien la manera de actuar de la organización. Personalmente me causó más estupor ver la poca repercusión de la noticia en muchos medios de comunicación grandes y prestigiosos, que vino acompañada del clamoroso silencio de algunos de los vaticanistas más reputados. La presencia de miembros destacados del Opus Dei en los consejos de administración de muchos medios de comunicación de todo el mundo es la explicación más plausible para tal hermetismo. «Muchos medios no tienen ningún problema para hablar de cualquier tema, pero el Opus, mejor ni mencionarlo», me diría en una ocasión una compañera periodista italiana, mientras intentábamos averiguar si se había mantenido intacta la influencia de la Obra dentro de la Santa Sede al inicio del pontificado de Francisco. Entonces, del 2013 al 2015, algunas de las voces más críticas con las reformas de la Iglesia provenían del Opus Dei. A partir de ese momento, las opiniones contrarias a los cambios cesaron misteriosamente, hasta que un día saltó la sorpresa en unas declaraciones donde el prelado de la Obra dijo que defendía los cambios que quería hacer el papa argentino. El Opus, al menos oficialmente, dejaba de formar parte como institución del listado de organizaciones opuestas a Bergoglio. Esta estrategia de discreción «a la espera de tiempos mejores» hace que muchos en la Obra interpreten la degradación y el fin de la autonomía impuesta por el papa más bien como un *aggiornamento* sin fecha límite, un contratiempo que no tendría que suponer grandes cambios prácticos para sus miembros.

Hay mucha leyenda en torno a la organización creada por Escrivá de Balaguer sobre la captación de nuevos asociados, la disciplina y el funcionamiento interno, las ramificaciones y la ambición en el mundo de las finanzas y el poder político. Pero también hay que decir que, a lo largo de la historia más reciente, han surgido muchos testimonios de sobrada credibilidad (algunos son destacados exmiembros del Opus) que califican la organización de secta. Se habla de secretismo, de una captación elitista de sus afiliados, de una ambición desmesurada por el poder económico y político... Son numerosos también los que denuncian haberse convertido en engranajes de una estructura jerárquica asfixiante y víctimas de una disciplina que quiere controlar sus vidas y su pensamiento. «Gradualmente —me dijo un joven italiano que había abandonado el Opus en el año 2000— nos iban imponiendo nuevas reglas y prácticas que nunca se nos explicaron durante el proceso de admisión. La obligación de entregar a la Obra nuestros sueldos, ganados en el trabajo que desempeñábamos, el aislamiento de nuestras familias, la mortificación de nuestro cuerpo con el cilicio... Nada que ver con el carácter laico que teníamos. Pretendían que fuésemos como religiosos, cuando nunca hicimos votos para serlo. En resumen: nos engañaron.» Y este aspecto de una organización básicamente laica (solo un dos por ciento son clérigos) es otro de los puntos clave de la reforma de Francisco que entró en vigor el 4 de agosto de 2022. Una auténtica bomba sobre los métodos y las prácticas internas. El papa no quiere que los laicos del Opus queden sometidos a una disciplina más propia de la condición consagrada.

¿Por qué Francisco optó por intervenir la Obra? Ya lo había hecho unos meses antes con organizaciones de carácter sobre todo ultraconservador, por diversos motivos que van desde las prácticas preconciliares a los abusos sexuales, sin olvidar los abusos morales a sus miembros. De todos modos, nadie esperaba que tuviese la audacia de enfrentarse a un poder mucho más importante y dominante, un poder que la mayoría teme. «Se creen intocables y nunca pensaron que el santo padre se atrevería a meterle mano al Opus.» La frase me la dijo un jesuita ya retirado que vive en una residencia de Barcelona, pero que durante muchos años trabajó en el Vaticano, donde ha visto de todo. Él y mucha otra gente cree que Francisco quedó muy impactado por la denuncia formal que hicieron el 7 de septiembre de 2021 en el Vaticano cuarenta y tres mujeres de Argentina, Paraguay, Bolivia y Uruguay, por abuso de poder y explotación. Francisco, conocedor de tales prácticas en algunos centros de la Obra, decidió que había que poner fin a esa situación.

Las mujeres denunciantes, procedentes de zonas rurales muy pobres, revelaban que habían sido captadas por el Opus cuando tenían entre doce y dieciséis años, en la década de los setenta y los ochenta. Con la promesa de que irían a estudiar, las encerraron en un centro conocido popularmente como «escuela de mucamas» de la localidad argentina de Bella Vista. Allí les enseñaron solamente a ser criadas y a rezar.

Trabajaron entre diez y treinta años en residencias de la Obra sirviendo a los hombres, sin cobrar nada, en jornadas de explotación laboral que se alargaban hasta las doce horas diarias los trescientos sesenta y cinco días del año. Todas quedaron imbuidas del espíritu que les inculcaron: «Dios las había creado con la vocación y el deber de servir. Si no cumplían, irían al infierno». El mismo Opus Dei reconoció cómo las captaban, aunque fueron muy ambiguos respecto al abuso de poder y a la manipulación que sufrieron aquellas vulnerables jóvenes. Ante la presión mediática, optarían por mover ficha y cambiar a los directivos de la Obra en el Cono Sur.

Hay casos de abusos (como pasa en otras congregaciones de la Iglesia católica) sobre los cuales el Opus Dei ha actuado defendiendo la inocencia de los acusados; por tanto, no han pedido perdón a las víctimas. Uno de ellos es el de un niño que desde 2011 ha denunciado abusos por parte de un profesor del Colegio Gaztelueta de la Obra, en Leioa, País Vasco. En 2020, el Tribunal Supremo español condenó al enseñante, pero la justicia eclesiástica archivó el expediente en 2015 sin llevar a cabo ningún juicio canónico. En septiembre de 2022, el papa Francisco decidió intervenir personalmente para ordenar que se reabriese el caso y se investigase a fondo.

298

Dos años antes de la intervención de Bergoglio en el caso del Colegio Gaztelueta, la Congregación para la Doctrina de la Fe había condenado al primer religioso del Opus por abusos. Se trataba del sacerdote numerario español Manuel Cociña, que había sido muy amigo del fundador, Escrivá de Balaguer. Durante tres décadas, el religioso iría cambiando de localidad de residencia, dejando víctimas de abusos en todas ellas. De Barcelona a Sevilla, después a Madrid, Galicia y finalmente Granada. Todos esos traslados estuvieron motivados por denuncias que, según las víctimas, «los responsables de la congregación y el Vaticano conocían sobradamente».

Se calcula que, en todo el mundo, unas noventa y tres mil personas de sesenta y ocho países en total pertenecen al Opus Dei. La mayoría de ellos son laicos célibes (numerarios y agregados) y supernumerarios, que son los miembros casados, además de sacerdotes. Los portavoces de la congregación niegan haber desafiado nunca al papa Francisco, tildan de falsos los testimonios de exmiembros y manifiestan que ya han iniciado las reformas internas que reclama el pontífice argentino. El debate de si el Opus perderá el poder y la autonomía que siempre ha tenido en la Iglesia está servido, y el futuro dirá si se han implementado cambios transformadores. Históricamente, el papel de la Obra (que cuenta con una relativa pluralidad ideológica entre sus miembros) me lleva a recordar la descripción que hizo de ella el teólogo suizo Hans Urs von Balthasar: «Una concentración de poder fundamentalista en la Iglesia». Lo decía ni más ni menos que un teólogo al que el papa Wojtyla, el principal impulsor de que el Opus sea hoy en día lo que es, siempre admiró.

La mujer toca el poder en el Vaticano

Una monja catalana que trabaja en la Santa Sede y a la que conozco desde hace muchos años se quejaba en 2018 del papel de la mujer en la Iglesia: «En el Vaticano, a muchos no les gustan las mujeres. Aquí hay gente muy sexista y misógina. Solo nos quieren como sirvientas, para las tareas domésticas. Quieren esclavas, no personas. Quieren mujeres sumisas, y no entienden que el santo padre nos quiera promocionar. Les asusta que, en este mundo eclesiástico, tanto las religiosas como las laicas podamos asumir un papel igualitario. Temen que les podamos quitar ese poder que tienen, que se basa en la soberbia, la discriminación y el autoritarismo».

La hermana Anna va camino de los setenta años y no tiene intención alguna de jubilarse, aunque le han insistido mucho en que lo haga. Se siente fuerte y capaz. Ahora es mucho más feliz que antes. Trabajó durante nueve años, hasta 1995, al servicio de un cardenal, en un gran apartamento situado en la Via della Conciliazione. Eran tres religiosas que se ocupaban de las necesidades logísticas del purpurado italiano. Ella tenía el control de la cocina, pues desde pequeña, al lado de su madre, había aprendido en la casa familiar situada en el Alt Empordà, cerca de la ciudad de Figueres, los secretos de los fogones. Hacía un *suquet* de pescado que sabía a gloria y que se había convertido en el plato favorito del señor de la casa. El purpurado no dejaba de insistirle en que cada viernes quería comer *suquet*. Como fuese y donde fuese, sor Anna tenía que buscar pescado y marisco fresco para contentar el estómago del príncipe de la Iglesia y de los invitados que solía llevar al apartamento para que probasen aquel plato estelar.

«Las cosas iban bien, pero yo me sentía desaprovechada cocinando. Tenía otros intereses, aparte de las ollas. Un día simplemente insinué a *la sua eminenza* que yo tenía estudios y que pediría un trabajo administrativo en un dicasterio. Aquel hombre se puso hecho una furia. Nunca lo había visto tan enojado. Lo tenía por una persona culta y educada, que siempre me había tratado con deferencia. De repente, descubrí la personalidad colérica e intolerante de la que algunos me hablaban, y que yo nunca había querido creer. Me amenazó con todo tipo de improperios machistas y muestras de abuso de poder, con echarme del Vaticano si le abandonaba. Quería seguir disfrutando de mi *suquet* de pescado.» Gracias a otro

cardenal a quien la monja conocía y que me definió como muy comprensivo, conseguiría al cabo de dos meses el apoyo necesario para empezar a trabajar en un despacho de la Santa Sede, haciendo trabajos de oficina. Las maniobras y las represalias que intentó hacer su «amo» acabaron desvaneciéndose. Al cabo de unos meses de dejar el apartamento cardenalicio, se enteraría de que la joven monja que la sustituyó en la cocina había denunciado abusos sexuales por parte del purpurado. «Lo que te he explicado no es habitual, pero conozco otros casos. Piensan que hemos nacido para ser criadas, a veces con derecho de pernada. Tal comportamiento lo justifican con argumentos tan descabellados como que nuestra misión es servir a Dios de esa manera.»

Hay que escuchar atentamente historias personales como la de sor Anna para entender muchas cosas que pasan desapercibidas intramuros. Para entender ciertas dinámicas de comportamiento que uno puede llegar a pensar que son leyendas o historias de conventos medievales. Parece imposible que estos hechos pasen en pleno siglo XXI. La llegada del papa Francisco al pontificado rompe esa tradición secular de la mujer laica haciendo de mayordoma de un cura, de las mujeres voluntarias de las parroquias, limpiando y poniendo ramos de flores…, de las monjas como criadas de altos cargos.

«Como en muchas sociedades, incluido el Vaticano —afirma la Asociación de Mujeres de la institución—, las mujeres a veces son vistas por los hombres, pero también por otras mujeres, como personas de menor valor intelectual y profesional, siempre disponibles para el servicio, siempre dóciles a los altos mandos. Por tanto, es urgente promover la autoestima y mejorar la presencia femenina también en el Vaticano.»

Bergoglio definió en octubre de 2013, pocos meses después de que lo eligieran como líder católico, que «la Iglesia es madre y es mujer», y añadió: «Yo sufro, y lo digo de verdad, cuando veo en la Iglesia o en algunas organizaciones eclesiales que el papel de servicio de la mujer se desvía hacia un papel de servidumbre». El pontífice argentino, poco a poco, muy lentamente, como se hace todo en esta institución, fue perfilando lo que quería. Empezó a nombrar a mujeres en puestos de responsabilidad en la Santa Sede. Mujeres religiosas y también laicas. En octubre de 2020 afirmaba: «Los fieles laicos, especialmente las mujeres, han de poder participar más en las instituciones de responsabilidad de la Iglesia. Hemos de promover la integración de las mujeres en los lugares donde se toman decisiones importantes». «Las mujeres tienen el don de aportar una sabiduría que sabe curar heridas, perdonar, reinventar y renovar.» La tenacidad de Bergoglio, que no se quiere quedar en palabras, sino convertirlas en hechos, ha desafiado la misoginia de la Iglesia hasta límites impensables hace poco.

No, de momento el pontífice no acepta el sacerdocio femenino, pero ha puesto el tema sobre la mesa, y ha llamado a estudiar el papel que tenían las diaconisas en el cristianismo antiguo. Otras confesiones cristianas ya han recorrido ese camino y han ordenado mujeres sacerdote. No les ha ido mal. Más bien lo contrario. La mujer ha ayudado mucho a extender el mensaje pastoral y a aportar puntos de vista muy enriquecedores. Bergoglio ha profundizado en el asunto y ha nombrado mujeres para cargos importantes en el Vaticano. Intramuros, según el periódico oficial *L'Osservatore Romano*, trabajan cer-

301

ca de novecientas cincuenta mujeres que tienen salarios iguales que los hombres, pero muy pocas ocupan puestos de responsabilidad y de alto nivel de gestión. Esto va cambiando de manera gradual. Sin prisas, pero sin pausas tampoco. En el año 2022, solo el veinticuatro por ciento del personal que trabajaba en la Santa Sede era femenino. Poco a poco el porcentaje aumentará.

La italiana Francesca Di Giovanni se convirtió en enero de 2020 en la mujer con el cargo administrativo de más alto rango de la Santa Sede. Se trata una experta laica en jurisprudencia y derecho internacional, que se hace cargo, a sus sesenta y siete años, de la Subsecretaría de la Sección de Relaciones con los Estados de la Secretaría de Estado vaticana. «Es la primera vez —declaró después del nombramiento— que una mujer tiene una tarea de dirección en la Secretaría de Estado. El santo padre ha tomado una decisión innovadora, ciertamente, que, más allá de mi persona, representa una señal de atención a las mujeres.»

Otras mujeres han acabado por ocupar cargos en puestos hasta ahora reservados única y exclusivamente a los hombres. Aún se oyen resonar las palabrotas de algunos prelados en las paredes de los palacios vaticanos cuando Francisco, en febrero de 2021, impuso como subsecretaria del Sínodo de Obispos a la religiosa francesa Nathalie Becquart. Una mujer con derecho a voto en el «club» masculino más exclusivo, donde las mujeres siempre han tenido vetada su presencia. Tres mujeres más han sido nombradas, ya lo hemos mencionado, miembros del Dicasterio de los Obispos, con potestad para señalar al papa qué candidatos puede considerar para ser nombrados al frente de las diócesis. En noviembre de 2022 introduciría más mujeres en lugares de responsabilidad, declarando que «cada vez que entra una mujer a hacer un trabajo en el Vaticano, las cosas mejoran. Una sociedad que no da a las mujeres los mismos derechos y oportunidades que a los hombres, se empobrecerá…, ¡las mujeres son un regalo!».

Todos estos nombramientos son mal vistos por la facción más tradicionalista y conservadora de la Santa Sede. Hay recelos, incomprensión, hay quien se escandaliza e incluso quien utiliza términos despectivos y hace chistes machistas para referirse a las nombradas para ocupar cargos. Hay en el Vaticano

302

y en la Iglesia en general, entre muchos religiosos, ultras o no, una falta total de empatía con el género femenino. Desde el seminario, los religiosos han convivido en un mundo de hombres y han sido educados para considerar a la mujer un ser inferior. Por más que quieran, la mayoría son incapaces de intentar entender el universo femenino y ven inaceptable que una mujer tenga un cargo superior. «Si Jesús hubiese querido rodearse de mujeres, habría nombrado a alguna como apóstol. Por algún motivo nunca lo hizo.» Este argumento, que me endilgó un día un sacerdote italiano próximo al movimiento conservador Comunión y Liberación, lo utilizan muchos católicos, incluidas mujeres. Les sirve para rechazar el derecho a la igualdad en el seno de la institución eclesial. No obstante, hoy en día muchos consideran a María de Magdala como lo hizo el papa Juan Pablo II: una «apóstol de apóstoles». Jesús aparece en el Nuevo Testamento rodeado de mujeres. María de Magdala, Marta y María, prostitutas de Betania menospreciadas por todo el mundo, reciben el mismo trato que los hombres, como discípulas. Karl Rahner, considerado un gran teólogo jesuita, afirmó no haber encontrado ningún argumento teológico para negar el sacerdocio femenino. En 1976 escribió: «Yo soy católico y romano, y si la Iglesia me dice que no ordena a mujeres, lo admito por fidelidad. Pero si me da cinco razones y todas son falsas desde el punto de vista de la exégesis y la teología, tengo que protestar».

El papa ha sido valiente en este tema, enfrentándose a todos los que le decían desde la curia que los nombramientos de mujeres serían mal acogidos por los sacerdotes y obispos. Rompía una tradición secular. Hay una anécdota que me explicó sor Lucía Caram de cuando ella visitó el Vaticano en 2021. Le dijo al papa que su madre, que es del Opus Dei, le había pedido que le dijese que reza por él y por su hija, para que sean prudentes. «Bergoglio se echó a reír y me dijo que le dijera a mi madre que rece para que seamos valientes, y no prudentes.»

A pesar de todos estos gestos, que sobrepasan ya la simbología para convertirse en una apuesta de futuro, hay colectivos de mujeres en la Iglesia que continúan sufriendo discriminación y abusos. Se trata de las monjas. Un informe publicado por la Editorial Claretiana en octubre de 2022 señala que casi un veinte por ciento de las religiosas latinoamericanas confiesan que han sufrido abusos sexuales. En el libro titulado *Vulnerabilidad, abusos y el cuidado en la vida religiosa femenina* se afirma que el 14,3 % denuncian haber sido acosadas sexualmente por sacerdotes, el 9,7 % por otros miembros de la Iglesia, y el 8 % por compañeras de su convento. El *Me Too* de las monjas está en marcha, y ya no se va a parar. Las obras *Siervas* (2022), de la periodista Camila Bustamante, y *Cae el velo del silencio* (2021), del periodista del periódico oficial del Vaticano *L'Osservatore Romano* Salvatore Cernuzio, revelan casos espantosos y situaciones vividas por monjas y exmonjas que ponen los pelos de punta. Ya expliqué en el primer libro que conozco a monjas en Italia expulsadas de los conventos por denunciar abusos que acabarían haciendo de prostitutas para sobrevivir. El papa Francisco ha tenido que abrir un albergue en Roma para protegerlas. He comentado también que la revuelta del *MeToo* ha llegado a las religiosas y mujeres laicas católicas que se han manifestado incluso en el Vaticano para exigir la igualdad de derechos y denunciar una situación de explotación inhumana.

304

Bien mirado, hay mucho trabajo por hacer. La lacra del machismo no se desvanece con tanta facilidad, aunque la mujer por primera vez en la historia de la Iglesia empiece a obtener una pequeña parte del poder que le corresponde. Es un aún tímido paso que inicia un recorrido que no gusta a muchos, pero que Bergoglio considera justo y necesario, tal y como dijo en noviembre de 2022: «Todavía nos queda camino por recorrer. Porque ese machismo existe, y es feo. Pero cuando nos hace falta recurrimos a las mamás, que son las que resuelven los problemas. Este machismo mata a la humanidad».

El primer pontífice ecologista

Para acabar este capítulo sobre las reformas, traemos aquí una novedad destacable del papa Francisco. Se ha convertido en el primer pontífice ecologista de la historia. Bergoglio ha definido el cambio climático como el reto más grande que tiene la humanidad en este momento para evitar su autodestrucción. Los negacionistas del clima, que coinciden con los sectores de la ultraderecha política internacional y con la mayoría de los dirigentes religiosos más conservadores, le critican al papa su papel de abanderado de la ecología. Sobre todo le echan en cara las afirmaciones que culpabilizan al sistema capitalista especulativo de destruir nuestro planeta y crear una marginación que acaba destrozando la vida de las personas y lo que él llama «casa común de la humanidad».

El argentino hace honor al nombre que eligió, Francisco (en homenaje a san Francisco de Asís) para defender una Iglesia pobre y aliada con la naturaleza. «El posicionamiento del papa con la encíclica *Laudato si'*, promulgada en 2015, que es la primera redactada solo por él, es un canto a la ética y la justicia», me dice el padre Salvatore M., un teólogo de Milán, menospreciado y amenazado por los ultras que afirma que no quiere problemas y prefiere el anonimato. «El papa Francisco proclama, como ha hecho en Naciones Unidas, ante el Congreso norteamericano y en la Cumbre de la Amazonia, el derecho y el deber de custodiar el planeta Tierra. Bergoglio se asesoró con expertos para redactar la encíclica consciente de su liderazgo. Transmite al mundo ese mensaje de ecología integral como un imperativo moral urgente y un deber sagrado que tenemos la gente con fe y conciencia. Sorprende ver que los detractores que tiene, tanto fuera como dentro de la Iglesia, utilizan argumentos absurdos y le acusan de comunista desde posiciones ridículas y del todo irresponsables.»

Laudato si', con un lenguaje comprensible, claro y muchas veces poético, es una obra maestra, magníficamente documentada, de la fraternidad humana, basada en el mensaje de compromiso vital con el equilibrio natural y la armonía cósmica que tendría que adoptar como propia la sociedad posmoderna. Coloca al hombre como centro del universo y recuerda con dramatismo que la economía y el crecimiento económico «no han ido acompañados de un desarrollo del ser humano en responsabilidad, valores y conciencia». En el mundo actual se busca sobre todo la acumulación de bienes materiales, y se parte de la base equivocada de que podemos disponer hasta el infinito de los recursos que nos ofrece el planeta. La encíclica de Francisco recalca que «no hay dos crisis separadas, una ambiental y otra social, sino una sola y compleja crisis socio-ambiental. Las líneas para la solución requieren una aproximación integral para combatir la pobreza, devolver la dignidad a los excluidos y, simultáneamente, cuidar de la naturaleza».

Una última reflexión de *Laudato si'* hace estas preguntas que interpelan a todos: «¿Qué tipo de mundo queremos dejar a los que nos han de suceder, a los niños que están creciendo? ¿Por qué pasamos por este mundo? ¿Para qué hemos venido a la vida? Nosotros somos los primeros interesados en dejar este planeta habitable para la humanidad que nos sucederá». En las cumbres del clima de París (2015), Glasgow (2021) y Sharm el-Sheij, Egipto (2022), la Santa Sede ha apostado fuerte para conseguir un difícil acuerdo de mínimos. El mensaje contundente y firme del papa argentino ha apelado a las conciencias de los mandatarios internacionales. El riesgo de que no se cumplan los acuerdos, de cara a la agenda 2030 de Naciones Unidas para un mundo más sostenible, ha generado una alarma que pone en peligro nuestra existencia como especie. En un tuit desde su cuenta @Pontifex, Francisco hizo en 2022 un llamamiento a la humanidad: «No nos cansamos de abordar la dramática urgencia del cambio climático. Tomemos decisiones concretas y con visión de futuro, pensando en las nuevas generaciones, antes de que sea demasiado tarde #COP27».

22

El futuro incierto de una década convulsa

«Cuando vemos tanta animosidad contra el papa y sus reformas, tantos complots para frenarlo, tantos intentos de manipular el próximo cónclave…, se nos debilita la esperanza. Pero cuando nos paramos a contemplar el coraje de Francisco y su espíritu de lucha, no tenemos derecho a aflojar.» El monseñor que trabaja en el Vaticano desde hace tres décadas no quiere sucumbir al pesimismo que se ha instalado en algunos sectores de la Iglesia católica, los mismos que en 2013 acogieron con euforia la llegada del papa argentino y que se han ido desengañando después de diez años.

Ciertamente, tenemos muchas pruebas de que un *sottogoverno* muy poderoso se mueve con una estrategia calculada para hacer descarrilar el tren de los cambios. El cardenal Óscar Andrés Rodríguez Madariaga, coordinador del Consejo de Cardenales encargado de elaborar la reforma de la curia durante los últimos nueve años, advertía en junio de 2022 de la existencia de una «preocupante huelga de brazos caídos en la curia ante la reforma». Creo que hemos demostrado sobradamente que hay un plan organizado que une a la extrema derecha internacional y a los sectores ultraconservadores de la Iglesia; asimismo, que hay un proyecto de gran alcance para evitar, con el Red Hat Report, que el próximo pontífice siga la línea de Bergoglio. Con la muerte del papa emérito Benedicto XVI, las fuerzas oscuras del interior de la Iglesia se reubicarán, pero todo indica que no se detendrán en esta guerra encarnizada contra Francisco. Incluso soy de la opinión de que pueden

307

redoblar los ataques, ahora que ya no tienen como referencia a un Ratzinger que en muchos momentos apaciguaba los ánimos encendidos y optaba por recomendar moderación. A pesar de todo ello, también hay indicios que amenazan con romper esta dinámica de resistencias, campañas, guerra sucia y cañonazos contra el espíritu que mueve al papa Francisco.

Una Iglesia «en salida»

En una entrevista que le hice en el invierno de 2002, el padre Ángel, luchador madrileño y fundador de Mensajeros de la Paz, fue muy claro: «No podemos hablar en absoluto de fin del pontificado. Hablemos de la primavera de este pontificado. Como dice Francisco, no se gobierna la Iglesia con las rodillas ni con los libros de normas. Se gobierna con la cabeza y el corazón. Ahora está en plenitud. Gobierna mejor que antes, cuando llegó. Es un papa, un sacerdote, un pastor que huele a oveja. Sigue con los mismos zapatos y el mismo pectoral que tenía. Tiene más amigos que enemigos. Hay muchos que darían la vida por este papa». Sor Lucía Caram, que trabaja con el padre Ángel por los más desfavorecidos, en este caso en Cataluña, va más allá en la reflexión. «Estos grupos que organizan complots hacen mucho ruido y están muy bien organizados. No obstante, Francisco tiene mucho apoyo fuera del Vaticano. La gente tiene esperanza, pero también es verdad que el mensaje del papa actual es muy exigente, y eso no llenará las iglesias. Posiblemente, porque no hemos entendido lo que dice cuando habla de una Iglesia en salida. El camino está fuera, en la periferia, en la plaza, en la calle. Y es allí donde lo tenemos que hacer, pero hay mucha gente que todavía quiere las estructuras, quiere la seguridad.»

Efectivamente, hay una Iglesia en salida, la que reclama Bergoglio, que he podido contemplar durante muchos años con la complicidad de religiosas, sacerdotes y feligreses comprometidos con los principios del Evangelio en la acción de Cáritas por todo el mundo, con las iniciativas a favor de los sin techo, inmigrantes y refugiados. Este es el caso del sacerdote don Pino en Sicilia, que no se esconde y me dice: «Cuando un cardenal se opone al papa, va en contra de la fe, de la unidad de la Iglesia. No es el papa a quien critica el que se equivoca, es él, que no vive el cristianismo como debe ser. Si la Iglesia va hacia delante, no es por esta gente que niega la realidad actual».

Repartidas por el mundo hay parroquias, instituciones y fundaciones como el Hospital de Campaña de Santa Anna, en Barcelona, dirigido magistralmente por el rector de la parroquia, Peio Sánchez, el vicario Xavier Morlans y la religiosa Victòria Molins. Han puesto en marcha una comunidad que no solo acoge, sino que integra a las personas sin hogar. Allí conocí, en octubre de 2022, al padre Benito Javier Torres Cervantes, de la parroquia de Santa Cruz y Soledad de México D. F. «Se tiene que valorar al más necesitado —me dice—. Si uno no ve a los pobres, no tiene sentido el mensaje evangelizador. Causa escándalo que en una iglesia duerman y coman prostitutas, inmigrantes, gente sin techo... Algunos obispos colaboran, otros no. El papa hace un proceso que mueve conciencias, abre ventanas para que se renueve el aire, y obviamente tiene gente en contra.» Pedro Bayá Casals, sacerdote de las villas miseria de Buenos Aires, es otro exponente de esta Iglesia que conoce muy bien Bergoglio, porque es donde se sentía próximo a la gente, cuando era cardenal arzobispo de la capital argentina. El «cura villero», como se llaman a los sacerdotes que trabajan pastoralmente en estos barrios marginales, sigue el impulso del actual papa desde hace quince años para tratar con los «descartados» y la adicción a la droga que muchos padecen. «En Buenos Aires —me explica—, se implantó este modelo de Hospital de Campaña, y ahora ya estamos en todo el país. Implica una gran renovación de la Iglesia. Por supuesto, hemos tenido problemas con los sectores conservadores que priorizan otras cosas. Es una opción de una Iglesia nueva, y el papa es criticado por esto y por muchas otras cosas. Bergoglio fue mi obispo, y lo conozco hasta el punto de que fue él quien me envió a las "villas". Ahora quizá ya no tenga el entusiasmo arrasador de los inicios, pero lo veo en un momento de gran madurez, con una visión muy coherente. La opción por el bien y la luz siempre comporta un ataque que puede ser coordinado. En este sentido, existe un complot.»

Optimismo prudente

La italo-argentina Elisabetta Piqué es la corresponsal del periódico *La Nación* de Buenos Aires en Roma y el Vaticano. Una veterana «vaticanista» que conozco desde hace años, pero a la cual no he podido frecuentar demasiado en la Sala Stampa de la Santa Sede. El motivo es sencillo: ella tiene allí su despacho, como todos los periodistas de prensa, mientras que los que hacemos televisión siempre vamos de un sitio a otro porque necesitamos imágenes. Coincidimos, eso sí, un fin de semana de noviembre de 2022 en Barcelona, donde la invitó el activo Grup Sant Jordi, que organiza interesantes jornadas sobre la Iglesia, siempre con un talante abierto y de diálogo. Tenía ganas de charlar con Elisabetta porque admiro su trabajo en el Vaticano y como corresponsal de guerra en Oriente Próximo, Irak, Afganistán y ahora también en Ucrania. Ha venido a hablar del papa Francisco, al que en 2001 entrevistó cuando era cardenal arzobispo de Buenos Aires. Allí, en Argentina, se harían amigos. Cuando fue elegido como pontífice, sería a ella a quien le concedería la primera entrevista. Es autora, entre otros libros, de *Francisco, vida y revolución*. «El papa —me dice— tiene un sentido del humor extraordinario, y se sabe mover como pocos en los ambientes del poder. Ha aprendido mucho en los últimos diez años en el Vaticano. Mi amistad con el papa es un privilegio, y es difícil. Lo vivo intentando ser lo más discreta posible.» Doy fe de que lo es. No quiere decir nada de su relación y de las conversaciones que mantiene con el pontífice.

Así pues, dialogamos sobre todo de la oposición a Bergoglio y de las perspectivas de futuro. «El papa es consciente de los enemigos de ahora y de los que tenía en Argentina. De todos modos, se lo toma con espíritu deportivo. No los ve como un enemigo por destruir. Cree que tener a alguien que piensa diferente forma parte de la dialéctica. No le quita el sueño, en absoluto. Cuenta con una oposición muy ruidosa, pero no creo que sea mayor que la que hubo en otros pontificados. Ahora, sin embargo, es más agresiva, por la irrupción y el papel que tienen las redes sociales. También llamaron hereje a Pablo VI por la encíclica *Humanae Vitae*. Actualmente, la oposición es mucho menor de lo que parece entre los miembros de la Iglesia. Eso sí, tiene un discurso que molesta, pero es respetado y escuchado por mucha gente. Sin duda, ya tiene una edad, y es normal que piense en un final del pontificado, pero tenemos papa para rato.»

Cuando le insisto en el complot actual y en el proyecto para manipular el próximo cónclave, no cree que el futuro papa pueda anular con facilidad el legado del actual: «Es cierto que con el Red Hat Report quieren controlar a su sucesor, con dosieres y mentiras. Ahora bien, puede haber un papa Francisco II. Depende también mucho de los nuevos consistorios que haga el papa para elegir a nuevos cardenales. Quizás el sucesor de Bergoglio todavía no sea cardenal en estos momentos. No sé si se puede ser optimista o no. Hay que ser realista. Él ha sembrado unas semillas muy poderosas. Será difícil echar atrás muchas cosas que ha implementado».

Ciertamente, las semillas plantadas son importantes. La Iglesia se mueve con lentitud, en función de su carácter intemporal, y muchas reformas tardarán décadas en verse confirmadas, o bien relegadas para siempre a un cajón. Siempre ha sido así. El ejemplo más claro lo tenemos en los aires renovadores del Concilio Vaticano II, que habían generado grandes esperanzas de cambios transformadores. Fueron anulados en los pontificados conservadores de Juan Pablo II y Benedicto XVI. Ahora Francisco los intenta recuperar; muchas reformas responden a aquel espíritu conciliar de hace sesenta años. Así pues, el legado del pontífice argentino es una incógnita.

Creo sinceramente que la reforma más profunda de todas las hechas hasta ahora por el papa Francisco es el actual Camino Sinodal, que tiene que acabar en 2024. Dejar opinar por primera vez libremente a las bases de la Iglesia puede suponer un reto de futuro muy trascendente. Se hacen añicos las lógicas de poder tradicionales. El pontífice post-Bergoglio se encontrará sobre la mesa propuestas lo bastante rompedoras para acabar con una institución autorreferencial, con una firme oposición al clericalismo y con algunos planteamientos sobre la moral sexual que pueden modificar la doctrina.

Por otra parte, un nuevo consistorio en 2023 puede nombrar nuevos cardenales, más jóvenes y con talante pastoral, y podría incrementar la cifra de los favorables a un candidato progresista de cara al nuevo cónclave. El papa argentino podría ascender a la púrpura cardenalicia a personajes del perfil del actual arzobispo de Lima, Carlos Castillo, del que ya hemos hablado. Entonces quizás empecemos a ver un futuro menos incierto. La estrategia de Bergoglio se habría impuesto.

Señales que hay que leer

A pesar de todos estos indicios, que podrían acabar salvando el legado del papa Francisco, hay que advertir que mientras la actitud de muchos sea menospreciar el potencial de las fuerzas oscuras más reaccionarias, no se conseguirá nada más que permitir que crezcan de una manera absolutamente irresponsable. No me canso de repetirlo: con dinero y con el control de los medios de comunicación, pueden hacer casi cualquier cosa. Las tensiones tendrán continuidad más allá de esta década de cambios. Los tradicionalistas no se detienen. De hecho, cuando estoy a punto de cerrar este libro, me llegan informaciones de un congreso de la ultraderecha católica en invierno de 2022 en México. Celebran muchos y no será el último, pues se sienten más fuertes que nunca. Estos encuentros proliferan sobre todo en América y Europa. La fórmula siempre es la misma: coordinarse, invitar a nuevos líderes populistas, defender una Iglesia basada en el rigor de la doctrina tradicionalista y la moral secular, elaborar campañas con un discurso atractivo, que deteriore a las instituciones democráticas y los valores humanistas de la sociedad. En resumen, hacer avanzar la agenda ultraliberal y neofascista, haciendo uso de la demagogia y las *fake news* que captan los votos de los jóvenes y los decepcionados.

Curiosamente, América Latina, donde en los últimos dos años han llegado o recuperado el poder fuerzas más progresistas (Petro en Colombia, Lula en Brasil...), fue la región escogida para este aquelarre ultra. En el hotel Westin de México D. F. se juntaron, entre muchos otros, Eduardo Bolsonaro (hijo del expresidente brasileño), el español y líder de Vox

Santiago Abascal, el norteamericano Ted Cruz, el chileno José Antonio Kast, el argentino Javier Milei y el polaco y premio Nobel de la Paz Lech Walesa. Se trataba de la Conferencia Política de Acción Conservadora (CPAC), que se reúne cada año para impulsar acciones coordinadas del conservadurismo y la extrema derecha internacional. Obviamente, como había pasado en años anteriores, Donald Trump y Steve Bannon también intervinieron, aunque fuese a través de videoconferencias. El estratega norteamericano sigue trabajando para crear nuevos líderes ultras populistas, propiciar un mundo con valores cristianos tradicionalistas y sembrar dudas sobre las derrotas de Trump y Bolsonaro frente a Biden y Lula, a los que acusaba de haber cometido fraudes electorales; la misma acusación que esgrimen Bannon y sus seguidores contra Bergoglio. Lo consideran un usurpador del pontificado, que seguía siendo para ellos, de manera legítima, hasta su muerte, propiedad del papa Benedicto XVI.

Estamos ante un complot internacional que he querido traer aquí y que complementa el primer libro, *Intrigas y poder en el Vaticano*, donde intenté indagar y poner al descubierto numerosos misterios que interesaba que siguiesen ocultos. En estos momentos, podemos decir que la Santa Sede es uno de los escenarios donde se dirime la batalla para transformar nuestro mundo, a la que los sectores más reaccionarios se han entregado en cuerpo y alma.

Todo ello obliga a las fuerzas progresistas a reaccionar y mover fichas, al papa Francisco a practicar lo que proclama un viejo aforismo: *Motus in fine velocior* (El movimiento es más rápido al final). Bergoglio acelera irremisiblemente sus reformas después de una década en la cual, entre obstáculos y algunas vacilaciones, las cosas iban lentas y a veces quedaban aparcadas *sine die*. Veremos pronto muchos más cambios, algunos probablemente muy sorprendentes, en la etapa final del pontificado. El éxito o el fracaso solo se podrán medir en el futuro. Soy periodista y no tengo ninguna vocación ni capacidad de convertirme en vidente. No cuento con una bola de cristal; solo dispongo de los datos objetivos y de las pruebas que permiten hacer análisis siempre arriesgados.

En la última década, la Iglesia católica ha abierto puertas hasta ahora herméticas que generan como mínimo debate, discernimiento y expectativas de futuro. Precisamente, Francisco ha querido que en 2025 se celebre el Gran Jubileo de Roma, que estará dedicado a la esperanza, un concepto que tendría que servir para alcanzar cierto optimismo..., para reanimar y alentar a los católicos desmotivados y pasivos ante las adversidades, para crear sinergias optimistas y proyectos que diseñen el Vaticano y la Iglesia universal del futuro. Por extensión se pretende transformar el planeta y lograr un hábitat más respetuoso con la naturaleza, donde nuestras sociedades sean más abiertas, justas y solidarias.

Hemos conocido a lo largo del libro los obstáculos y la provocación reaccionaria en un mundo convulso y cambiante donde las respuestas sensatas y razonadas son cada vez más difíciles de transmitir. Un mundo donde las seguridades pertenecen al pasado, en el que hay que hacer apuestas rompedoras y atractivas. Francisco ha hablado muchas veces de este mundo en crisis y lleno de incertidumbres, de una Iglesia «que se hará más pequeña, que perderá muchos privilegios, que será más humilde y auténtica, que encontrará la energía para lo que es esencial..., más espiritual, más pobre y menos política».

Con la idea de que no se puede hacer teología con un «no» constante por delante, Bergoglio estaría preparando, según me han revelado diversas fuentes vaticanas, una encíclica que podría titular *Gaudium Vitae*. Un texto «revolucionario», osado e impactante que fijará las bases del futuro de la institución. Un documento que suavizaría las posiciones inflexibles de la Iglesia sobre la moral sexual y podría afrontar tabúes como el uso de los anticonceptivos, a la vez que ofrecería una visión más actual de la homosexualidad. Los rigoristas pondrán el grito en el cielo, y con eso ya hay que contar. Seguirán batallando sin descanso. Conocer cómo se mueven, se preparan y actúan en el combate ha de permitir saber cómo neutralizarlos. Como nunca, ahora hay que saber leer las señales que nos llegan de todas partes, de los movimientos, las reflexiones, opiniones y actuaciones de conservadores y reformistas. Tenemos que ser capaces de cultivar la autocrítica, de analizar la realidad, sin huir de

314

ella, de debatir abiertamente, de llegar a puntos de acuerdo, si es posible sin claudicar en lo que es esencial… Hay que actuar con astucia y determinación, para que no se malgasten los esfuerzos y los derechos conseguidos. «Construir la Iglesia del mañana es cuestión de ahora o nunca», me dice un sacerdote y buen amigo de los que en el Vaticano nunca me han dado la espalda, aunque se juegue su carrera. Victor Hugo afirmó que «no hay nada como un sueño para crear el futuro».

315

Otro libro de Vicens Lozano
que también te gustará

Un libro explosivo para entender las claves del Vaticano, explicadas por el corresponsal de TV3 en Roma.

*E*l periodista Vicens Lozano, que ha sido enviado especial de TV3 en Roma durante décadas, recoge en este libro las claves para entender el Vaticano, un universo de poder más allá de la religión. Los interrogantes que despierta este pequeño Estado son tan numerosos como los obstáculos que tradicionalmente ha puesto a la transparencia. ¿Qué hay que saber de la Banca Vaticana? ¿Y de la muerte de Juan Pablo I? ¿Y del *lobby* gay? Lozano aborda todos los temas controvertidos y todos los mitos; los documentos de Pío XII sobre el Holocausto en el informe secreto de Vatileaks, del pacto anticomunista de Wojtyla a los complots de la ultraderecha contra el actual papa Bergoglio, de los escándalos de pederastia en el papel de la Iglesia española.

INTRIGAS Y PODER EN EL VATICANO

UNA CRÓNICA DE
LOS SECRETOS
Y ESCÁNDALOS
MEJOR GUARDADOS

Vicens Lozano

Rocaeditorial •

Este libro utiliza el tipo Aldus, que toma su nombre
del vanguardista impresor del Renacimiento
italiano, Aldus Manutius. Hermann Zapf
diseñó el tipo Aldus para la imprenta
Stempel en 1954, como una réplica
más ligera y elegante del
popular tipo
Palatino

Vaticangate

se acabó de imprimir

un día de invierno de 2023,

en los talleres gráficos de Liberdúplex, s. l. u.

Crta. BV-2249, km 7,4. Pol. Ind. Torrentfondo

Sant Llorenç d'Hortons (Barcelona)